LA GOURMANDISE
DE COLETTE

Espaces Littéraires
Collection dirigée par Maguy Albet

Déjà parus

Christophe CHABBERT, *F. Parcheminier, poète du dedans*, 2003.
Louis AGUETTANT, *Nos lettres du Sinaï*, 2003.
Frédérique MALAVAL, *Les Figures d'Eros et de Thanatos*, 2003.
Eliane TONNET-LACROIX, *La littérature française et francophone de 1945 à l'an 2000*, 2003.
Anne MOUNIC, sélection, introduction, traduction et notes, *Stevie Smith, poèmes*, 2003.
Gavin BOWD, *Paul Morand et la Roumanie*, 2003.
Štefan POVCHANIÈ, *Histoire de la littérayture Slovaque*, 2003.
Sun Ah PARK, *La Fonction du lecteur* dans *Le Labyrinthe du Monde* de Marguerite Yourcenar, 2003.
Françoise ARMENGAUD, *André Verdet, du multiple au singulier*, 2003.
B. CROSLEY, *Davertige, poète haitien, poète universel*, 2003.
Colette SARREY-STRACK, *Fictions contemporaines au féminin*, 2002.
Abdelaziz KACEM, *Culture arabe-culture française, la parenté reniée*, 2002.
Najib REDOUANE, *Rachid Mimouni, entre littérature et engagement*, 2002.
R. JOUANNY, *Senghor « le troisième temps ». Documents et analyses critiques*, 2002.
Bettina L. KNAPP, *L'écrivain et la danse*, 2002.
Régis ANTOINE, *La littérature pacifiste et internationaliste française (1915-1935)*, 2002.
Marc ALYN, *Mémoires provisoires*, 2002.
Micheline CELLIER-GELLY (éd.), *André Chamson : regards croisés*, 2002.
Michel PRAT, *Auteurs, lieux et mythes*, 2002.
Jacques LA MOTHE, *Butor en perspective*, 2002.
Maria DELAPERRIERE (dir.), *Absurde et dérision dans le théâtre est-européen*, 2002.

Tania BRASSEUR WIBAUT

LA GOURMANDISE DE COLETTE

L'Harmattan	**L'Harmattan Hongrie**	**L'Harmattan Italia**
5-7, rue de l'École-Polytechnique	Hargita u. 3	Via Bava, 37
75005 Paris	1026 Budapest	10214 Torino
FRANCE	HONGRIE	ITALIE

Les citations de Colette sont extraites de ses œuvres publiées en 3 volumes chez Robert Laffont, dans la collection « Bouquins », sous le titre *Romans, Récits, Souvenirs* (pour les autres textes cités, voir notre bibliographie p. 289).

à Henri-Daniel

© L'Harmattan, 2004
ISBN : 2-7475-6168-2
EAN : 9782747561686

Introduction

Une « langue savoureuse presque à l'excès » (A. Gide), un « style qui économise le sel, évite la graisse, use du poivre » (J. Cocteau)... « Colette nous donn[e] le monde, une certaine façon de le goûter, de le manger et de le boire » (T. Maulnier)... Elle appartient à une famille « de gourmands, de gros coeurs, des émerveillés de l'existence » (M. Tournier)... Nombreux sont les écrivains et les critiques qui ont ainsi puisé dans le registre alimentaire pour faire l'éloge de Colette et de son œuvre. L'association de la nourriture à l'écrivain Colette apparaît en effet comme une évidence, presque comme un lieu commun. La gourmandise fait partie de la sensualité légendaire du personnage, de son mythe même, car Colette subit le revers d'une popularité (d'une « médiatisation » dirait-on aujourd'hui) qu'elle n'a cessé elle-même d'entretenir : elle est souvent plus connue que son œuvre... Pourtant, ce n'est pas la gourmandise de Colette que ces quelques éminents écrivains ont voulu suggérer ici – Colette s'en était déjà chargée avant eux : n'est-elle pas allée jusqu'à intituler un de ses textes : « Moi, je suis gourmande... » ? Ce que ces quelques phrases évoquent plutôt, c'est l'essence même de l'écriture colettienne, cette sève mystérieuse qui l'irrigue et la rend si présente à notre sensibilité, à notre sensualité – au point, comme elles le laissent entendre, de nous faire parfois littéralement saliver. La présence de l'aliment dans l'œuvre, si ce n'est par son abondance, en tout cas par l'extraordinaire force suggestive qui émane de lui, participe d'ailleurs grandement à cette alchimie, aussi subtile qu'efficace, de l'écriture colettienne. Cependant, il serait excessif de qualifier l'écriture de Colette d'écriture hédoniste, comme il serait illusoire aussi de vouloir cantonner son œuvre à la seule célébration des sens... La personnalité de Colette se fonde sur trop de contradictions et d'extrêmes pour pouvoir se laisser saisir ainsi « tout d'une pièce », et le rapport à la nourriture, tel qu'il s'exprime dans son œuvre, reflète cette sensibilité contrastée. Le « poivre » évoqué par Cocteau possède une saveur piquante, relevée, qui peut aller jusqu'à la brûlure... C'est avec le souci de rendre justice à cette personnalité riche et multiple, dotée d'une sensualité épanouie et d'une énergie infatigable, que nous avons souhaité mettre en lumière le thème de la nourriture dans l'œuvre de Colette.

Pour ce faire, il nous a paru opportun de recourir au soutien de diverses sciences (la psychologie, l'anthropologie, voire la sociologie), comme autant d'instruments précieux, susceptibles d'éclairer la sensibilité colettienne, tout en sachant que l'exercice critique reste, en dernier ressort, le fruit d'une subjectivité, celle d'un lecteur confronté à l'œuvre d'un auteur. L'approche critique, en effet, ne saurait perdre de vue cette phase initiale, fondatrice, que constitue la lecture. Comme le souligne Jean Starobinski, « toute description ultérieure, toute interprétation doivent garder la mémoire de ce fait premier, pour lui apporter si possible une clarté supplémentaire »[1]. Or cette lecture « première » nous semble particulièrement importante dans le cas de Colette, car c'est elle qui, au moins dans un premier temps, donne la mesure de cet extraordinaire pouvoir sensible du langage colettien. Chez Colette, en effet, toute une part de l'écriture paraît s'inscrire dans la réalité immédiate du corps, dans le prolongement direct de la sensation. Nous pourrions même émettre l'hypothèse que, chez elle, le mot peut naître de ce rapport intime qui s'établit entre sensation et langage, à un niveau situé en-deçà de la conscience, ou plutôt à un niveau de conscience qui se trouverait lui-même au plus près du corps et qui, si on le considérait dans son

---

[1] J. STAROBINSKI, *L'oeil vivant II : La Relation critique*, édition revue et augmentée, Paris, Gallimard, coll. « Tel » 2001, p. 39.

expression la plus extrême, n'aurait pas besoin de recourir à l'image comme moyen de représentation. Il ne s'agit là bien sûr que d'un aspect particulier de l'écriture colettienne, qui n'a de cesse d'exploiter toutes les possibilités que la langue offre à l'écrivain. C'est néanmoins cette forme de communication brute (mais non grossière, car elle témoigne au contraire d'une grande finesse), de communication purement sensible donc, qui se révèle dans toute son intensité à travers la précieuse lecture ou compréhension « première » du texte colettien, encore vierge, si l'on peut dire, de toute analyse. C'est elle aussi qui explique peut-être que l'œuvre de Colette, pourtant loin d'être facile d'accès, suscite un tel enthousiasme chez des lecteurs parfois très jeunes. Plus largement, cette caractéristique de l'écriture colettienne a participé selon nous à la construction de ce statut d'écrivain « populaire » que Colette a toujours eu, car, en se situant au niveau de cette donnée concrète qu'est la sensation, l'auteur se met « à la portée » d'un très grand nombre de lecteurs. Et nous verrons que, dans ce contexte, la présence de l'aliment dans son œuvre joue un rôle sans aucun doute essentiel.

Au commencement
était la cueillette

Dans le premier roman de Colette, *Claudine à l'école,* la première allusion à la nourriture apparaît dès le quatrième paragraphe. Décrivant les bois de son pays, Claudine raconte qu'elle y ramasse des « faines, ces bonnes petites faines huileuses qui grattent la gorge et font tousser » (ClE, I, 10)[1]. Cette première référence inaugure un thème récurrent dans l'œuvre colettienne : la cueillette. Pour Colette, la cueillette et le ramassage sont intimement liés à l'enfance. Claudine aime faire l'école buissonnière pour « se payer » quelques jours « de trôleries[2] dans les bois » (*ibid.,* 132). Dans les souvenirs d'enfance, Minet-Chéri s'élance dès l'aube dans la campagne, « un panier vide à chaque bras » (S, II, 764). L'une comme l'autre passent des heures entières à vagabonder dans les environs du village en ramassant des noix de toutes sortes, des champignons ou des baies sauvages.

Vagabondages gustatifs

« Au commencement, il y eut la cueillette, le ramassage des plantes », écrit Maguelonne Toussaint-Samat, décrivant

---

[1] La faine est l'amande comestible du hêtre.
[2] Vagabondages en patois.

les modes alimentaires à l'époque du paléolithique[1]. Ces gestes originels du nourrissage que sont la cueillette et le ramassage représentent aussi la première expérience enfantine de nutrition dans l'œuvre de Colette, car ils s'inscrivent dans le rapport à la nature. En effet, c'est par le biais du contact avec la nature que s'effectue, dans les premiers romans, la reconstitution du monde natal, la maison n'occupant d'abord qu'une place marginale. La nostalgie de l'enfance commence par prendre pour objet le pays quitté ; le foyer familial n'apparaît que beaucoup plus tard dans les récits autobiographiques. Ainsi, les premières évocations de nourriture, dans *Claudine à l'école,* concernent surtout le fruit des cueillettes effectuées au cours des vagabondages sylvestres, les nourritures plus spécifiquement maternelles n'apparaissant qu'ultérieurement dans les souvenirs d'enfance. Comme le fait remarquer Marie-Françoise Berthu-Courtivron, ce sont les bois qui, dans un premier temps, priment sur toute autre forme de paysage — des bois chargés d'une lourde valeur affective : « La mère et la maison étant absentes des premiers romans, toute l'affectivité converge sur les seuls bois qui se transforment en véritables « parents » adoptifs et constituent le seul horizon affectif »[2]. Cette fonction affective se manifeste donc également sur le plan nutritif, par le biais des aliments qu'ils fournissent.

> Au bout de cinq jours de trôleries dans les bois, à me griffer les bras et les jambes aux ronces, à rapporter des brassées d'oeillets sauvages, de bleuets et de silènes, à manger des merises amères et des groseilles à maquereau, la curiosité et le mal de l'Ecole me reprennent (ClE, I, 132).

---

[1] M. TOUSSAINT-SAMAT, *Histoire naturelle et morale de la nourriture,* Paris, Bordas, 1987, p. 40.
[2] M.-F. BERTHU-COURTIVRON, *Espace, demeure, écriture : la maison natale dans l'œuvre de Colette,* Paris, Nizet, 1992, p. 16.

Dans la suite de l'œuvre, et notamment dans les récits à caractère autobiographique, les bois perdent leur primauté affective au profit de la maison natale, et le terrain de la cueillette s'étend à toute la campagne. Champs, terres maraîchères, jardins et châtaigneraies deviennent des terres de vagabondages et de ramassages le plus souvent solitaires. Parallèlement, la cuisine maternelle fait son entrée dans l'évocation des souvenirs gourmands.

La cueillette constitue une expérience essentielle de l'enfance colettienne car elle va de pair avec l'expérience de l'indépendance, qui conduit la jeune narratrice à la prise de conscience de sa propre individualité. La forêt et la campagne, la nature en général, représentent un domaine qui échappe à l'autorité, celle de l'école dans le cas de Claudine et celle de la mère dans le cas de Minet-Chéri – « La campagne déserte constituait, depuis que je savais marcher, mon domaine incontrôlable », écrit Colette dans *Journal à rebours* (JR, III, 59). Dans *Claudine à l'école*, l'emploi réitéré des termes « vagabondage » et « trôlerie », plutôt que « promenade » par exemple, souligne cette idée que la jeune villageoise est livrée à elle-même, loin de toute emprise, paternelle ou scolaire[1].

Lorsqu'elle s'adonne à la cueillette, la jeune narratrice a la possibilité d'éprouver sa propre liberté en choisissant elle-même les aliments qu'elle consomme. Evoluant dans l'espace à la manière de l'abeille qui butine, elle se laisse guider par sa propre convoitise, happée par la succession infinie de nouvelles tentations :

> Qui eût décidé, sinon moi, que la prunelle, la fraise sauvage, la noisette étaient mûres ? Qui tenait secrets, sinon moi, les gîtes préférés

---

[1] On connaît la prédilection de Colette pour ce mot « vagabondage » et ses dérivés, et l'on sait combien elle explora ce thème, bien au-delà du monde de l'enfance.

du muguet, des narcisses blancs, des écureuils ?... A chacun son fief. Contestais-je à Sido la souveraineté de la maison familiale ? La rencontre d'une ronde de mousserons m'entraînait à en chercher une autre, et une autre... (« Sido et moi », JR, III, 59).

Par le biais de la cueillette, la forêt et la campagne se présentent comme le terrain privilégié du libre arbitre enfantin. La nature environnante entre de ce fait en concurrence avec le domaine maternel (de même que, pour Claudine, les bois entrent en concurrence avec l'école, l'autorité paternelle étant quasiment inexistante). Hors des limites de la maison natale, l'autorité maternelle perd son influence au profit du « moi », qui s'affirme avec redondance : « *Qui eût décidé, sinon moi* »... « *Qui tenait secrets, sinon moi* ». Une répétition qui sonne comme en écho aux injonctions de Sido, elles aussi répétitives : « Ne mange pas les prunelles sur les haies, ni les sinelles ! Ne mets pas à même tes poches la salade pleine de terre !... » (*ibid.*, 58). Dans la campagne environnante, Minet-Chéri bat « les taillis et les prés gorgés d'eau en chien indépendant qui ne rend pas de compte » (MCl, II, 209). Les critères et les normes préétablis (en l'occurrence la maturité des fruits) sont remis en question, et le pouvoir de décision ne revient plus à la mère, mais à la fille, qui s'approprie ainsi la campagne comme son « fief ». La cueillette constitue donc le premier espace de liberté pour la fille qui s'affranchit de l'ascendant maternel.

La reconnaissance implicite d'un « moi » souverain rendue possible par l'évasion de la cueillette se présente comme une condition nécessaire à l'expérience de l'être en prise directe avec la nature et à la jouissance narcissique qui l'accompagne. C'est elle qui, sur le plan de l'écriture, va conférer cette tonalité si profonde et si riche au « je » incarné par une enfant âgée d'une dizaine d'années à peine. Qui sait d'ailleurs si cette sensation vertigineuse de « souveraineté » éprouvée par la narratrice enfant ne constitue pas en réalité le premier pas dans la voie qui, plus tard, mènera Colette à l'écriture et, notamment, à ce « je » tout-puissant de l'auteur narrateur, que l'on retrouve dans un certain nombre de ses œuvres ?

>Car j'aimais tant l'aube, déjà, que ma mère me l'accordait en récompense. J'obtenais qu'elle me réveillât à trois heures et demie, et je m'en allais, un panier vide à chaque bras, [...] vers les fraises, les cassis et les groseilles barbues.
>A trois heures et demie, tout dormait dans un bleu originel, humide et confus, et, quand je descendais le chemin de sable, le brouillard retenu par son poids baignait d'abord mes jambes, puis mon petit torse bien fait, atteignait mes lèvres, mes oreilles et mes narines plus sensibles que tout le reste de mon corps... (S, II, 764).

Dans cet extrait, la cueillette apparaît comme prétexte à une escapade dont l'enjeu se révèle plus profond. L'entrée dans la zone de cueillette se réalise d'abord à la manière d'une immersion progressive, vécue comme un moment de sensualité exacerbée. La sortie de l'environnement maternel présente toutes les caractéristiques d'une mise au monde métaphorique. Descendant le chemin de sable – matière douce et fluide comme l'intérieur du corps de la mère –, elle entre progressivement dans une nouvelle atmosphère accueillante et enveloppante, où son propre corps se trouve en prise directe avec la nature. Telle un papillon sortant de sa chrysalide, cette naissance symbolique hors du champ maternel marque le passage de l'enfant à l'adulte, et coïncide avec l'éveil du corps à la sensualité et à la sexualité. Pour la petite fille, le brouillard sert ainsi de révélateur à la prise de conscience graduelle de son corps de femme, comme si celui-ci était nu, et donc en contact immédiat avec l'extérieur : d'abord les jambes, puis le « petit torse bien fait » qui féminise le corps et dévoile l'aspect érotique de l'expérience sensorielle, enfin la tête et le visage. Les organes sensoriels se révèlent un à un : la peau (l'immersion progressive dans le brouillard fait penser à une longue caresse), puis les lèvres, les oreilles et enfin les narines, dont l'écrivain souligne l'extrême sensibilité[1]. L'exceptionnelle richesse sensorielle de toute la scène laisse percevoir combien, chez Colette, l'érotisme n'est jamais cantonné à la seule sexualité, mais s'inscrit au contraire dans une sensualité beaucoup plus large, diverse et raffinée. Ainsi, dans l'aventure de la cueillette, l'expérience de l'indépendance que nous avons mentionnée plus haut se conjugue avec un moment de jouissance intense, qui survient lorsque Minet-Chéri sort de l'espace géographiquement délimité de l'emprise maternelle. Cette jouissance, il faut le souligner, n'est point dénuée de narcissisme.

> C'est sur ce chemin, c'est à cette heure que je prenais conscience de mon prix, d'un état de grâce indicible et de ma connivence avec le premier souffle accouru, le premier oiseau, le soleil encore ovale, déformé par son éclosion... (*ibid.*, p.764).

Comme l'écrit Nicole Ferrier-Caverivière, la découverte, la contemplation solitaire du monde s'accompagne toujours chez Colette d'un réel plaisir narcissique : « Dans l'acte de contempler [...], Colette se retrouve chaque fois seule face à elle-même, et elle s'y regarde tel Narcisse »[2]. La cueillette offre donc à la petite fille l'opportunité de prendre conscience de « son prix », de sa propre individualité, qui va de pair avec la délivrance nécessaire du lien filial. Elle est ainsi vécue comme une révélation de soi.

---

[1] Dans sa hiérarchie des sens, Colette place l'odorat au-dessus de tous les autres – le « plus aristocratique de nos sens », écrit-elle dans *Le Pur et l'Impur*.
[2] N. FERRIER-CAVERIVIERE, *Colette l'authentique*, Paris, PUF, 1997, p. 112.

Ce n'est bien entendu pas un hasard si cette naissance au monde de Minet-Chéri coïncide avec la « naissance du jour », le lever du soleil servant de miroir de sa propre éclosion. A la mise au monde décrite au début du paragraphe répond, quelques lignes plus bas, l'éclosion du soleil qui, encore « déformé », évoque un animal nouveau-né. En outre, le caractère originel, génésiaque, induit par « le premier souffle » et le « premier oiseau » conforte cette impression que le monde lui-même est en train de naître. A mesure que Minet-Chéri naît au monde, le monde naît à elle. L'éveil de son corps tout neuf qui se confond avec le réveil de la nature révèle à sa conscience sa profonde « connivence » avec le cosmos, perçu comme un tout dont elle fait partie intégrante, au même titre que la brise ou l'oiseau[1].

L'expérience occasionnée par la cueillette s'avère donc, comme nous venons de le voir, sans commune mesure avec le motif premier de celle-ci, qui est de ramasser fraises, cassis et groseilles barbues. En vérité, la cueillette est double : elle comprend d'une part une cueillette destinée à la maison et donc à la table familiale, et, d'autre part, une cueillette consommée sur place sans aucun apprêt culinaire. Dans la mesure où l'autorisation dépend toujours de Sido, l'évasion de la cueillette n'est possible que si Minet-Chéri sacrifie à la première modalité, sur l'injonction maternelle. Malgré l'enjeu d'indépendance qu'elle représente, la cueillette ne correspond donc ni à une fugue, ni à une fuite : elle se fait toujours avec

---

[1] En 1954, dans une allocution enregistrée à l'occasion de la sortie du film tiré du *Blé en herbe*, Colette déclare : « Plus que sur toute autre manifestation vitale, je me suis penchée, toute mon existence, sur les éclosions. C'est là pour moi que réside le drame essentiel, mieux que dans la mort qui n'est qu'une banale défaite. » Et d'évoquer les images d'un « poussin qui laborieusement perce sa coque natale, ou un iris qui pour naître doit fondre sa soyeuse enveloppe » (Pléiade, II, 1275-1276).

l'assentiment de Sido, qui continue d'exercer son influence et sa protection au-delà des limites de la maison familiale.

> Je revenais à la cloche de la première messe. Mais pas avant d'avoir mangé mon saoul, pas avant d'avoir, dans les bois, décrit un grand circuit de chien qui chasse seul [...] (S, II, 764).

Le retour à la maison illustre aussi ce double aspect de la cueillette : l'heure en est déterminée, la cloche prenant ici le relais de la voix de Sido qui appelle ses enfants (MCl, II, 208). Mais, à partir de ce point d'ancrage symbolisé par le clocher, c'est le « grand circuit » de Minet-Chéri qui donne tout son prix à la promenade et qui constitue la véritable expérience de liberté. Cette image du cercle, si présente dans les souvenirs d'enfance, est peut-être celle qui traduit le mieux le paradoxe de la cueillette, qui oscille sans cesse entre liberté et protection, entre ouverture et fermeture. L'univers natal, en effet, gravite tout entier autour de la figure de Sido, qui en est « le centre et le secret d'où naissent et se propagent – en zones de moins en moins sensibles, en cercles qu'atteint de moins en moins la lumière et la vibration essentielles – le salon tiède [...], la maison sonore [...], le jardin, le village », au-delà desquels « tout est danger, tout est solitude » (*ibid.*, 218). La cueillette reproduit et poursuit cette organisation concentrique du monde natal : lorsque Minet-Chéri est envoyée par sa mère cueillir de la mâche, elle dévie progressivement de l'objectif initial de la cueillette pour ramasser des mousserons puis des fleurs, de même que, géographiquement, elle s'éloigne peu à peu du panier, qui symbolise la présence maternelle, entraînée d'abord par des pieds de mâche de plus en plus distants, puis par la découverte sans fin de nouvelles rondes de champignons (JR, III, 59). L'évasion par rapport à Sido s'effectue donc en une progression circulaire, dans laquelle la petite fille paraît à la fois animée par une force centrifuge, qui l'éloigne sans cesse davantage de son point d'origine (la mère, le clocher, le panier), et par une force centripète, qui finit toujours par l'y ramener. Paradoxalement, plus Minet-Chéri grandit, plus la tension entre ces deux forces opposées paraît s'accroître. « Puisque tu ne rêves que de me quitter, [...] va me chercher de la mâche » dit Sido à sa fille, qui ne se le fait pas dire deux fois (*ibid*, 58). A son retour, elle voit sa mère qui la guette sur le seuil de la maison, sa mère qui est « l'Inquiétude elle-même », mais qui disparaît dès qu'elle aperçoit sa fille : « Je feignais d'ignorer qu'elle avait suivi de loin mes quinze ans parés de longs cheveux, d'une taille déliée, d'une petite figure de chat aux tempes larges et au menton pointu » (*ibid.*, 59). Pour Sido, il semble en effet que c'est dans cette féminité naissante de Minet-Chéri, plus que dans son goût de l'indépendance, que réside tout le danger de l'évasion. C'est pourquoi elle scrute sa fille de « son regard gris, presque dur à force d'acuité », à la recherche d'un quelconque indice, d'une possible souillure : « Un fil de sang sur la joue, un accroc près de l'épaule, l'ourlet de la jupe décousu et mouillé, les souliers, les bas comme des éponges... C'est tout. Ce n'est que cela ; Dieu merci, ce n'est, encore une fois, que cela... » (*ibid.*, 59). Et l'on perçoit déjà très bien ici combien l'angoisse de Sido est liée à la question de la sexualité – une question sur laquelle nous aurons l'occasion de revenir.

A l'opposé de la fermeture maternelle, comment cette force qui pousse Minet-Chéri à s'aventurer toujours plus loin se manifeste-t-elle ? Ne serait-ce que sur le plan strictement alimentaire, la cueillette personnelle de Minet-Chéri possède une indiscutable primauté sur la cueillette maternelle, car elle implique la consommation immédiate du produit. La consommation immédiate d'un aliment sur le lieu de sa cueillette revient souvent dans les textes ayant trait à la nature. Elle représente selon Colette le mode de dégustation idéal, notamment des fruits et de certains champignons, garant d'une authentique jouissance gastronomique. Ainsi, dans *Flore et Pomone*, Colette préconise de manger la figue seconde « sous l'arbre » (Gi, III, 460), en insistant sur l'importance de la température du fruit juste cueilli ; un « abricot cueilli et mangé au soleil est sublime », affirme-t-elle un peu plus loin (*ibid.*, 460).

D'une manière générale, le goût pour la consommation immédiate du produit de la cueillette laisse présager un parti pris proprement colettien en faveur de l'expérience gastronomique solitaire. Pour être pleinement ressentie, la jouissance sensorielle constitutive de cette expérience doit se vivre dans l'intériorité, voire le repli sur soi. Percevoir la saveur gustative dans toute sa profondeur et sa nuance exige de s'abstraire de son entourage pour procéder à un retour sur soi, même lors d'un repas en société. Cette faculté extraordinaire de s'abolir du reste du monde pour s'ouvrir totalement la sensation n'est sans doute pas étrangère, chez Colette, à l'expérience enfantine de la cueillette. Dans la solitude des bois ou de la campagne déserte, Minet-Chéri ou Claudine s'initient au plaisir de savourer ce qu'elles cueillent, hors de toute contrainte familiale ou sociale – ce qui explique le caractère nécessairement solitaire de la cueillette. Au cours d'une cueillette plus tardive, dans *La Retraite sentimentale*, Claudine fera d'ailleurs preuve de cette même faculté de retranchement, alors que cette fois elle est accompagnée de Marcel et Annie. Sans faire le moindre cas de la présence de ses compagnons, Claudine se consacre tout entière à la dégustation d'un mousseron :

> Assise sur un tapis feutré d'aiguilles de sapin, j'épile soigneusement un mousseron tout frais, englué d'une chevelure d'herbe fine. Il est moite et froid, emperlé et tendre comme un nez d'agneau et si tentant qu'au lieu de le déposer dans le panier je le croque cru ; délicieux, il sent la truffe et la terre... (RS, I, 554).

Une fois de plus, dans ce passage, la consommation immédiate et personnelle prend le dessus par rapport à la cueillette au profit du groupe (indiquée par la présence du panier). Le plaisir gustatif lié à la consommation du champignon à peine cueilli est indissociable, chez l'auteur, de l'attrait pour le cru. Certes, le mousseron fait l'objet d'un apprêt sommaire (épiler la « chevelure d'herbe fine »), mais celui-ci n'altère en rien sa nature fondamentale d'aliment cru. Par son aspect, sa texture et son goût, le mousseron croqué par Claudine endosse ici les propriétés de ce qui relève, dans la nature, soit du non-comestible (le nez d'agneau, la terre), soit de l'inaccessible (la truffe). A l'état cru, l'aliment est donc investi par contagion des caractéristiques de son milieu, puisqu'il en est le produit ; le champignon sent « la truffe et la terre ». Pour celui qui le déguste, l'aliment cru concentre en lui toutes les qualités de son environnement, qu'il recrée sur le mode gustatif avec une acuité que l'opération de cuisson mettrait en péril. Tel est aussi le cas de l'eau des deux sources que Minet-Chéri ne manque jamais d'aller goûter avant de rentrer de son escapade matinale : la première a le « goût de feuille de chêne, la seconde de fer et de tige de jacinthe » (S, II, 765). De même, la cornuelle, ou châtaigne d'eau, se réclame par sa saveur « de l'étang natal, des vases mères » (FB, III, 752) et garde un peu, selon Colette, le goût de la tanche dans le voisinage de laquelle elle pousse. Par le biais de l'aliment cru, il est donc possible de goûter l'environnement naturel, et de le savourer. La bouche intervient au même titre que les autres organes sensoriels dans la prise de contact avec la nature, et elle en révèle des richesses et des nuances insoupçonnées, à elle seule accessibles.

Il arrive toutefois que la cueillette ne se solde pas par la consommation effective des produits de la nature. *Les Vrilles de la vigne* offrent ainsi deux exemples où le fruit de la cueillette n'est pas dégusté. Dans « Jour gris » (VrV, I, 625-627), la narratrice, malade, évoque son pays natal à travers une cueillette imaginaire, dont le fruit « insaisissable » symbolise le pays quitté. La cueillette se présente alors comme une métaphore de la quête du passé et de l'enfance révolue. Dans « Forêt de Crécy », la narratrice, qui cette fois se promène réellement dans la forêt, est attirée par des fraises sauvages et des rondes de champignons. Toutes les conditions de la cueillette sont réunies, mais là non plus, fraises et champignons ne sont ni mangés, ni même cueillis :

> Une vague molle de parfum guide les pas vers la fraise sauvage, ronde comme une perle, qui mûrit ici en secret, noircit, tremble et tombe, dissoute lentement en suave pourriture framboisée dont l'arôme se mêle [...] à celui d'une ronde de champignons blancs... Ils sont nés de cette nuit, et soulèvent de leurs têtes le tapis craquant de feuilles et de brindilles... Ils sont d'un blanc fragile et mat de gant neuf, emperlés, moites comme un nez d'agneau ; ils embaument la truffe fraîche et la tubéreuse (« Forêt de Crécy », VrV, I, 672).

La description du champignon présente ici de nombreux points communs avec le passage de *La Retraite sentimentale* cité précédemment. Mais, dans *La Retraite sentimentale*, le mousseron cru suscitait une convoitise telle qu'il était immédiatement consommé. Ici, en revanche, le champignon, tout comme la fraise d'ailleurs, est apprécié, « dégusté » même, du nez et du regard, mais finalement laissé à sa place. La consommation ne s'impose plus comme une finalité. L'exemple présent laisse percevoir combien une promenade, même lorsqu'elle n'implique pas une cueillette à vocation gustative ou alimentaire, se déroule selon les mêmes modalités que la cueillette. Il s'agit de butiner, de glaner, de cueillir parfums, saveurs, textures, sons, lumières et couleurs. En fin de compte, toute promenade colettienne *est* une cueillette : cueillette véritable ou cueillette de sensations. La cueillette s'inscrit en effet dans « ce mouvement premier, et toujours recommencé, de la sensibilité colettienne », qui consiste à « agréer le monde dans la sincérité spontanée, la sollicitation innombrable de ses richesses »[1]. La cueillette est le mouvement colettien par excellence, elle symbolise le rapport de l'écrivain au monde, constitué d'impressions et de sensations successives, éprouvées dans la plénitude et l'immédiateté de l'instant. L'aventure sensorielle qu'est la cueillette finit donc par être emblématique d'une certaine forme de perception de la nature et du monde, qui se manifeste d'ailleurs à son tour sur le plan stylistique, exerçant une influence tout à fait caractéristique sur l'écriture colettienne. Dans une lettre à Marguerite Moreno, Colette tente d'expliquer à son amie qu'il faut procéder par « des touches et des couleurs détachées, et aucun besoin de conclusion » (LMM, 90). Des touches et des couleurs détachées qui sont autant d'impressions et de sensations « cueillies » par l'auteur, puis minutieusement rendues dans l'écriture, combinant ainsi l'illusion de la spontanéité à la profondeur de l'analyse. C'est par cette exactitude de la touche, du détail sensoriel que Colette donne l'impression de cerner le monde réel au plus près de son essence et que la vie semble jaillir de chacune de ses phrases[2].

Mais la cueillette telle qu'elle apparaît au fil de l'œuvre peut aussi nourrir pour de bon. Le fait que la nature puisse se « goûter » et se « savourer » sous-tend déjà cette conception toute colettienne d'une nature susceptible de devenir entièrement consommable. D'ailleurs, la notion même de

---

[1] J. DUPONT, *Les Nourritures de Colette*, thèse de 3e cycle, dirigée par Jean-Pierre Richard, Université de Paris IV-Sorbonne, 1983, p. 102.
[2] La vie de l'auteur est d'ailleurs semée de « retours à la terre », qui reproduisent les modalités des lointaines cueillettes de l'enfance. Qu'ils prennent la forme de séjours plus ou moins prolongés en Bourgogne, en Franche-Comté, en Bretagne, en Provence, ou plus simplement d'une promenade au Bois de Boulogne, ces retours à la terre sont l'occasion de renouer un contact intense avec la nature et constituent une source d'inspiration sans cesse renouvelée.

cueillette va dans ce sens puisqu'elle pose la nature comme nourriture potentielle – une nature qui n'est que générosité et dont les richesses sont « à portée de la main » (EPC, III, 969). Minet-Chéri ne rentre-t-elle pas toujours rassasiée de ses escapades à travers la campagne ? A l'automne, sa Puisaye natale, la « Bourgogne pauvre », regorge « de fruits modestes que l'on ne cueille pas, mais qui tombent dans la main, qui attendent avec patience au pied de l'arbre que l'homme daigne les ramasser » (JR, III, 49). A travers la représentation de son pays natal, Colette perpétue une vision édénique de la nature, qui reproduit les thèmes classiques de la pastorale : une terre fertile et nourricière, maternelle même, qui produit ses fruits avec abondance, sans que l'homme y sacrifie une seule goutte de sueur. A maintes reprises, elle loue le « culte de ce que la terre généreuse répand pour nous dans l'herbe, balance sur la branche, travaux sans peine, fructification sans culture » (EPC, III, 964-965). Dans cette perspective, la cueillette se révèle alors, comme l'écrit Jacques Dupont, « l'acte qui sanctionne la génialité infinie de la nature »[1].

Mais, pour profiter de tous ces « dons sauvages » (EPC, III, 965) qu'offre la terre, encore faut-il savoir les reconnaître. La nature n'est prodigue qu'à ceux qui veulent bien prendre la peine (et le temps) de la connaître car « le chemin n'est pas une table mise, sauf aux oiseaux et à celui qui, actif et point pressé, bat le buisson, flaire la fraise sauvage, devine le champignon, égrène la mûre, amasse la petite prune bleue qui parfume la liqueur « prunelle » (*ibid.*, 971). Il y a chez Colette une sorte de privilège aristocratique à connaître la nature. Cueillir est tout un art, sinon une science, et celui qui les détient se distingue du commun des mortels par son savoir. Quand elle évoque son passé

---

[1] J. DUPONT, *op. cit.*, p. 105.

villageois, Colette n'est pas avare de ses connaissances en matière de cueillette ; certaines pages sur ce sujet, par la richesse du vocabulaire botanique, prennent d'ailleurs volontiers des allures de manuel d'horticulture !

> Quand je nomme l'alise acidulée, qu'on cueille en octobre et qu'on garde pendue l'hiver, [...] la cornouille ou courgelle, petit fruit écarlate, bon pour la confiture, quand je cite la corme délicieuse, [...]qui se bonifie sur la paille comme la nèfle, quand je conseille de ramasser [...] la faine, petite amande triangulaire du hêtre, ne me donné-je pas l'air de vous parler par énigmes ? Je ne nomme pourtant que des fruits de France, sauvages mais fidèles à augmenter, sans autre frais que le ramassage, nos provisions d'hiver (« Trésors épars », *ibid.*, 963).

Dans cette apologie de la cueillette transparaît, sous-jacente, la critique de la vie citadine qui coupe l'être humain de ses racines terriennes, ainsi que la supériorité de l'homme de la terre sur l'homme de la ville – éternelle querelle entre le rat des champs et le rat des villes, mais qui n'est certes pas innocente chez Colette, laquelle fut la plus campagnarde des citadines (ou inversement!)... C'est dans cette perspective qu'il faut lire les portraits des « vagabonds » qui ont choisi la forêt pour logis et la cueillette comme moyen de subsistance. Ces êtres sylvicoles décrits par Colette sont parés d'une sorte de halo féerique et semblent sortir tout droit d'un conte pour enfants. Dans *Journal à rebours*, elle évoque avec nostalgie Frisepoulet, le « sylvain majestueux » (JR, III, 50) au regard noir de sorcier. Quelques pages plus loin, « Plein air » relate sa rencontre avec « l'homme à l'ail sauvage » (*ibid.*, 72), puis rend hommage à Mme Gaduel, la « vieille dryade » qui toute l'année « exploitait son vert royaume » (*ibid.*, 73). Dans « Flore et Pomone », Colette envie la science d'un « illettré sympathique », pour qui « la forêt n'était pas prodigue que de fleurs. Gîte, refuge, école, livre où la science renaissait pour lui vierge et cristalline, écrite en rais de soleil et de pluie, il tenait tout de la forêt et n'avait jamais quitté les nids, les futaies, les gibiers... » (Gi, III, 455). Colette se targue de partager avec eux une certaine connivence – « quand il fut au fait de ma connaissance personnelle du bois de Boulogne, une confiance naissante le porta à tenir conversation » (JR, III, 72) –, voire une complicité familière : « A ta manière je croque, cru, le mousseron. Mais nous ne révélons pas les endroits où de beaux vieux merisiers, fin juin, répandent leurs fruits » (*ibid.*, 73). En effet, comme eux, la narratrice possède cette connaissance intime de la nature, commune à ceux que la ville n'a point pervertis. A la société citadine qui n'en revient pas d'apprendre qu'« on a trouvé, dans la forêt de Compiègne, un homme qui depuis dix ans vivait sans contact avec les hommes », Colette répond que « la forêt et la brande nourrissent leur hôte, surtout si l'hôte est doué d'une prudence d'écureuil capable d'engranger, sous la terre effritée et la mousse sèche, les denrées qui ne coûtent rien et n'appartiennent à personne » (*ibid.*, 72).

Avec cet éloge de « l'homme des bois » nous touchons une nouvelle fois à ce thème typiquement colettien de l'origine, déjà évoqué à propos des escapades matinales de Minet-Chéri. L'habitant des forêts que nous dépeint Colette n'est d'ailleurs guère éloigné de l'homme naturel, tel que Rousseau se l'imaginait. A sa manière en effet, Colette impute à la civilisation des hommes une forme d'aliénation, sinon de dépravation :

> Car nous ne concevons pas qu'un être semblable à nous se satisfasse de ce qui nous serait mortel. Et toujours nous mettons « crainte » où il faudrait parfois « amour », amour de toute liberté, connivence subtile avec des forces ignorées, folle palpitation d'un cœur exceptionnel mais non unique, régression téméraire vers ce que la sociabilité nous enleva (« Plein air », *ibid.*, 72).

Ainsi l'homme socialisé a-t-il perdu son innocence ; et l'habitant des forêts, « fugitif décidé à ne rejoindre aucun clan », fait preuve de témérité en renouant en quelque sorte avec l'état de nature, c'est-à-dire avec une certaine forme d'enfance. En faisant ainsi l'apologie de la cueillette, Colette s'adonnerait-elle à la nostalgie de l'innocence perdue ? Il est incontestable que l'évocation sans cesse renouvelée de son enfance campagnarde, libre et proche de la nature, peut se lire dans cette perspective. Grands enfants eux-mêmes, les habitants de la forêt qu'elle s'attache à défendre perpétuent alors cette innocence caractéristique de son enfance vagabonde, dont ils incarnent en quelque sorte la continuité. Ne reproduisent-ils pas, à l'échelle d'une vie tout entière, l'évasion de la cueillette enfantine telle que Minet-Chéri s'y adonnait ?

Parmi tous ces fruits dont Colette prône la cueillette, la châtaigne, qui abonde « quand tout devient rare » (DMF, III, 191), mérite qu'on s'y arrête un instant. Outre ses qualités nutritives si volontiers soulignées par Colette, la châtaigne alimente également l'imagination qui s'en empare. Enfermé dans sa coquille lisse et arrondie, ce fruit ne constitue-t-il pas, en effet, un refuge apaisant pour l'imaginaire, un terrain de prédilection pour ces rêveries lilliputiennes dont Bachelard soulignait les vertus reposantes ? La châtaigne est un abri à l'intérieur duquel l'esprit du rêveur peut « jouir de la conscience d'être protégé »[1]. Dans les œuvres écrites en période de guerre, Colette semble y recourir comme à une panacée. Doit-on y deviner le besoin de « rentrer dans sa coquille », de s'auto-protéger contre un environnement hostile dominé par l'incertitude et l'insécurité ? Nous retrouvons ici l'image du cercle, dont nous avons montré plus haut la valeur de fermeture. En effet, la châtaigne est aussi et surtout intimement liée à l'enfance, à la chaleur du foyer familial,

---

[1] G. BACHELARD, *La Terre et les rêveries du repos,* Paris, Corti, 1948, p. 18.

image reposante et rassérénante entre toutes[1]. Dans *De ma fenêtre* toujours, Colette évoque la joie paisible des réveillons de Noël de son enfance, où la famille réunie autour de la cheminée mangeait des marrons bouillis et rôtis avant de déguster le pudding de Sido. Nourritures d'enfance, les châtaignes sont investies d'une valeur affective qui allie les propriétés de chaleur, de protection, de quiétude, de générosité. Colette elle-même laisse entendre qu'à ses yeux la châtaigne représente bien plus qu'un simple aliment : « nourriture irréprochable », elle est aussi un « secours cérébral » (*ibid.*, 239), « profitable au cerveau de l'écrivain » (EPC, 866)[2]. Pour l'apprécier, il n'est d'ailleurs pas toujours nécessaire de la manger. Dans *Le Fanal bleu*, l'écrivain, qui ne sort plus guère, se fait offrir par deux amies un chapeau de châtaignes mûres « pour la gourmandise », mais ce sont surtout, « pour la récréation », trois châtaignes non encore mûres qui vont concentrer toute son attention :

> La bogue s'entrebâille, les trois fruits d'acajou clair luisent dans la fente. J'empoigne, de ma mémoire crochue, le petit bout de tige ligneux qui tenait suspendu ce bel oursin vert, et je n'ai plus qu'à remonter jusqu'au feuillage solide, gagner le voisinage des pins. Plus loin, c'est tout sable, bouleaux, bruyères, et ronciers chargés de fruits. Laissez-moi aller, je ne me perdrai pas. Fermez la porte de ma chambre. Je n'ai besoin de personne pour guider ma promenade. Je n'avais besoin que de ces trois châtaignes, serrées dans une seule bogue entrouverte (FB, III, 764).

---

[1] Francine Dugast-Portes souligne la présence dans *La Maison de Claudine* de « tous ces fruits à forme symbolique qui apparaissent avec une fréquence significative : les châtaignes, les noix, les noisettes avec leur défense et leur sphère-abri » (F. DUGAST-PORTES, « Cercles et intersections dans *La Maison de Claudine*, *Cahiers Colette* n° 14, 1992, p. 167).

[2] Est-ce parce que, une fois dépouillée de son écorce, la châtaigne évoque l'image d'un cerveau en miniature que Colette lui attribue ce pouvoir presque magique ?

Ici, le principal attribut de la châtaigne n'est plus de satisfaire l'appétit, mais bel et bien de susciter la rêverie. Les châtaignes mûres sont éclipsées au profit de fruits encore impropres à la consommation, mais d'une ressource onirique sans comparaison. Néanmoins, cette fois-ci, le cheminement de la rêverie ne consiste plus à s'immiscer à l'intérieur de la coquille des châtaignes, mais plutôt à prendre le fruit comme point de départ afin de reconstituer le paysage qui l'environne. Le cercle retrouve ici ses propriétés d'ouverture, sur le mode de la promenade imaginaire. Les trois fruits semblent contenir en leur bogue tout l'univers de l'enfance, auquel ils servent en quelque sorte de clef d'accès. Ainsi le fruit, qu'il soit consommé ou non, reste toujours inséparable de son contexte naturel. Condensant à lui seul toutes les caractéristiques de son milieu, il en représente pour ainsi dire l'essence. Il possède de ce fait le pouvoir de le recréer, sur le mode de la sensation lorsqu'il y a consommation (le champignon sentait « la truffe et la terre », la cornuelle avait la goût de vase), mais également sur le mode de la rêverie lorsque la consommation n'a pas lieu. Pour Colette âgée et clouée sur son « radeau », la promenade imaginaire prend le pas sur la promenade réelle. Vivant coupée de la nature inspiratrice, elle s'en remet à la promenade mentale pour alimenter le processus de création littéraire. L'écriture semble alors naître de la capacité de l'écrivain à se mettre dans une situation de totale réceptivité, non plus par rapport à la sensation elle-même, mais par rapport au souvenir de cette sensation. Dans *L'Etoile Vesper*, Colette décrit ainsi sa « méthode de travail » :

> Je pars, je m'élance sur un chemin autrefois familier, à la vitesse de mon ancien pas ; je vise le gros chêne difforme, la ferme pauvre où le cidre et le beurre en tartines m'étaient généreusement mesurés. Voici la bifurcation du chemin jaune, les sureaux d'un blanc crémeux, environnés d'abeilles en nombre tel qu'on entend, à vingt pas, leur son de batteuse à

blé... J'entends sangloter les pintades, grommeler la truie... C'est cela ma méthode de travail... (EV, III, 593).

Dans cet extrait, le processus de réminiscence suit le cheminement d'une promenade, laquelle reproduit le mouvement classique de la cueillette. La reconstruction du paysage se déroule au gré de sollicitations successives, dans lesquelles tous les sens sont mis à contribution. Impressions visuelles, souvenirs gustatifs ou auditifs sont autant « de touches et de couleurs détachées » qui concourent à l'élaboration d'un paysage toujours inspiré de l'enfance – un « domaine incontrôlable » désormais imaginaire, qui conjugue en même temps la sensation passée et la sensation présente. Passée au filtre des évocations multiples, la campagne de Saint-Sauveur s'est peu à peu idéalisée, peu à peu métamorphosée en un « paysage intérieur, ferment de l'œuvre sans cesse en devenir »[1].

Saveur et savoir : nourritures insolites

Si l'on en revient à la première citation ayant trait à la nourriture dans l'œuvre – « je ramassais des faines, ces bonnes petites faines huileuses qui grattent la gorge et font tousser » (ClE, I, 10) –, on s'aperçoit que la cueillette enfantine présente également l'opportunité d'expérimenter une palette de saveurs et de textures extrêmement vaste et parfois inattendue. La cueillette colettienne ne se limite pas à des produits que l'usage considère propres à la consommation. La récolte de bourgeons de tilleul, de merises amères ou de groseilles encore vertes montrent que les saveurs extrêmes ne font pas peur et sont même recherchées. La saveur agréable ne constituant pas un objectif en soi,

---

[1] COLLEAUX-CHAURANG Marie-Thérèse, « Préface des *Lettres aux petites fermières* », Paris, Le Castor Astral, 1992, p. 13.

Claudine peut considérer comme « bon » un fruit qui « fait tousser ». Les critères de sélection des baies et autres fruits cueillis sont définis, comme nous l'avons vu, par la narratrice exclusivement. L'esprit indépendant et aventureux qui guide les escapades enfantines à travers la campagne se manifeste également sur le plan gustatif, dans l'expérience téméraire des saveurs les plus diversifiées. Si, au foyer familial correspondent les saveurs normalisées des mets apprêtés ou cuisinés, l'espace extra-domestique, en revanche, laisse le champ libre à toutes les expérimentations.

L'audace gustative propre à l'enfance ne se limite pas toutefois aux seuls produits de la cueillette, ou plutôt, la cueillette de saveurs ne s'arrête pas aux seuls fruits ramassés dans les bois. Dans les *Claudine* par exemple, les expériences alimentaires pour le moins farfelues ne manquent pas. Les nourritures inattendues, voire provocatrices, que consomme Claudine contribuent d'ailleurs au caractère original et « moderne » du personnage, et ne sont certainement pas étrangères au succès que remporta l'héroïne à la parution des différents volumes[1]. Dans *Claudine à l'école*, Claudine et ses amies ont institué pour se désaltérer la coutume des « bouteilles » qui contiennent divers breuvages de leur fabrication : eau vinaigrée, citronnades, eau-de-vie sucrée, jus de groseilles vertes, eau de Botot, jus de réglisse, etc. Les petites filles semblent prendre plaisir à explorer les degrés les plus extrêmes de l'acide, de l'amer ou de l'astringent, qu'elles tempèrent à grand renfort de sucre. Le but n'est pas de rechercher des saveurs a priori agréables, mais d'apprécier les

---

[1] Dans la préface à la série des *Claudine*, qui figure dans l'édition du Fleuron, Colette explique dans quelles circonstances elle écrivit son premier roman, comme elle l'avait déjà fait dans *Mes Apprentissages*. « N'ayez pas peur des détails *piquants* » lui avait dit Willy. Au vu de certaines « nourritures » ingurgitées dans *Claudine à l'école*, Colette semble avoir pris son mari au pied de la lettre !

effets produits sur le corps par ces breuvages puissants – ces effets « seconds » étant soigneusement précisés : l'eau vinaigrée « blanchit les lèvres et tiraille l'estomac », les citronnades sont « aiguës », le jus de groseilles vertes fait « regipper »[1]. Les « bouteilles » étant proscrites à l'école et leur contenu fabriqué à l'insu des parents, il va sans dire que l'excitation de transgresser l'interdit ne fait qu'accroître l'intensité de leur action et le plaisir qui en résulte.

Pour Claudine et ses amies, il s'agit de soumettre son corps à ces breuvages aussi variés qu'inattendus. A travers ces « sensations fortes », les jeunes adolescentes partent à la découverte de leur corps en se servant de lui comme objet d'expérimentation. Mais il est à noter que, contrairement à la cueillette, ces expériences gustatives et sensorielles se déroulent à plusieurs[2]. La « coutume des bouteilles » consiste donc non seulement à mettre son corps à l'épreuve des sensations les plus diverses, mais aussi à se mettre soi-même à l'épreuve du groupe. Le but est de s'affirmer par rapport aux autres à travers une forme de « concours » : c'est « à qui réalisera le mélange le plus baroque, les liquides les plus dénaturés. Pas de coco, c'est pour la petite classe ! » (*ibid.*, 135). L'émulation entretenue au sein du groupe explique ainsi l'extravagance de quelques-unes des boissons.

---

[1] Au sujet de ce mot, qualifié en note d'intraduisible par Colette, Jacques Dupont observe que « derrière l'alibi folklorique et patoisant, s'y énonce et s'y dénonce l'indicible sauvage d'une jouissance, peut-être même tout le "planant" d'un "trip", comme on disait il y a quelques années... » (J. Dupont, *Les Nourritures de Colette, op. cit.*, p. 46).
[2] On peut tout de même remarquer que Claudine tient à se différencier de ses camarades par la consommation d'une boisson plus « distinguée », exprimant également par ce biais cette supériorité « à tous et à tous égards », perceptible dans tout le roman et soulignée par Paul D'Hollander dans sa notice à *Claudine à l'école*, dans l'édition de la Pléiade (Pléiade, I, 1250).

Les nourritures insolites ingurgitées dans les *Claudine* ne se limitent cependant pas au seul contenu des « bouteilles ». On se souvient par exemple des fournitures scolaires distribuées par l'école, qui sont systématiquement goûtées, mâchouillées, voire ingérées par les écolières de Montigny. Du reste, elles font également l'objet d'une analyse gustative très affinée, de laquelle résulte un nouveau code qualitatif, sans aucun rapport avec leur fonction première. Pour la grande Anaïs, les crayons Conté, d'abord « délicieux » (ClE, I, 61), deviennent « sableux, mauvais, de la camelote » l'année suivante ; « en revanche, le papier buvard est excellent » (*ibid.*, 72). Quant à Claudine, même si elle goûte volontiers les dernières trouvailles d'Anaïs, elle préfère toujours se distinguer des autres et s'en tenir à une marque bien particulière de papier à cigarette. Selon Claudine Nast-Verguet, cet appétit enfantin pour de telles « nourritures » est l'expression « d'une gourmandise inversée, d'une anti-gourmandise, ce qui constitue d'emblée une transgression par rapport aux valeurs généralement admises dans l'ordre du goût »[1]. Plus qu'une simple provocation, cette transgression illustrerait, pour Claudine Nast-Verguet, la volonté de détruire symboliquement le pouvoir de l'école et tout ce que la « Laïque impose de contraintes à des esprits avides de vagabondages campagnards et ensoleillés »[2].

Il n'en reste pas moins que la consommation de tant de nourritures extravagantes s'effectue toujours dans la plus franche gaieté. Avec ce qu'ils comportent de décharge pulsionnelle, ces actes de dévoration enfantine sont apparemment vécus comme des instants de jubilation : Anaïs « croque avidement [...] des bourgeons verts » (*ibid.*, 72) ou « mange de la gomme frénétiquement, pour

---

[1] C. NAST-VERGUET, « Trois aspects de la gourmandise chez Colette », revue *Europe* n°631-632, novembre-décembre 1981, p. 113.
[2] *Ibid.*, p. 113.

montrer sa joie », tandis que Claudine, « entraînée par l'exemple, [...] mâche avec enthousiasme » son papier à cigarette (*ibid.*, 61). La jouissance particulière qui préside à cette « anti-gourmandise » des petites écolières est en rapport direct avec la situation de transgression. Pour Claudine et ses amies, s'affirmer à l'encontre de l'ordre établi, même alimentaire, suscite un élan joyeux, une véritable énergie. En effet, l'exaltation de grignoter de la craie ou de mâcher du papier réside là encore dans la sensation d'éprouver sa propre individualité. Dans son essai de sociologie de l'alimentation, Frédéric Lange ne manque pas de souligner cette fonction d'affirmation de l'être que revêt l'ingestion. Dans son analyse des différentes significations qui caractérisent l'acte de manger, il note que « ingérer, c'est se mettre sous la dent, croquer, grignoter, brouter, triturer, ruminer, paître, se repaître, c'est-à-dire manipuler, remuer le monde »[1]. Ingérer permet ainsi au mangeur « d'éprouver la résistance du monde, d'exercer sa force contre elle et d'apprécier son être par cet affrontement ». La prédilection des jeunes écolières pour les nourritures insolites constitue donc l'expression enfantine d'une énergie vitale, d'une sorte d'appétit brut, qui représente une composante essentielle de la mangeuse colettienne.

Cependant, il est intéressant de noter, au détour d'une phrase plus tardive dans l'œuvre, une allusion à ces déviances alimentaires de l'adolescence, présentes dans les premiers romans. Dans le récit en forme de « mise au point » que représente *Mes Apprentissages*, Colette s'accuse elle-même de s'être laissée aller, en épousant Willy, à « une coupable griserie, un affreux et impur élan d'adolescence », qu'elle met sur le même plan que les curieuses habitudes alimentaires propres à cet âge :

---

[1] F. LANGE, *Manger, ou les jeux et les creux du Plat*, Paris, Seuil, 1975, p. 18.

> Elles sont nombreuses, les filles à peine nubiles qui rêvent d'être le spectacle, le jouet, le chef-d'œuvre libertin d'un homme mûr. C'est une laide envie, qu'elles expient en la contentant, une envie qui va de pair avec les névroses de la puberté, l'habitude de grignoter la craie et le charbon, de boire l'eau dentifrice, de lire des livres sales et de s'enfoncer des épingles dans la paume des mains (MA, II, 1212).

Ce qui frappe le lecteur, c'est le jugement sans appel de Colette à l'égard de cette « laide envie » associée à ces étranges pratiques alimentaires. Il est vrai qu'il est ici question d'elle-même et de son premier mariage, et qu'elle ne fut jamais complaisante envers sa propre personne. Mais comment expliquer ce ton si véhément dans l'autocritique ? Certes, dans ces quelques lignes, Colette déplore son passé de jeune épouse. Mais ne peut-on y lire également une critique de son personnage le plus célèbre, Claudine ? En effet, l'allusion à la craie, au charbon et à l'eau dentifrice fait immédiatement penser aux écolières de Montigny. En stigmatisant ainsi les « habitudes » de Claudine, Colette critique ce qui avait fait l'originalité (et le succès) de sa jeune héroïne. Et à travers Claudine, c'est une certaine littérature qu'elle condamne, à laquelle elle s'est elle-même adonnée sous l'égide de son premier mari. On sait le peu d'estime que Colette portait à ses « œuvres de jeunesse », tout en reconnaissant qu'elles lui avaient valu le succès et la possibilité de s'émanciper de Willy pour devenir l'écrivain qu'elle était.

Mais peut-être ne faut-il pas non plus exclure la portée plus sombre que peuvent revêtir ces dérives alimentaires, qui nous rappellent que, même chez une authentique gourmande comme Colette, le rapport à la nourriture demeure toujours fragile, prompt à révéler des manques ou des souffrances enfouies. On notera d'ailleurs que, dans la citation, Colette introduit elle-même le terme de « névrose » pour souligner le caractère compulsif que revêtent ces comportements alimentaires de la puberté. Tout au long de l'œuvre, de manière certes ponctuelle mais régulière, Colette laisse transparaître l'éventualité du trouble : déviances alimentaires des adolescentes de Montigny, tendances toxicomanes d'Annie ou de Chéri, tentation végétarienne, anorexie de Renée Vivien... Tous ces éléments, sur lesquels nous aurons l'occasion de revenir, nous disent que, même si Colette a toujours entretenu une relation claire avec la nourriture, le fait alimentaire occupe une telle place dans sa vie et son œuvre qu'elle ne peut avoir été tout à fait à l'abri des dérèglements qui menacent le mangeur. Ne nous méprenons pas : aussi gourmande fût-elle, Colette ne tomba jamais dans le gouffre de la boulimie, car elle possédait sans nul doute des mécanismes de défense suffisamment aguerris pour s'en prémunir — le travail de l'écriture bien sûr, mais aussi un certain parti pris pour « l'abstention » sont autant de remparts qu'elle a su se construire. Mais, encore une fois, la position du mangeur s'enracine dans de telles profondeurs inconscientes qu'elle n'est jamais résolue ou acquise une fois pour toutes. Et cela, la sensibilité colettienne ne manque pas de le laisser transparaître.

Beaucoup moins trouble, en revanche, nous apparaît l'« appétit » de Minet-Chéri pour les fournitures de bureau, qui sont aussi les instruments de l'écriture. Colette avoue par exemple que le souvenir d'une « certaine demi-lune en corne blanche transparente, gravée de centimètres et de millimètres » qui appartenait à sa sœur, la faisait encore littéralement saliver, mouillant son palais « comme un citron coupé » (MCl, II, 244). Sa convoitise des « trésors de papeterie » que possédait son père était telle qu'elle ne se contentait pas de les manger des yeux. Déjà sensible peut-être à la polysémie du mot, elle consommait réellement les « *pains* à cacheter blancs » (*ibid.*, 244). Le lexique alimentaire est très présent dans la description du bureau paternel, que l'auteur désigne d'ailleurs par le mot « table », laissant percevoir le lien entre ces deux lieux essentiels : la table de travail et la table du repas. Du reste, cet « appétit » pour les fournitures de bureau n'entretient-il pas la confusion entre la bouche qui mange (par laquelle transite la nourriture) et la bouche qui parle (par laquelle transite le langage et donc a fortiori l'écriture) ? Ne pourrait-on alors y voir, outre le désir d'incorporer symboliquement, d'assimiler les outils et les techniques de l'écriture, le pressentiment intime que c'est justement là, sur le terrain mouvant et sensible de l'oralité, que toute une part de la future activité d'écrire est appelée à s'élaborer ? Si la passion des fournitures de bureau peut se lire chez la fille comme un signe avant-coureur de sa vocation d'écrivain, elle ne fut en tout cas pour le père qu'un moyen de compenser son infécondité littéraire...

Alors que les fournitures de bureau semblent éveiller l'appétit de Colette enfant en raison de leur fonction, d'autres objets non alimentaires peuvent attiser son désir gourmand pour leur simple apparence. Est-ce parce qu'elle rappelle un bonbon que la transparence d'un objet lui paraît prometteuse d'un plaisir gustatif ? Outre la demi-lune « transparente » (MCl, II, 244) déjà citée plus haut, Colette évoque le souvenir d'un « savon transparent à la glycérine » qu'enfant elle désira « follement » : « mais c'était pour le manger et l'essai fut nauséeux... » (BS, III, 566). C'est encore cette même transparence, comparée à celle « d'un vin clair », qui pousse Claudine à sucer un rubis que Renaud lui offre la veille de leur mariage « parce que ça doit fondre et sentir la framboise acidulée » (ClM, I, 302). « Dérouté par cette compréhension nouvelle des pierres précieuses », Renaud apporte le lendemain à sa jeune épouse des bonbons qui lui causent « autant de plaisir que le bijou » (*ibid.*, 302). Par son caractère anticonformiste et provocateur, le geste de mettre en bouche une pierre précieuse est certes typiquement « claudinien » –

tout comme l'est d'ailleurs l'aveu d'éprouver un plaisir égal pour un bonbon ou un rubis[1]. Il n'en reste pas moins que la transparence « fausse » ici le rapport à l'objet, dans la mesure où elle lui prête une nature alimentaire, ou, plus précisément, elle suscite un désir d'ordre alimentaire chez la narratrice. Lorsqu'on se place ainsi sur le terrain du désir, la frontière apparaît parfois très floue entre l'alimentaire et le non alimentaire. A la question de l'Oncle qui lui demande ce qu'elle aime (sans qu'il soit question a priori de préférences alimentaires), Claudine répond :

> Tant de choses ! Les bananes pourries, les bonbons en chocolat, les bourgeons de tilleul, l'intérieur des queues d'artichaut, le coucou des arbres fruitiers, les livres nouveaux et les couteaux à beaucoup de lames, et... (ClP, I, 216).

Dans cette énumération, elle aussi très « claudinienne », la confusion règne entre les objets qui sont destinés à la consommation et ceux qui ne le sont pas[2]. Nous

---

[1] La connotation érotique de cette scène qui précède le mariage de Claudine et Renaud n'échappera à personne...

[2] On sait que les bananes pourries figurent au menu quotidien de Claudine à Paris. Mais qu'en est-il du coucou des arbres fruitiers ? Les curieuses habitudes alimentaires héritées de l'école de Montigny nous incitent à penser qu'il est lui aussi destiné à être mangé, de même que l'intérieur des queues d'artichaut. Dans ce cas, le domaine alimentaire s'achèverait avec les livres nouveaux – bien que les livres puissent eux aussi se *dévorer* : Colette ne dit-elle pas qu'enfant, elle fut « lâchée à travers une bibliothèque où tout se fit pâture » (DMF, III, 186) ? Il ne reste alors guère que le couteau « à beaucoup de lames », qui lui semble difficilement pouvoir faire l'objet d'une consommation. En revanche, il peut s'avérer utile pour la dégustation des « nourritures » qui précèdent, que ce soit pour extirper l'intérieur des queues d'artichaut, gratter le coucou des arbres ou couper les pages d'un livre...

touchons là à une caractéristique essentielle de la gourmandise de Colette, à savoir que non seulement la gourmandise n'est chez elle « qu'une forme particulière du désir général qu'elle manifeste envers le monde matériel »[1], mais que ce désir s'exprime très volontiers par la gourmandise – sans qu'il soit forcément question de nourriture :

> Je demande à sortir pour ramasser furtivement une poignée de la neige qui tombe toujours ; je roule une boule et je mords dedans : c'est bon et froid, ça sent un peu la poussière, cette première tombée (ClE, I, 23).

On voit ici que le désir de manger, de goûter, correspond aussi à une forme particulièrement intense de curiosité, que le regard ne suffit pas ou plus à satisfaire. Pourtant, chez Colette, l'idée d'appropriation, d'incorporation de l'objet, inhérente au regard – idée que le langage traduit à travers une expression comme « manger des yeux » – est déjà fort présente. Ainsi, par exemple, Claudine se repaît littéralement du paysage qu'elle contemple : « Le doux paysage éveille en moi une sensualité presque semblable au ravissement de la faim que j'assouvis » (ClM, I, 410). Le glissement vers le registre alimentaire semble donc le plus à même d'étayer cette soif de regarder, de contempler le monde, que Colette n'a cessé de cultiver tout au long de sa vie. Il apparaît dès lors presque comme allant de soi que Claudine franchisse un « pas » de plus, en palpant puis en goûtant la neige qu'elle apercevait par la fenêtre. Motivée par un désir impérieux (elle n'attend pas la fin de la classe), sa curiosité paraît s'appuyer sur une volonté de découvrir la neige « par la bouche », d'éprouver sa température et son

---

[1] I. JOUDRAIN, « Les mets et les mots dans *La Maison de Claudine* », revue *Littérature* n° 47, octobre 1982, p. 68.

goût, pour en avoir une connaissance plus profonde et plus intime que si elle s'était contentée de la regarder ou de la toucher. La bouche révèle ainsi qu'elle est un instrument de connaissance (nous rejoignons ici la démarche de la cueillette classique, qui permettait de goûter la nature pour en découvrir les saveurs insoupçonnées) – une connaissance qui trouve certainement son origine dans les racines les plus profondes, les plus archaïques de l'être et qui place le corps, la perception physique, au premier plan de la relation avec le monde.

Les exemples de cette curiosité qui s'exprime à travers un élan gourmand vers le monde ne manquent pas dans l'œuvre de Colette. Ceci peut paraître d'autant plus étonnant que la tendance à envisager un rapport au monde ou aux objets sur le mode de l'ingestion semble fatalement vouée à l'échec – surtout quand cette ingestion n'est plus d'ordre symbolique. Une fois en bouche, un rubis finit bel et bien par rappeler sa nature de pierre précieuse... Mais Claudine n'en conçoit pas la moindre frustration. Que la première neige ait un goût de poussière ne paraît pas non plus la décevoir outre mesure. De même, l'ingestion « nauséeuse » du savon à la glycérine n'entache en rien le souvenir du désir gourmand si intense qu'il suscitait. Finalement, dans cet appétit qui prend le monde pour objet, la satisfaction du désir ne semble jouer qu'un rôle secondaire. Ce qui compte, c'est d'exprimer sa soif de découverte, son élan curieux vers le monde : la force du désir de sentir, du désir de connaître, est avant tout force de vie, quelle que soit son origine. En tant que manifestation de cette curiosité infatigable, le désir gourmand colettien, loin d'être une tension douloureuse, se révèle plutôt une force structurante, qui témoigne de l'énergie vitale du sujet et l'insère dans le monde en l'y projetant. Isabelle Joudrain rappelle à quel point le désir gourmand de Colette est immense et puissant : « C'est lui qui donne à l'individu heureux, chez Colette, cette énergie du corps et de l'âme, cette assise humorale dont dépend le pouvoir créateur »[1]. En fin de compte, pour Colette, le désir gourmand tient déjà lieu de « nourriture », car il représente une source d'inspiration sans cesse renouvelée. Le désir d'incorporer, de manger le monde participe en effet du processus même de l'écriture colettienne, qui consiste à éprouver physiquement la saveur des choses pour la reproduire ensuite à travers les mots. Cette approche si intime du monde, Colette l'a pour ainsi dire érigée en une méthode de travail. Le témoignage rapporté par Maurice Goudeket, son dernier compagnon, nous paraît à ce sujet très révélateur :

> Quand elle entrait dans un jardin inconnu, je lui disais : « Tu vas encore le manger. » Et c'était extraordinaire de la voir se mettre à l'œuvre. Elle y apportait de la hâte et de l'avidité. Il n'y avait pas de tâche plus urgente que de connaître ce jardin. Elle écartait les sépales des fleurs, les scrutait, les flairait longuement, elle froissait des feuilles, les mâchait, léchait des baies vénéneuses, des champignons mortels, réfléchissait intensément sur ce qu'elle avait senti, goûté[2].

« Manger » le jardin pour le « connaître »... « Flairer », « sentir », « goûter », « mâcher », « lécher » : la sensualité apparemment débridée qui préside à cette activité ne doit pourtant pas nous tromper. Car, ce faisant, Colette aussi « réfléchit ». Nous sommes loin ici du remplissage compulsif. L' « avidité » dont l'écrivain fait preuve n'est qu'à la mesure de son formidable pouvoir créateur. Car la finalité d'un tel repas réside bien sûr dans l'acte d'écrire. Telle une « digestion » créatrice, le lent travail de l'écriture s'élabore à partir de cette nourriture « incorporée », c'est-à-dire comprise ou assimilée par le corps, et qui constitue une matière première destinée à être transmuée par l'alchimie du verbe.

---

[1] I. JOUDRAIN, « Les mets et les mots dans *La Maison de Claudine* », *op. cit.*, p. 69.
[2] M. GOUDEKET, *Près de Colette*, Paris, Flammarion, 1956, p. 22.

Le désir de goûter, de manger correspond donc à un souci d'approfondissement du monde sensible. Un peu comme le biologiste qui, à l'aide de son microscope, part à la découverte de ce qu'il y a « derrière » la matière apparente, Colette utilise sa bouche pour « analyser » un objet et collecter des « informations » supplémentaires à son sujet. Ce processus d'affinement de la perception, dans lequel la bouche prend le relais du regard, est particulièrement manifeste dans la nouvelle intitulée « Rêverie de Nouvel An » (VrV, I, 618-621). Là encore, c'est la neige, décrite d'entrée comme un « sucre impalpable » qui suscite la curiosité sensorielle de Colette. Sortie pour « contempler » la neige, la narratrice, accompagnée de ses chiennes, se laisse progressivement gagner par le besoin de se confronter à sa matérialité : « Nous avons gratté de nos dix pattes une neige intacte, friable, qui fuyait sous notre poids avec un crissement caressant de taffetas ». L'identification établie ici avec les chiennes, qui « animalise » la narratrice, est tout à fait significative car elle indique que cette dernière a quitté, si l'on peut dire, le niveau de la contemplation pour entrer (ou descendre, si l'on se réfère à un niveau de conscience plus profond) dans celui de la sensation. Un niveau que l'écrivain lui-même donne l'illusion de ne pas quitter puisqu'il recrée la réalité de la sensation à travers la sonorité crissante des allitérations. Mais cette expérience de la matière est encore approfondie à travers, cette fois-ci, le recours à la sensation gustative qui permet d'achever et de parfaire la description de la neige : « Loin de tous les yeux, nous avons galopé, aboyé, happé la neige au vol, goûté sa suavité de sorbet vanillé et poussiéreux... ». C'est dans un espace de la conscience d'où le regard est volontairement banni que la sensation gustative va venir apporter son éclairage spécifique pour tenter de rendre au plus près la réalité de l'objet perçu. Et comme en témoigne le défoulement joyeux et animal qui l'accompagne, cette découverte, cette connaissance est loin d'obéir à une démarche de nature intellectuelle.

De la même manière, le lecteur qui s'abandonne aux textes de Colette va sans cesse puiser dans sa propre sensualité les moyens d'animer, « d'actualiser » la réalité inerte des mots qui défilent sous ses yeux. Les images qui vont naître à sa propre conscience s'enracinent dans le substrat vivant et alerte de ses sens. La force suggestive et sensuelle du signifié alimentaire est, bien évidemment, l'une des plus à même de « parler » à sa sensualité. La psychanalyste Gisèle Harrus-Révidi décrit ainsi cette lecture « par les sens » à laquelle invite l'aliment colettien : « Pouvoir verbal de communiquer dans l'intra-subjectivité : arômes et plaisirs papillaires deviennent miens, sa bouche, son nez sont miens, je suis moi goûtant dans son corps à elle ; délicieuse permutation imaginaire que cet emprunt de sensualité dont l'enfance est friande par sa disponibilité corporelle et qui, ultérieurement, se délitera rapidement par la rationalisation éducative forcenée »[1]. Toute une part de l'écriture de Colette possède donc ce pouvoir merveilleux de ranimer en nous cet imaginaire des sens que nous détenons depuis l'enfance. Mais il nous paraît justement important de souligner que, chez Colette, cette charge sensuelle du signifié déborde souvent le domaine alimentaire puisque l'écrivain applique volontiers cet approfondissement « oral » au monde sensible dans son ensemble. Une petite image anodine, telle que l'oeuvre en regorge, nous permettra de mieux comprendre cette particularité : lorsque Colette évoque le gobelet de son enfance, un gobelet de cuisine « épais aux lèvres » (RS, I, 576), l'image visuelle du verre grossier est comme densifiée, rendue à la fois plus proche et plus vive, par la sensation tactile suggérée et aussitôt « re-sentie » par le lecteur au niveau de cette zone si sensible des lèvres. Et si Colette emploie souvent ce « pouvoir » de l'écriture pour recréer une forme de perception spécifique à l'enfance, elle ne le restreint cependant pas exclusivement à

---

[1] G. HARRUS-REVIDI, *Psychanalyse de la gourmandise*, Paris, Payot, 1994, p. 13.

l'univers natal, mais s'en sert de manière presque aussi systématique dans son évocation du monde sensible en général.

L' « ingestion » de nourritures insolites prend donc ici une tout autre signification : porter à la bouche, goûter, manger s'inscrivent à part entière dans le processus de l'écriture. A l'opposé de la vision étroite d'une oralité forcément régressive telle que l'envisage la psychanalyse, Colette nous offre l'expression d'une oralité active et ouverte sur le monde, capable de dépasser la finalité de sa propre fonction pour s'ériger en une composante essentielle du pouvoir créateur.

La mère nourricière

Jusqu'ici, nous nous sommes concentrés sur le rapport direct et « souverain » qu'entretient la narratrice enfant avec ce qu'elle mange et ce qui suscite sa gourmandise. Dans le contexte de l'enfance, il est pourtant une composante du rapport alimentaire qui joue un rôle essentiel et que nous avons à peine évoqué jusqu'ici : la mère. Comme nous l'avons déjà fait remarquer, la mère ne fait son apparition que tardivement dans le processus de recréation du monde natal[1]. Mais une fois apparue, elle y occupe sans cesse le devant de la scène : son personnage joue alors un rôle de pivot, autour duquel se construit et s'organise tout l'univers de l'enfance, avec ses bonheurs et ses émerveillements, mais aussi ses contrastes et ses souffrances secrètes.

Le domaine nourricier de Sido

Dans ses souvenirs d'enfance, Colette ne décrit pas ses parents comme des gastronomes, loin de là. D'une manière générale, les textes ayant trait au père de Colette, le Capitaine, ne sont pas très nombreux. L'une des trois parties

---

[1] D'autres personnages de mères sont présents dans l'œuvre avant même que n'y apparaisse Sido, mais aucun, pas même Colette mère, ne présente cette envergure de mère mythique qui est le propre de Sido.

de *Sido*, à laquelle d'ailleurs il donne son titre, lui est consacrée, mais c'est à peu près tout. Comparée à celle de la mère, la figure du père demeure une ombre dans toute l'œuvre, de même que dans le réseau culinaire et alimentaire. Dans les passages le concernant, il est rarement question de nourriture, ce qui après tout n'est guère étonnant, puisque l'alimentation et la cuisine, à cette époque, étaient avant tout une affaire de femmes, à la campagne en particulier. Nous remarquerons cependant que le Capitaine manifeste une présence alimentaire toute « métaphorique » dans le jardin familial, où poussent des tomates, du piment et des aubergines, fruits de la terre méridionale, dont le Capitaine est lui aussi originaire[1]. En revanche, si, dans les *Heures longues*, il se fait surnommer « l'homme à la salade », ce n'est pas parce qu'il en est un fervent amateur, mais parce que, à la suite d'une plaisanterie, il se fait préparer une salade par son supérieur militaire. Il n'est d'ailleurs pas plus fervent de vin que de salade : lors de ses « campagnes électorales », il préfère boire de l'eau gazeuse plutôt que de trinquer, alors que sa fille, âgée d'une dizaine d'années, partage volontiers le vin chaud avec les paysans du coin. Bref, si le Capitaine a suscité une sorte de fascination chez Colette, c'est plutôt en raison de son caractère méconnu et, surtout, de l'indicible « passion » (S, II, 784) qui le liait à Sido. Dans son portrait brossé par Colette, le Capitaine ne se caractérise donc pas par une gourmandise particulière, à l'instar de Sido d'ailleurs ; ils sont tous deux dépeints comme « frugaux » (MCl, II, 240 ; S, II, 788).

L'une des particularités de Sido, c'est qu'elle ne mange pas. A aucun moment de l'œuvre, elle n'est montrée en train de se nourrir, ce qui n'exclut pourtant pas chez elle un certain raffinement gastronomique. « Avec un air de

---

[1] Cf. CLEMENT Marie-Christine et Didier, *Colette gourmande*, Paris, Albin Michel, 1990, p. 20.

gourmande et de connaisseuse », elle raconte à sa fille que, à l'arrivée des Allemands dans la région en 1870, elle enterra à la cave les grands vins qu'elle conservait de son premier mari ; du « château-larose, du château lafite, du chambertin, du château-yquem » (JR, III, 9), bouteilles qu'elle ne destinera pourtant pas, nous le verrons, à sa propre consommation. En effet, elle préfère boire de l'eau par méfiance des effets du vin. Sido est donc présentée comme ayant « le goût fin », ce qui ne fait pas d'elle une fine gueule pour autant. En fait, elle semble même assez difficile. Elle n'aime pas l'idée de manger des bêtes, mais regrette de ne pouvoir être végétarienne, car elle n'apprécie guère les légumes (Gi, III, 465) ; ainsi qu'elle le constate elle-même, il ne lui reste que « le beurre, les œufs et les fruits » (Gi, III, 465)... Cette tentation végétarienne, en forme de vœu pieux, nous la retrouverons aussi chez Colette. En revanche, ces goûts relativement difficiles paraissent pour le moins surprenants : la mère de Colette n'est certes pas la gourmande à laquelle on pouvait s'attendre.

Si elle n'est pas une mangeuse, Sido reste pourtant indissociable de la fonction alimentaire, contrairement au Capitaine. Sido ne mange pas car son rôle est avant tout celui de la préparation des aliments, de la confection des repas :

> Ses bras emmanchés de toile blanche disaient qu'elle venait de pétrir la pâte à galette, ou le pudding saucé d'un brûlant velours de rhum et de confiture (MCl, II, 209).

Parce qu'elle est mère, Sido est celle qui cuisine et qui nourrit ; sa fonction est avant tout nourricière. C'est une fonction que possèdent d'ailleurs la plupart des personnages de mères dans l'œuvre, que ce soit, par exemple, la mère de Minne, dans *L'Ingénue libertine*, ou celle du petit Jean dans le conte de *L'Enfant malade*. Dans certaines œuvres, cette fonction revient non plus à la véritable génitrice, mais à celle qui prend soin de l'enfant. C'est le cas notamment de Mélie, qui s'occupe de Claudine depuis sa plus tendre enfance, ou encore de Mamita, la grand-mère de Gigi, qui a pris en charge son éducation[1]. En revanche, les « mauvaises » mères ne sont jamais nourricières. L'incapacité à assumer leur rôle de mère se manifeste aussi sur le plan alimentaire. Mme Peloux, la mère de Chéri, en est une parfaite illustration : alors qu'il était enfant, Chéri, négligé par sa mère, « endura l'indigestion de bonbons, et les crampes d'inanition quand on oubliait son dîner » (C, II, 20).

Le souci de voir ses enfants bien nourris n'est, au contraire, certainement pas étranger à Sido. Il se présente même comme une préoccupation permanente et une véritable contrainte, dans la mesure où il s'agit pour elle de nourrir toute la maisonnée :

– Il n'y a rien pour le dîner, ce soir... Ce matin, Tricotet n'avait pas encore tué... Il devait tuer à midi. Je vais moi-même à la boucherie comme je suis. Quel ennui ! Ah ! pourquoi mange-t-on ? Qu'allons-nous manger ce soir ?

Ma mère est debout, découragée, devant la fenêtre. [...] Elle nous regarde, tour à tour, sans espoir. Elle sait qu'aucun de nous ne lui donnera un avis utile (MCl, II, 212).

La première difficulté à laquelle se heurte Sido est celle de l'approvisionnement. Sido « gère » toute seule une maison qui abrite mari, enfants et domestiques, dans une campagne isolée de surcroît. Pour nourrir tout ce petit monde, elle

---

[1] Plus globalement, nous aurons l'occasion de constater que tous les personnages qui nourrissent sont investis d'un caractère maternel. Par le don de nourriture, ils recréent le climat rassurant de la dyade affective mère-enfant. Celui qui reçoit la nourriture se place alors dans la position symbolique de l'enfant nourri par sa mère. Ainsi, par exemple, les « petites fermières », que Colette appelle ses « petites filles », deviennent ses « petites mères » car elles l'approvisionnent en colis de victuailles durant les années de restriction de la guerre et de l'après-guerre (cf. LPF, 54).

dépend de Tricotet, le boucher du village. Ouvrage de référence pour Sido et qui l'est resté pour Colette, *La Maison rustique des dames* de Mme Millet-Robinet nous livre de précieux renseignements sur les problèmes auxquels devait faire face une maîtresse de maison vivant au XIXe siècle. Véritable guide en matière de cuisine, de ménage, de jardinage et d'agriculture, ce livre s'adressait en particulier aux femmes qui habitaient la campagne. Régnant sur leur foyer, celles-ci étaient de vrais petits chefs d'entreprise, dont les responsabilités s'avéraient multiples. Compte tenu des moyens de transport et de conservation de l'époque, l'approvisionnement et la gestion des aliments représentaient un problème majeur. Le découragement de Sido se justifie donc en premier lieu par l'incommodité des conditions matérielles inhérente à la vie rurale du siècle dernier. A cette époque, faut-il le rappeler, manger n'était décidément pas aussi simple qu'aujourd'hui.

Mais, dans ce passage, Sido est aussi confrontée à la difficulté de concilier les goûts de chacun, véritable dilemme étant donné les choix des différents membres de la famille.

> Consulté, papa répondra :
> – Des tomates crues avec beaucoup de poivre.
> – Des choux rouges au vinaigre, dit Achille, l'aîné de mes frères [...].
> – Un grand bol de chocolat ! postulera Léo, le second.
> Et je réclamerai [...] :
> – Des pommes de terre frites ! Des pommes de terre frites ! [...]
> Mais il paraît que frites, chocolat, tomates et choux rouge ne « font pas un dîner » (MCl, II, 213).

Face à toutes les propositions qui fusent, la préoccupation de Sido est de trouver des aliments qui nourrissent, « qui font un dîner » ; de la viande en l'occurrence alors que personne n'en réclame. Au menu folklorique que forment « frites, chocolat, tomates et choux rouges », elle oppose un aliment unique et substantiel, capable de nourrir correctement mais aussi de rassembler les siens. On le voit ici, la fonction nourricière de Sido vise d'abord à maintenir l'ordre au sein du noyau familial. Pour peu que Sido se soustraie à cette fonction et qu'un autre membre de la famille se l'attribue, les normes volent en éclats et une certaine forme de chaos s'empare de la maison. Ainsi en est-il lorsque le fils aîné, Achille, décide de servir en rôti le chien Domino, qui vient de mourir écrasé sous la vieille victoria (AB, III, 816). L'interdit « cannibale » ne sera finalement pas enfreint[1], mais dans une famille dont Colette aime tant souligner l'originalité, l'ordre culinaire imposé par Sido sert de garde-fou aux débordements les plus fantaisistes.

La nourriture que Sido prodigue aux siens constitue également un facteur essentiel de cohésion familiale. La nourriture et son partage jouent un rôle déterminant dans la création et le renforcement des liens, que ce soit entre individus ou entre communautés. De par sa fonction de mère nourricière, Sido préside au partage intrafamilial de nourriture. Par le biais de l'aliment, elle rassemble. Elle contribue ainsi à renforcer le lien entre chacun, à ressouder le noyau familial. Dans cette perspective, il n'est guère étonnant que l'un des aliments les plus souvent associés à Sido soit le pain, nourriture emblématique entre toutes. Colette décrit en effet sa mère comme « portant dans sa robe de laine l'odeur du feu de bois, de la haie de chrysanthèmes et du *pain chaud* » (BS, III, 540).

Toute la famille s'organise donc autour de ce pilier central que représente Sido. Colette s'attache à nous donner d'elle cette image de la mère qui officie au cœur du foyer, dispense les nourritures et scelle l'union du groupe familial. Cette image est d'autant plus significative si l'on se rappelle que la famille Colette se compose en vérité de « pièces rapportées », les deux aînés étant les enfants du premier

---

[1] Le malheureux Domino finit par aboutir dans l'estomac de l'autre chien de la famille !

mariage de Sido. Par la force des choses, Sido constitue le trait d'union, le dénominateur commun d'une famille éclatée. Il est d'ailleurs intéressant de noter que, si le thème de la nourriture est très souvent associé à la maison familiale, il n'est nulle part fait mention d'un véritable repas de famille dans les souvenirs d'enfance (exception faite du repas avorté autour du chien Domino). A aucun moment, les membres de la famille ne se retrouvent tous ensemble à table, réunis dans la convivialité d'un repas. Cette absence de communion familiale dans l'acte de manger n'est-elle pas révélatrice d'un malaise, lié à une forme particulière de schéma relationnel à l'intérieur de la famille ? Chez les Colette, il apparaît effectivement que les relations intrafamiliales convergent toutes vers le personnage central de Sido, alors que les rapports entre les autres membres de la famille demeurent limités, voire inexistants[1]. L'unité familiale résulte en priorité des relations individuelles que chacun tisse avec Sido, formant ainsi autant de « couples » à l'intérieur de la famille. Loin de répondre à une structure de constellation, où tous les membres seraient en interaction les uns avec les autres, le groupe familial s'organise autour du centre Sido selon un schéma en étoile[2] – une étoile dont les « branches » entrent en concurrence les unes avec les autres car chacune aspire à l'exclusivité par rapport à Sido. Or, si nous nous rappelons les propositions éparses de « frites, chocolat, tomates et choux rouges » qui fusaient en direction de Sido, cette structure relationnelle en étoile se retrouve sur le plan alimentaire : la viande choisie par Sido apparaissait dès lors comme une tentative de réunir, de rassembler des désirs antagonistes. Les soirées de réveillon en famille, dont les

---

[1] Colette regrettera par exemple toute sa vie l'absence de relation avec son père qu'elle dit avoir « si peu connu » (S, II, 775).
[2] Dans *Sido* (dont le titre original était *Sido ou les points cardinaux*), Sido se trouve justement au centre d'une étoile, celle de la rose des vents.

évocations ne manquent pas dans l'œuvre, sont aussi très instructives sur ce point. La famille Colette veille au coin du feu en mangeant des marrons, et la soirée est marquée par un seul mets, objet de toutes les vénérations : le « chef-d'œuvre de Sido » (DMF, III, 199). Par opposition aux marrons, qui ne constituent pas un plat mais se consomment en vrac, le pudding blanc de Sido représente un mets unique, que la famille se partage – comme la viande plus haut. À nouveau, l'aliment préparé par Sido se substitue à elle pour devenir l'élément convergent et réconciliateur de chacun des membres de la famille, reproduisant ainsi la configuration familiale en étoile reliée autour du centre « gâteau/Sido »[1].

Parce qu'elle est gardienne du foyer familial, Sido est aussi gardienne du foyer, au sens premier du terme, c'est-à-dire du feu. Nourrir et réchauffer constituent deux éléments indissociables du comportement maternel : « Pour ta chatte, je reviens chaque après-midi à la petite maison pour lui donner un peu de lait chaud et lui faire une flambée de bois », écrit-elle à sa fille qui n'habite plus sous le même toit (NJ, II, 624). Dans la demeure familiale, c'est à Sido que revient la responsabilité d'entretenir le feu, de « l'alimenter » lui aussi, mais pas n'importe comment : « Ne mange pas la bouche ouverte, et ne jette *jamais* dans la cendre une épluchure de châtaigne ! » étaient les deux maximes dont Colette déclare qu'elles ont régi son enfance (PrP, II, 1006). La seconde, soulignée d'un péremptoire « *jamais* » en italiques, atteignait certainement un degré supérieur sur l'échelle de l'interdit : une seule pelure de châtaigne rendait inutilisable la cendre qui, à cette époque, servait à lessiver le linge.

---

[1] Notons que cette volonté de « faire tenir ensemble » se retrouve dans la texture même du gâteau, qui est un aggloméré de multiples petits morceaux épars (raisins secs, melon confit, lamelles de cédrat, dés d'orange)...

Mais, naturellement, la fonction première du feu demeure la cuisson, qui elle aussi est le fait de Sido. A la cuisine, dans le « four de campagne », tel que l'appelle Colette, s'élabore la cuisine maternelle, « les meilleurs plats du monde, ceux qui cuisent longuement, étouffés, sans évaporation, repliés, si j'ose écrire, sur eux-mêmes » (*ibid.*, 1007). Ce sont ces plats longuement mijotés qui, toute sa vie durant, auront la préférence de Colette. Cette cuisson lente, en vase clos, est la base de toute la cuisine de son enfance : une cuisine modeste (les cuissons longues s'accommodent des bas morceaux) qui ne renie pas ses origines paysannes. La viande, d'ailleurs, ne figure pas obligatoirement au menu ; le fromage, les marrons, la pomme de terre peuvent à eux seuls constituer un repas. C'est à la cuisson de ces dernières qu'était réservé le fameux chaudron qui trônait dans la cheminée :

> Un chaudron à trois pieds, haut jambé, contenait une cendre tamisée, qui ne « voyait » jamais le feu. Mais farci de pommes de terre qui voisinaient sans se toucher, campé sur ses pattes noires, à même la braise, le chaudron nous pondait des tubercules blancs comme neige, brûlants, écailleux, auxquels un beurre froid et raide, salé, concassé en petits dés, donnait tout leur prix (*ibid.*, 1007).

A la lecture de cet extrait, comment ne pas établir un lien entre ces cocottes, ces chaudrons, qui cuisent et transforment doucement les aliments avant de les « pondre », et le ventre maternel à l'intérieur duquel « cuit » et se développe l'enfant à venir ? Marie-Christine Clément attire l'attention sur cette faculté créatrice qui rapproche le cuisinier de la femme, « cuisine elle-même, [...] chaudron dans lequel, « assaisonnée » par la semence fertile de l'homme, elle « cuit » son enfant, le façonne en elle-même avec sa propre matière »[1]. L'idée d'un point commun entre les actes créateurs que sont la cuisine et l'enfantement apparaît d'ailleurs manifeste dans *La Maison de Claudine* où Sido, fraîchement mariée à son premier époux, « fit blanchir la cuisine sombre, surveilla elle-même des plats flamands, pétrit des gâteaux aux raisins et espéra son premier enfant » (MCl, II, 211). Surveiller la cuisson, mais aussi pétrir la pâte : en pétrissant des gâteaux, Sido semble travailler et modeler une pâte originelle, une sorte de matière archétypale, qui, en « cuisant » à la chaleur de son corps, deviendra vie...

Ainsi le feu qui réchauffe et qui cuit est toujours un symbole de vie. La flamme qui brûle dans l'âtre confère chaleur et vie à la maison. Dès l'enfance, Colette apprend comment on doit « couvrir le feu pour la nuit, réveiller le lendemain matin son ardeur capitonnée de cendres » (PrP, II, 1006). Maurice Goudeket admirait chez Colette cette faculté qu'elle avait à rendre vivant un appartement à peine emménagé, dont le cœur ardent était la cheminée. Dans *Près de Colette*, il écrit : « Quand je rentrais trois heures après [l'emménagement], je trouvais un appartement gai et chaud, où les choses semblaient avoir pris au cours des années leur place définitive. Tableaux et gravures accrochés, un feu de bois pétillait dans l'âtre, devant lequel les bêtes somnolaient »[2]. Sur les traces de Sido, Colette est devenue gardienne du feu dans sa propre maison. En s'inspirant ainsi de certains thèmes dont Colette s'était servie pour le personnage de Sido, Maurice Goudeket a tenté à son tour de construire le « mythe » de Colette...

Dans la demeure de Saint-Sauveur, la cheminée vit au rythme de la maisonnée. Même vieille et malade, Sido ne peut renoncer à entretenir le « feu sacré » qui donne vie à la

---

[1] M.-C. CLEMENT, « La cuisine-sorcellerie », *Nourritures d'enfance*, revue *Autrement*, série Mutations/Mangeurs n°129, avril 1992, p. 143.
[2] M. GOUDEKET, *op. cit.*, p. 95.

maison. Son fils la retrouve ainsi sciant du bois dans l'aube glacée, malgré ses promesses de rester au repos. Ne plus s'occuper du feu, n'être plus gardienne du foyer, reviendrait pour elle à perdre sa fonction de mère, qui est comme on le sait sa principale raison d'être. Et c'est à l'image du feu dans l'âtre que la flamme vitale de Sido va finir par s'éteindre, progressivement, jusqu'à la mort :

> C'est seulement une fois que je vis, un matin, la cuisine froide, la casserole d'émail bleue pendue au mur, que je sentis proche la fin de ma mère. Son mal connut maintes rémissions, pendant lesquelles la flamme de nouveau jaillit de l'âtre, et l'odeur de pain frais et de chocolat fondu passa sous la porte avec la patte impatiente de la chatte (MCl, II, 276).

Avec la maladie de la mère, le « logis chaud et plein » (*ibid.*, 208) va perdre sa chaleur enveloppante ; le froid commence par investir la cuisine, le cœur de la maison où régnait Sido. Durant ses brefs retours à la vie, sa présence tient tout entière dans le feu et l'odeur du pain et du chocolat qui emplit à nouveau la maison. Les vertus maternelles de chaleur qui caractérisent Sido se retrouvent en effet dans ces deux aliments qui lui sont si souvent associés : le pain, déjà cité plus haut, et le chocolat. Critère essentiel de la qualité du pain chez Colette : sa fraîcheur, c'est-à-dire la chaleur emmagasinée que contient sous sa croûte « la miche encore tiède » (RS, I, 577) et qui dégage « une apéritive odeur » (VE, II, 149). Le chocolat chaud est lui aussi une nourriture typiquement maternelle, qui mérite qu'on s'y arrête. Le chocolat en barre, tout d'abord, fait partie des présents que Sido ramène à ses enfants lorsqu'elle va séjourner à Paris[1].

---

[1] Quand Colette ira habiter la capitale et gagnera un peu d'argent en écrivant pour Willy, ce sera à son tour d'offrir du chocolat à sa mère, « du cacao pur, en barres, de chez Hédiard » (MA, II, 1235).

Mais le chocolat idéal pour Colette tend vers le liquide[1]. Parallèlement à la chaleur, il réunit les propriétés liantes du fondant, du crémeux. De la sorte, il suscite une rêverie bienheureuse, comme dans ce passage où Sido raconte à sa fille comment les plaques de chocolat que fabriquait son père en Belgique « séchaient, posées toutes molles sur la terrasse » et révélaient chaque matin « imprimé en fleurs creuses à cinq pétales, le passage nocturne des chats » (MCl, II, 238). L'euphorie gourmande que provoque le chocolat est déjà tout entière contenue dans son parfum :

> Je vais t'expliquer. D'abord, tu comprends que c'est dimanche à cause du parfum qui dilate les narines, qui sucre la gorge délicieusement... Quand on s'éveille, voyons, et qu'on respire la chaude odeur du chocolat bouillant, on sait que c'est dimanche (VE, II, 140).

Le chocolat avant même qu'il soit consommé est donc dispensateur de bien-être, car il ramène à la chaleur de l'univers natal. Il est la boisson que Sido prépare dès le matin à sa fille, en même temps qu'elle allume le feu dans l'âtre, et qu'elle continuera de lui préparer chaque fois que Colette ira lui rendre visite. D'ailleurs, le chocolat est à ce point attaché à la figure maternelle que la chocolatière finit par faire partie intégrante du corps de Sido : Colette évoque « le souvenir du bras de Sido, prolongé par une chocolatière » (JR, III, 51). En revanche, Juliette, la sœur « aux longs cheveux » reste imperméable à la chaleur inhérente au chocolat maternel : « Toujours pâle et absorbée, elle lisait avec un air dur, à côté d'une tasse de chocolat refroidi » (MCl, II, 244). Juliette, dont

---

[1] Aux amis qu'elle reçoit, Colette sert « une crème au chocolat semi-liquide, pour contenter ceux qui la veulent manger à la cuiller et ceux qui aiment la boire à même le petit pot » (K, III, 311). Notons que c'est en entrant en contact avec la chaleur, donc en fondant, que le chocolat révèle son « goût exquis, qui participe de l'amande grillé et du gratin à la vanille » (ClP, I, 223).

on sait sa difficile relation avec Sido, délaisse son chocolat, qui, en refroidissant, perd ses vertus maternelles bienfaisantes...

Plus tard, lorsque Colette quitte le toit familial, elle garde l'habitude de boire du chocolat chaque matin, dans une crémerie, en compagnie de Willy, comme pour tenter de perpétuer à Paris l'univers maternel et ses rites. Mais le chocolat de Paris a lui aussi perdu ses propriétés calorifiques, gagné par une froideur que trahit son étrange couleur « mauve » (MA, II, 1211). Colette boit son chocolat aux teintes violettes avant de réintégrer les « noirs lambris » (*ibid.*, 1212) de l'appartement de la rue Jacob. Le chocolat parisien n'est plus que l'ombre du chocolat maternel « crémeux » et « fumant ». L'espace sombre et froid de l'appartement conjugal marque la perte irrémédiable de la chaude maison natale, perte qui se soldera par une « longue maladie »... Dans *Claudine en ménage*, une tasse de chocolat fumant (le chocolat retrouve ici sa chaleur intrinsèque) sanctionne le retour à l'univers natal de Claudine, qui s'est enfuie de Paris après avoir découvert l'infidélité de son mari. Investi d'un pouvoir magique, le chocolat devient « le philtre qui abolit les années » (ClM, I, 400) et ramène à l'enfance. Claudine retrouve alors immédiatement son appétit, qu'elle avait perdu à Paris.

La réflexion menée par Isabelle Joudrain sur l'objet aliment dans *La Maison de Claudine* s'applique nous semble-t-il idéalement au chocolat : « Lorsqu'il est rêvé dans sa chaleur, cette chaleur devient le signe d'une profondeur douce, accueillante, continue, et c'est un rapport de nourriture à maison qui s'instaure »[1], et plus précisément un rapport de nourriture à mère, pourrions-nous ajouter. Isabelle Joudrain cite d'ailleurs l'exemple du chocolat que Sido offrait à

---

[1] I. JOUDRAIN, « Les mets et les mots dans *La Maison de Claudine* », *op. cit.*, p. 72.

l'araignée, qu'elle considère comme l'un des souvenirs les plus heureux du royaume enfantin. Notons que ce chocolat maternel destiné à l'araignée semble investi d'une réserve inépuisable de chaleur, puisqu'il tiédit durant « toute la nuit » (MCl, II, 233).

Ce dernier exemple nous amène à remarquer que, dans l'univers natal, le rayonnement nourricier de Sido ne se limite pas uniquement au cercle familial, mais s'étend à tous les êtres. Sido avoue ne jamais être « en repos quand [elle] croi[t] qu'un enfant ou un animal ont faim » (NJ, II, 625)[1]. Ce caractère altier, généreux, est un élément essentiel du personnage maternel. Dans *La Maison de Claudine*, Sido accueille sous son toit et prend à son service une jeune fille enceinte car « elle se ferait plutôt "montrer au doigt" que de mettre sur le pavé une mère et son petit » (MCl, II, 239). Mais le rôle de « mère nourricière » de Sido s'étend aussi aux animaux. Elle fait preuve d'une attention particulière à l'égard de toutes les bêtes qui l'entourent, même les plus inattendues. Ainsi, le merle qui dévore et saccage ses cerises (S, II, 770) ou la chenille de papillon qui se repaît des plantes du jardin (MCl, II, 234). A ces bêtes s'en ajoutent tant d'autres : le « pauvre grand loup gris, sec, affamé » (S, II, 780), les « chattes vagabondes, affamées de viande crue » (MCl, II, 209), « quelque chiot recueilli, un petit chat rapporté d'une ferme » (AB, III, 816)... Telle que Colette nous la dépeint, la maison de Saint-Sauveur n'est pas loin de faire penser à l'Arche de Noé !

Il est incontestable en effet qu'au fil des récits d'enfance, la maison natale, idéalisée, prend l'aspect d'un vaste domaine nourricier, peuplé d'enfants et d'animaux. Agitant comme un drapeau « un étendard de papier jaune

---

[1] Ce sont là les mots, à peine modifiés, de la vraie Sido, dans une lettre qu'elle écrivit à sa fille le 18 novembre 1907 (cf. SIDO, *Lettres à sa fille*, Des Femmes, 1984, p. 128)

craquant, le papier de la boucherie » (MCl, II, 209) pour attirer ses chattes, en même temps qu'elle appelle ses enfants, Sido règne sur ce domaine, dont elle est la force vive et la figure de proue. Au-delà de la maison se trouve la campagne, terre de vagabondage, où son aura se perpétue encore, bien que plus atténuée. D'ailleurs, une fois la promenade terminée, chacun regagne le refuge de la maison, le domaine de Sido. Un domaine enchanteur, qui est l'expression même de la générosité maternelle, puisque nourriture et affection y sont prodiguées sans compter. Un domaine nourricier que Sido finit d'ailleurs par incarner métaphoriquement :

[...] elle vécut balayée d'ombre et de lumière, courbée sous des tourmentes, résignée, changeante et généreuse, parée d'enfants, de fleurs et d'animaux comme un domaine nourricier (*ibid.*, 271).

Cette image idyllique de mère nourricière, à qui revient « la souveraineté de la maison familiale » (JR, III, 59), s'inscrit tout à fait dans le « mythe »[1] que représente Sido pour Colette. Avant la parution de *La Maison de Claudine* en 1922, Colette n'a encore que très peu parlé de sa mère. En 1922, Colette a quarante-neuf ans, Sido est morte depuis dix ans. Dans *La Maison de Claudine*, l'écrivain commence à tracer le portrait de celle qu'elle appellera « le personnage principal de toute ma vie » (JR, III, 51). Portrait qu'elle continuera d'enrichir dans *La Naissance du jour* et dans *Sido*, puis au gré des multiples évocations de l'enfance dans les livres qui suivront[2]. Nul doute que le temps qui s'est écoulé entre la réalité vécue et la réalité écrite a engendré une vision

---

[1] M. DELCROIX, Notice à *La Maison de Claudine* (Pléiade, II, 1618).
[2] Maurice Delcroix note que le nom même de Sido prend de l'importance avec le temps, l'appellation « ma mère » étant plus fréquente dans *La Maison de Claudine* et même dans *La Naissance du jour*. Ainsi, « le prestige du personnage a grandi en même temps que l'importance de son nom » (Pléiade, II, 1617-1618).

transformée, magnifiée de la véritable Sido. Nul doute aussi qu'elle a permis de réparer certaines blessures de l'enfance. Mais c'est aussi ce lent travail de « recréation » du souvenir par l'écriture qui fait de ce personnage l'une des plus belles figures maternelles de la littérature française.

Le couple mère-fille

Le portrait maternel, en effet, ne se limite pas à la place occupée par Sido dans le groupe familial. Il prend aussi toute sa richesse et ses nuances dans la relation exclusive qui se noue entre la mère et la fille – un rapport presque fusionnel qui s'exprime de manière privilégiée à travers la nourriture. Comme nous l'avons fait remarquer plus haut, les relations à l'intérieur de la famille se résument essentiellement au rapport que chacun entretient avec Sido. En réalité, cette absence de relation entre les autres membres de la famille cache une rivalité, dont l'enjeu est justement l'amour de Sido. La « jalousie brûlante » (BS, III, 539) fut sans doute un sentiment plus présent qu'il n'y paraît au sein de la famille Colette. Le Capitaine, passionnément amoureux de sa femme, est « gêné » par la présence des enfants qui viennent troubler « le tête-à-tête rêvé » avec Sido (S, I, 776). Les rapports entre les enfants non plus ne sont pas idylliques : Colette ne semble pas avoir été particulièrement unie à sa soeur, toujours indifférente, ni à ses frères, les « sauvages ». Colette entretiendra d'ailleurs toujours des rapports conflictuels avec Achille, « l'aîné sans rivaux » (S, II, 788), le fils adoré de Sido. Il n'est donc guère étonnant qu'à travers ses récits de souvenirs, Colette ait désiré accomplir ce rêve d'exclusivité avec sa mère. Les scènes qui se déroulent dans la maison de Saint-Sauveur reposent très souvent sur le duo mère/fille ; d'ailleurs, nombreux sont les dialogues qui les réunissent toutes deux. Lorsqu'ils sont présents, les autres membres de la famille n'apparaissent, dans bien des cas, qu'au second plan – dans *De ma fenêtre*, par exemple, la famille au complet réveillonne autour du feu, mais la scène s'articule autour des personnages de Sido et de Minet-Chéri, les autres membres de la famille étant réduits à une présence fantomatique, à travers le seul « chuchotement des journaux froissés, des pages tournées » (DMF, III, 199). Dans toute l'œuvre colettienne, la relation mère/enfant n'est jamais si riche, si intime qu'entre Sido et sa fille, et aucune autre mère de l'œuvre, pas même Colette elle-même, ne témoigne d'une telle complicité avec son enfant. La relation privilégiée entre Sido et Minet-Chéri se manifeste aussi sur le plan alimentaire, même si d'autres domaines typiquement maternels, comme l'univers végétal par exemple, occupent par comparaison une place plus importante.

Comparés à Sido, les autres personnages maternels de l'œuvre manquent d'étoffe et font preuve d'une relative pauvreté psychologique. Autant, chez Sido, la vertu nourricière vient enrichir le prestige du personnage, autant les autres mères semblent au contraire confinées dans cette fonction. Habitées par le souci de nourrir leur progéniture, elles sont réduites en quelque sorte à n'être « que » des mères nourricières. Les personnages de Maman, dans *L'Ingénue libertine*, et de Madame Maman, dans *L'Enfant malade*, sont à ce sujet très révélateurs. Pour ces deux mères, le simple fait que leur enfant ait bon appétit suffit à les combler :

> Quel bonheur ! Minne a faim ! voilà Maman contente pour la journée (IL, I, 695).

En fait, Maman et Madame Maman sont montrées comme des mères soucieuses de leur enfant, mais étrangères à lui. Minne comme Jean vivent dans un monde imaginaire auquel elles n'ont pas accès et dont elles ne soupçonnent pas même l'existence. Incapables de comprendre réellement leur enfant, de connaître l'infinie richesse de son intériorité, elles s'attachent à des données tangibles, physiques, plus aisées à discerner : « Devant Maman navrée, Minne oublia de déjeuner... » (*ibid.*, 703). L'appétit de leur enfant, la nourriture qu'il consomme, deviennent alors pour ces deux mères un sujet d'obsession auquel elles demeurent rivées, persuadées qu'elles sont de pouvoir y lire son état général. Ne pouvant communiquer autrement avec lui, elles s'en tiennent au langage extérieur de son corps. Langage élémentaire, en vérité, puisque l'enfant, conscient des préoccupations de sa mère, s'en sert à dessein pour la rassurer. Dans *L'Enfant malade*, Jean affirme qu'il a faim pour faire plaisir à sa mère, car « ne s'agit-il pas qu'aux mots "j'ai faim" Madame Maman rougisse de joie ? » (G, III, 501). On a l'impression que c'est une sorte de compassion, pour ne pas dire de pitié, qui pousse le petit garçon à ruser de la sorte afin de procurer quelque joie à sa mère, laquelle ne se doute même pas que son enfant, loin d'être prisonnier de son corps malade, échappe à la douleur par l'évasion merveilleuse que lui procurent ses rêves. Dans les deux romans, Maman et Madame Maman nourrissent donc, à défaut de pouvoir faire autre chose. N'oublions pas que toutes deux ont en commun d'être veuves et de se consacrer tout entières à leur enfant unique, minées pas l'angoisse de le perdre. Leur enfant représente leur seule raison de vivre ; elles n'ont pas d'autre raison d'être que leur maternité – elles n'ont d'ailleurs pas d'autre nom que « Maman ». Il en résulte une certaine inconsistance de leur personnage – et l'on peut déjà s'interroger sur les ressorts profonds de cette faiblesse de la fonction maternelle qui ne sera conjurée qu'avec l'élaboration de cette figure idéale que représente Sido.

Sido, elle, possède le privilège exceptionnel de savoir communiquer avec cet être à part qu'est l'enfant et donc de pouvoir accéder à son univers. Notons que l'enfant colettien est presque toujours présenté comme supérieur aux adultes et doué d'une faculté valorisée entre toutes : l'imagination. Chez Colette, les personnages enfantins vivent souvent dans un monde qui leur est propre, que les adultes sont incapables de comprendre et dont ils sont bien entendu exclus – c'est le cas dans *L'Enfant malade* et *L'Ingénue libertine*, mais aussi dans *Le Blé en herbe* où les parents ne sont que des ombres. Sido fait exception à cette règle puisque, douée d'un savoir divinatoire (« elle savait tout »), elle est réceptive aux enfants, comme elle l'est aux bêtes et à la nature en général. Il en résulte que le personnage de Sido n'est jamais dévalorisé dans sa relation avec ses enfants. Certes, il arrive qu'ils se jouent d'elle, mais elle n'est jamais impuissante devant eux. A cela, plusieurs raisons. Sido est tout d'abord liée à ses enfants par un instinct maternel qui s'apparente à l'instinct animal. Telle une « mère-chienne trop tendre, tête levée et flairant le vent » (MCl, II, 209), elle cherche ses enfants. Quand enfin ils rentrent à la maison, elle n'a pas besoin de les interroger, car son « flair subtil » lui révèle tous les périls auxquels ils se sont exposés, détectant sur eux « l'ail sauvage d'un ravin lointain ou la menthe des marais masqués d'herbe » (*ibid.*, 209). Douée de cette capacité de clairvoyance, Sido, contrairement à Maman et à Madame Maman, ne se laisse pas dérouter par le comportement parfois étrange de ses enfants. Elle leur prête la même attention « qu'au-dessus d'un œuf fêlé par l'éclosion imminente, au-dessus d'une rose inconnue, d'un messager de l'autre hémisphère » (S, II, 790). Elle écoute Minet-Chéri « sans sourire, avec cette sorte de considération que souvent je l'ai vue témoigner aux enfants » (EPC, III, 966). Ainsi, elle montre qu'entre toutes elle est « une mère singulière » (S, II, 790).

Cette compréhension exceptionnelle de l'enfant que possède Sido se traduit aussi sur le plan alimentaire. Parce qu'elle comprend l'enfant, elle sait ce qui est bon pour lui ; elle sait comment le nourrir. Si la nourriture maternelle est présente en filigrane dans tous les récits d'enfance, c'est dans « Puériculture » (PrP, II, 1011-1013) que Colette la décrit avec le plus de détails[1]. Elle y vante en effet les goûters rustiques que lui préparait sa mère en les comparant aux nourritures tristes que les mères actuelles donnent à leurs enfants[2]. Il peut paraître surprenant que, pour illustrer la cuisine maternelle, Colette choisisse le goûter, lequel correspond plus à une collation qu'à un vrai repas. Mais le goûter est une préparation que Sido réalise uniquement pour Minet-Chéri. Il incarne donc mieux que tout autre repas l'exclusivité de la relation entre la mère et la fille. Le texte « Puériculture » commence à la manière d'une devinette : l'auteur y décrit un véritable « menu » que le lecteur, quelques lignes plus loin, découvre être un goûter d'enfant, celui de Minet-Chéri dans la maison de Saint-Sauveur. Ses goûters s'organisaient en effet comme un vrai repas : soit entrée, plat principal, boisson, soit plat principal, dessert, boisson. La nature des aliments qui composent ces menus de goûter ne peut que susciter l'étonnement du lecteur. Il s'agit de nourritures souvent inattendues (lard, cornichons, haricots rouges), particulièrement solides et nourrissantes, où le sucre

---

[1] Ce texte, comme tous ceux qui composent la troisième partie de *Prisons et Paradis*, est issu de chroniques culinaires destinées à l'origine à la presse féminine. « Puériculture », qui traite de gastronomie enfantine, s'intégrait à un numéro spécial de *Vogue* sur les enfants. On y perçoit très manifestement la volonté de Colette de donner sa mère en exemple aux lectrices du magazine.

[2] Colette donne très volontiers des leçons aux mères (non seulement sur le plan alimentaire, mais sur le plan éducatif en général) un peu comme si, de par l'importance du thème de la mère dans son œuvre, elle se posait en quelque sorte comme une « spécialiste de la mère » – alors qu'elle-même ne passe pas pour avoir été une très bonne mère. Michel Tournier rapporte que, pour le prix Goncourt 1948, elle contribue à écarter *Vipère au poing* d'Hervé Bazin avec ces mots : « Jamais la fille de Sido ne donnera sa voix au fils de Folcoche. » (M. TOURNIER, *Le Vol du vampire*, Paris, Mercure de France, coll. « Folio/Essais », 1981, p. 246).

n'occupe, somme toute, qu'une place assez modeste. Comme dans toute la cuisine campagnarde, le pain y est généreusement présent, sous forme de « talon » ou de tranche « longue d'un pied ». Si souvent associé à la « maison-mère », il constitue l'élément de base, autour duquel vont s'élaborer les différentes variantes du goûter. Ce goûter enfantin, qui est l'une des composantes de l'univers natal, va très tôt susciter une nostalgie chez l'écrivain. Dans *La Retraite sentimentale,* alors que Colette « est » encore Claudine et que le personnage de Sido n'est pas encore apparu, l'évocation du goûter est déjà présente avec « le pain de quatre heures, la miche encore tiède » dont Claudine rompait « la croûte embaumée pour la vider de sa mie molle et y verser la gelée de framboise » (RS, I, 577). Dans *Sido,* ce même goûter composé de pain frais et de gelée de framboise est à nouveau présent, qui attend Minet-Chéri à son retour de l'école (S, II, 761) : sa confection revient alors logiquement à Sido. Quant à la tartine aux haricots rouges, elle est évoquée à deux reprises (MCl, II, 219 ; JR, III, 61) avant de figurer au menu des goûters dans « Puériculture ».

Le goûter représente le repas de prédilection de l'enfance car il associe de manière idéale la cuisine maternelle et l'indépendance enfantine :

> Le goûter ! mon repas préféré de gobette, en-cas varié que je pouvais emporter sur la maîtresse branche du noyer, ou dans la grange, ou à la récréation du soir, heure mouvementée où nous trouvions le moyen de manger en courant, en riant, en jouant à la marelle, sans qu'aucune de nous en meure étouffée... (RS, I, 577).

L'absence de contrainte, qui caractérisait déjà la cueillette, est garante d'un plaisir propre au goûter, dicté par la seule gourmandise – « goûter », étymologiquement, souligne cette notion de plaisir, alors que « déjeuner » et « dîner » (latin : *disjunare*) insistent plus sur l'aspect physiologique du repas. Cette absence de contrainte se traduit par la liberté de choisir le menu du goûter (ce qui n'est pas le cas pour le repas familial) et le lieu où le déguster, mais aussi dans les gestes du goûter, qui n'ont rien à voir avec le cérémonial de la table. Tout d'abord, le goûter n'exige pas de couvert, il se mange avec les doigts : Minet-Chéri boit son lait caillé « au pot » et « trempe » son pain « dans l'écume des confitures de fraises ; dans l'écume des confitures de cerises ; dans l'écume des confitures d'abricots ; dans l'écume de toutes les confitures de tous les fruits de la saison ! » (PrP, II, 1012)[1]. Mais le plaisir du goûter, c'est aussi celui de chiper dans la cuisine des aliments à différents stades de leur préparation, qui prennent alors une valeur d'exception car ils ne parviendront jamais tels quels jusqu'à la table familiale : ainsi en est-il de la « pâte crue de la tarte » et du « beurre fondu, d'un jaune roux, gratté dans le grand pot avec les ongles » (*ibid.*, 1012). D'ailleurs, les explorations gustatives du goûter ne se limitent pas à la cuisine, mais s'étendent au jardin puisqu'elles incluent également les « cœurs de salade dérobés au potager et la carotte nouvelle un peu crottée de terre », ainsi que « le petit pois en sa jeunesse sucrée » et « la fève au sortir de sa cosse » (*ibid.*, 1012). On retrouve donc là les modalités qui caractérisaient la cueillette et que la formule relativement libre du goûter permet de reproduire dans le cadre plus ordonnancé du foyer familial.

Il n'empêche cependant que le goûter sacrifie aussi aux règles du repas institutionnel puisqu'il remplit une fonction nutritionnelle et gastronomique. C'est à travers ces goûters peu ordinaires, explique Colette dans « Puériculture », que se fit « l'éducation de [son] estomac » (*ibid.*, 1012). Pour elle, les goûters que préparait Sido sont l'illustration du savoir culinaire et nourricier de celle-ci. Ils revêtent à ce titre le caractère de nourriture idéale, susceptible de servir de modèle à toutes les mères. Deux valeurs essentielles

---

[1] L'anaphore permet de reproduire ici l'élan insatiable de la gourmandise.

président à ces goûters : substantialité et éclectisme – des principes gastronomiques que Colette prônera dans toute son œuvre. La nourriture colettienne est en effet volontiers riche et nourrissante : elle est substance qui remplit le corps, lui donne son poids, son volume, son ancrage dans le monde. Aux aliments solides et nourrissants de ses goûters d'enfance, elle oppose ceux qui composent les goûters des enfants citadins : la « tablette de chocolat gris, plâtreux, pauvre en chocolat, la "sucette" acidulée, la brioche rance, le pain au lait parent proche de l'éponge et le lacet de réglisse vendu au mètre » (*ibid.*, 1012) – des nourritures qui ne « nourrissent » pas, qui conjuguent le mou, le fade, le terne, le pauvre. Ces attributs participent ici d'un seul et même concept : l'absence de substance, le vide affectif, autrement dit, le manque d'amour.

La nourriture décrite ci-dessus apparaît en outre très vite chargée d'une connotation morale. Colette ne parle-t-elle pas en terme de salut ? « Peut-être mon éclectisme, et celui de ma mère, sauvèrent-ils tout », écrit-elle (*ibid.*, 1012). L'absence de couleur, de saveur, de matière, est jugée néfaste, tout comme l'est le manque de diversité (« la consommation prolongée de lait », « la sempiternelle soupe phosphatée », « la routine de l'œuf quotidien » (*ibid.*, 1013)) – et ce, en vertu du principe d'incorporation, qui est sous-entendu tout au long du texte. Le principe d'incorporation, tel que le définit Claude Fischler, repose sur la formule « on est ce qu'on mange », aussi bien sur le plan réel, biologique, que sur le plan imaginaire[1]. L'enfant à qui sa mère donne des aliments gris, pauvres, rances, spongieux ou monotones risque donc d'être « contaminé » par leurs propriétés négatives, sur un plan non seulement physique, mais aussi moral. La mauvaise santé, la maladie le guettent, mais également la fadeur et la

---

[1] Cf. C. FISCHLER, *L'Homnivore : Le goût, la cuisine et le corps*, nouvelle édition corrigée, Paris, Odile Jacob, coll. « Points », 1993, p. 66.

pauvreté intellectuelles. La nourriture maternelle conditionne de ce fait l'être tout entier. Colette, à l'inverse, se donne elle-même comme le meilleur exemple illustrant les bienfaits d'une nourriture maternelle riche et variée. A travers ces goûters, elle se réclame comme le produit de la nourriture de sa mère. L'aliment maternel participe ainsi pleinement à ce processus d'idéalisation de la figure maternelle et constitue, pour Colette, une preuve supplémentaire de cette filiation qu'elle ne cesse de revendiquer.

Finalement, le souci gastronomique apparaît presque comme secondaire dans la nourriture maternelle ; ce qui importe avant tout, ce sont les vertus d'ordre affectif et symbolique attribuées à l'aliment consommé. Aussi l'aliment maternel, en nourrissant l'enfant, permet-il également à la mère de se libérer de ses angoisses. Le vin que Sido fait boire à sa fille en est peut-être la meilleure illustration. Entre onze et quinze ans, Colette boira des « Château-Larose, des Château-Lafite, des Chambertin et des Corton » (*ibid.*, 987) ouverts par sa mère à sa seule intention. La motivation de Sido n'est pas d'initier sa fille à la dégustation de ces grands crus, mais de remédier à sa pâleur jugée néfaste : « Je me dis que la petite n'a pas bonne mine, que je lui ferai monter une bouteille de Château-Larose pour qu'elle ne prenne pas les pâles couleurs » (MCl, II, 266). L'aliment, ici le vin, a le pouvoir de « modifier de l'intérieur »[1] celui qui l'absorbe. Dans le cas présent, il est utilisé pour ses propriétés colorantes – suggérées dans l'appellation même de Château-Larose. Sido peut immédiatement en vérifier le résultat sur la figure de sa fille, qui devient en effet toute rose[2].

---

[1] Cf. C. FISCHLER, *op. cit.*, p. 67.
[2] Ce même rose, pourtant, elle le redoute pour elle-même : « Ma mère, pour deux doigts de chambertin, avait le feu aux joues et repoussait son verre à demi plein » (EPC, III, 864).

J'ai tari le plus fin de la cave paternelle, godet à godet, délicatement... Ma mère rebouchait la bouteille entamée, et contemplait sur mes joues la gloire des crus français (PrP, II, 987).

Ici apparaît de surcroît l'importance du cru, qui n'est pas seulement générateur de coloration. La couleur rose, en effet, pourrait être provoquée par n'importe quel vin, même modeste. De par son prestige, le grand cru se fait quant à lui véhicule de valeurs, il imprègne Minet-Chéri de sa « gloire ». Sido ne se contente pas de donner à sa fille le premier vin venu, elle choisit des grands crus, dans l'espoir peut-être qu'ils transfèrent à Minet-Chéri leurs qualités de grandeur. L'absorption d'un aliment n'est jamais sans conséquence – Sido ne semble pas l'ignorer. Ainsi, dans son enfance, la petite Colette buvait des vins prometteurs de gloire...

Il est un « aliment » cependant que Colette absorba, sans que sa mère en mesurât vraiment toutes les conséquences. Le temps est venu en effet d'aborder le thème du sein nourricier, sans lequel un chapitre sur la mère nourricière ne peut prétendre à l'exhaustivité. Nous savons que Sido allaita sa fille, Colette y fait allusion dans *La Maison de Claudine* et dans *Sido*. Mais Colette eut aussi une nourrice, Mélie, déjà présente dans les *Claudine*. C'est avec Mélie que Colette raconte avoir fait l'expérience du sevrage, « son premier grand chagrin de cœur et d'estomac » (*ibid.*, 1013). Le cœur et l'estomac sont intimement liés, voire confondus, dans ce premier chagrin, montrant combien, à ce stade dit oral, le petit enfant n'existe qu'avec et par sa bouche. C'est donc par la bouche que la petite Colette vivra l'expérience malheureuse de la première trahison, celle du sein « souillé de moutarde » (*ibid.*, 1013)[1]. Malgré le ton plutôt léger et non

---

[1] Régine Detambel dresse un parallèle original entre le sein « piquant de moutarde » du sevrage et le fameux cactus rose de Sido, appelé

dénué d'humour du récit, Jacques Dupont accorde à ce sevrage la portée décisive d'un « traumatisme ineffaçable » : « Le ton détaché qu'adopte Colette ne doit pas nous égarer : renoncer à l'omnipotence infantile, mais surtout supporter à la fois l'abandon, la privation (du sein), et la frustration (d'amour), voilà de quoi marquer durablement, et il est probable que cette épreuve reparaît, ou transparaît subrepticement, dans le sort réservé à Chéri par sa créatrice »[1]. Peut-être le sevrage fut-il effectivement pour Colette un traumatisme dont les répercussions peuvent se discerner jusque dans son œuvre. Mais il nous apparaît qu'un autre événement lié au sein nourricier se révéla pour la petite fille beaucoup plus lourd de conséquences. Colette raconte en effet à deux reprises qu'elle téta le sein d'une amie de sa mère (Mme Saint-Alban dans *La Maison de Claudine*, qui devient Adrienne Saint-Aubin dans *Sido*), un jour que les deux femmes échangeaient leurs petits pour les nourrir. Colette enfant sera ensuite poursuivie par le souvenir du « sein brun d'Adrienne et sa cime violette et dure... » (S, II, 774), objet de son désir et de son refoulement. Le personnage d'Adrienne demeure associé à ce souvenir et éveille chez la petite fille un attrait ambigu. Pourvue d'une « majesté bohémienne », Adrienne allie les grâces d'une créature exotique – elle « déplaçait une nue lourde d'odeur brune, l'encens de ses cheveux crépus et de ses bras dorés » (MCl, II, 267) – aux charmes équivoques d'un sylphe – « le duvet des peupliers collait une barbe d'argent à son menton cuivré, moite de sueur » (*ibid.*, 268). L'étrange aura qui enveloppe ce personnage mi-femme, mi-homme, imprègne aussi sa maison, fascinante et inquiétante à la fois. C'est par ce mélange d'attraction et de répulsion que se manifeste chez

---

mamilliaire. (Cf. R. DETAMBEL, *Colette, Comme une flore, comme un zoo*, Paris, Stock, 1997, p. 46).
[1] J. DUPONT, *Les Nourritures de Colette, op. cit.*, p. 42.

Colette enfant le premier désir amoureux, la première inclinaison homosexuelle, et le sentiment de culpabilité qui les accompagne. Quand Adrienne lui rappelle qu'elle l'a nourrie de son lait, Minet-Chéri rougit, et Sido tente de lire sur son visage la cause de cette rougeur. Devine-t-elle qu'à l'origine de cette confusion se trouve le sein d'Adrienne auquel elle a confié sa fille ? Sa jalousie, en tout cas, n'échappe guère à la petite, et, à en croire Colette, l'amitié des deux femmes en souffrira. Colette avoue qu'elle-même mettra longtemps avant de comprendre les raisons de son trouble : « Il m'a fallu beaucoup de temps pour que j'associasse un gênant souvenir, une certaine chaleur de cœur, la déformation féerique d'un être et de sa demeure, à l'idée d'une première séduction » (S, II, 774). Image génératrice du premier désir amoureux, le sein d'Adrienne vient s'interposer dans la dyade fusionnelle que forment la mère et la fille. Le personnage d'Adrienne annonce en effet la menace, le danger que redoute tant Sido, celui de la séduction et de l'amour, qui tôt ou tard lui raviront sa fille.

Les noces campagnardes ou la figure maternelle détrônée

De ce danger que représente l'amour, le repas de noce est le symbole par excellence. C'est à la noce d'une autre Adrienne, Adrienne Septmance, domestique chez les Colette, que Sido refuse d'aller, laissant à contrecœur sa fille âgée de treize ans s'y rendre seule : « Ils nous ont invités [...]. Naturellement, je n'irai pas. Adrienne m'a demandé la petite comme demoiselle d'honneur... C'est bien gênant » (MCl, II, 240). Il ne faut pas se tromper sur les motivations du refus de Sido, lequel ne saurait s'expliquer par le fait qu'il s'agit là d'un mariage de domestiques – on sait combien Sido est étrangère à ce genre de conventions puisqu'elle garde sous son toit les domestiques enceintes. Sa réticence provient davantage du mariage en lui-même et du symbole qu'il représente à ses yeux. Colette ne cache pas en effet l'opinion très négative que Sido a du mariage et de la relation amoureuse en général[1]. Dans les souvenirs d'enfance, le mariage est toujours présenté sous un jour défavorable :

> J'en ai assez de trembler tout le temps pour mes filles. Déjà l'aînée qui est partie avec ce monsieur...
> – Comment, partie ?
> – Oui, enfin, mariée. Mariée ou pas mariée, elle est tout de même partie avec un monsieur qu'elle connaît à peine (*ibid.*, 219).

Contrairement à la cueillette, le mariage représente l'escapade dont on ne revient pas, le véritable danger de l'évasion. Il apparaît comme la seule vraie menace capable de mettre en péril le domaine de Sido et de faire voler en éclats la prééminence de l'univers natal. Bien que situé à l'opposé de la cueillette en terme de sociabilité, le repas de noce n'en constitue donc pas moins une forme de transgression plus lourde encore. Le texte de « La Noce » laisse ainsi apparaître les enjeux profonds du mariage, qui se révèlent progressivement à la conscience de Minet-Chéri.

> D'où me vient ce goût violent du repas des noces campagnardes ? Quel ancêtre me légua, à travers des parents si frugaux, cette sorte de religion du lapin sauté, du gigot à l'ail, de l'œuf mollet au vin rouge, le tout servi entre des murs de grange nappés de draps écrus où la rose rouge de juin, épinglée, resplendit ? Je n'ai que treize ans et le menu familier de ces repas de quatre heures ne m'effraie pas (MCl, II, 240).

Tout d'abord, par son contenu même, le banquet de noce s'oppose aux repas « frugaux » des Colette. Ainsi la petite fille manifeste sa différence par rapport à sa famille à

---

[1] La correspondance de Sido montre aussi qu'elle était effectivement très critique à l'égard de l'institution du mariage.

travers son goût pour ce type de repas qu'elle seule semble apprécier : il s'agit là d'une forme de culte hédoniste qui n'est pas de mise chez les Colette. Les repas de fête ont pour principe de rompre avec l'ordinaire. Le repas de noce tel que le décrit Colette illustre d'ailleurs en tous points les observations de l'anthropologue Yvonne Verdier sur les repas de mariages paysans, lesquels se présentent comme une inversion du repas ordinaire[1]. Tout d'abord, le repas de mariage se distingue par la profusion de boissons et de nourritures dont il fait l'objet. Du point de vue de la composition du repas, en effet, on peut remarquer l'abondance des plats carnés et sucrés – « cinq plats de viande, trois entremets et le nougat monté où tremble une rose en plâtre », écrit Colette (MCl, II, 240)[2] –, cette multiplicité des plats s'opposant au plat généralement unique du repas ordinaire. Les modes de préparation et de cuisson tranchent eux aussi avec le quotidien, privilégiant les sauces, crèmes et potages riches et onctueux, liés au jaune d'œuf ou à la farine (comme la sauce au vin rouge des œufs mollets), et faisant la part belle au « rôti » par opposition au « bouilli » du quotidien.

La pléthore de boissons et de nourritures transparaît dans l'atmosphère de la noce et le comportement des convives animés par une même soif d'excès : « Labbé boit le vin dans un seau à traire les vaches, Bouilloux se voit apporter un gigot entier dont il ne cède rien à personne, que l'os dépouillé ». Ces « curiosités gargantuesques », par leur démesure, viennent également illustrer le principe de l'ordre renversé qui est l'essence même de la fête. De cette ambiance de ripaille dépend d'ailleurs la réussite du banquet :

---

[1] Cf. Y. VERDIER, « Repas bas-normands », revue L'Homme, VI, 3, 1966.
[2] Par souci de lisibilité, les citations qui vont suivre, sauf précisions contraires, sont toutes extraites de « La Noce » (MCl, II, 239-242).

« Chansons, mangeaille, beuverie, la noce d'Adrienne est une bien jolie noce ». Mais, au fur et à mesure que la soirée avance, les images de dérèglement se multiplient : un « long paysan osseux beugle des couplets patriotiques », la « mère de la mariée pleure inexplicablement », « Julie David a taché sa robe », « Armandine Follet a tout rendu devant le monde ». Le ton de ces phrases demeure cependant essentiellement descriptif, dénué de toute connotation, respectant par là même la règle du jeu de la fête, considérée comme une parenthèse de permissivité. A la débauche ambiante s'ajoute une atmosphère de licence plus spécifiquement sexuelle. L'animalité se révèle en filigrane tout au long du texte : la « grange » où se déroule le repas, le « seau » dans lequel Labbé boit son vin, le gigot « dépouillé » jusqu'à l'os, le paysan qui « beugle », la présence du bétail et « le fumet de l'étable à porcs et du clapier proches »... Parallèlement, l'érotisme sous-jacent se dévoile peu à peu – chez la mariée qui « accable de sa langueur l'épaule de son mari et essuie son visage où la sueur brille », mais aussi dans les paroles de Julie David : « Le fils Caillon m'a embrassée... J'ai entendu tout ce que le jeune marié vient de dire à sa jeune mariée... Il lui a dit : "Encore une scottish et on leur brûle la politesse... " ». Le récit du repas fait ainsi l'objet d'une érotisation progressive, laquelle culmine avec l'image de la chambre des mariés.

La présence surabondante du sucre, qui s'inscrit également dans la fonction de rupture du repas de fête, contribue elle aussi à renforcer symboliquement la connotation sexuelle de la fête. Comme le fait observer Yvonne Verdier, dans le banquet de noce, « la présence des femmes, non pas dans leur rôle domestique ou de travailleuses à la ferme mais comme partenaires sexuelles, concorde avec l'abondance et même l'excès du sucré, alors que le salé domine les repas de la vie ordinaire »[1]. Dans une première esquisse de « La Noce » parue en 1902[2], où l'érotisme latent se révèle beaucoup moins manifeste que dans le texte définitif, l'enjeu sexuel du banquet de mariage est justement donné à percevoir dans cette association sucre/femme/sexualité. Cette première version du texte décrit en effet longuement l'usage du sucre dans le repas de mariage, dont on trempe des morceaux dans le vin rouge :

> Les enfants, les femmes surtout, pillent les sucriers, s'enivrent tout doucement ; on entr'ouvre son corsage, on dénoue les brides du bonnet tuyauté en disant : « C'est la chaleur qui me remonte... » (« Les Vrilles de la vigne », *op. cit.*, 23).

Les morceaux de sucre présentés à table sont donc destinés avant tout aux enfants et aux femmes, ces dernières s'en servant comme prétexte pour dévoiler leurs charmes plus intimes. Rolande Bonnain souligne aussi la circulation générale du sucre et des douceurs au cours du repas de noce, lesquels sont abondamment distribués aux jeunes filles par leurs galants, « l'assaisonnement des filles » par le sucre ayant pour finalité leur « fécondation »[3]. La distribution de sucre faciliterait ainsi la formation de nouveaux couples, sous le regard également « adouci » des parents – mais, dans le texte de « La Noce », Sido, justement, n'est pas présente à la fête. Le repas de noce réunit et superpose donc symboliquement l'acte alimentaire et l'acte sexuel, et révèle ainsi les correspondances entre ces deux actes. En associant consommation alimentaire et consommation sexuelle, le repas de mariage incarne en effet mieux que tout autre

---

[1] Y. VERDIER, *op. cit.*, p. 104.
[2] « Les Vrilles de la vigne » *in Le Mercure musical*, 15 juillet 1905, p. 201-203.
[3] R. BONNAIN, « La femme, l'amour et le sucre », revue *Papilles*, avril 1995, p. 17.

l'ambiguïté sémantique de ce terme qui, dans notre langue, désigne aussi bien l'acte de se nourrir que l'union charnelle.

Cet enjeu érotique caractéristique du repas de noce est particulièrement manifeste dans le texte de Colette. En effet, des draps qui « nappent » la grange à ceux qui garnissent le lit des jeunes mariés, il n'y a qu'un pas, et entre lit et table la confusion s'installe. D'ailleurs, les draps de la grange, ornés de roses rouges, ne symbolisent-ils pas déjà la virginité perdue, tels des draps tachés de sang[1] ? Dans la version de 1905, l'enjeu sexuel du repas de noce n'était pas clairement déterminé : l'issue du banquet était en quelque sorte avortée par la fuite dans le sommeil, le repas s'achevant avec l'assoupissement de la petite fille. Sur le plan stylistique, l'emploi de l'imparfait contribuait par ailleurs à introduire une distanciation. « La Noce » de 1922, quant à elle, est écrite au présent de narration, ce qui lui confère une plus grande tension dramatique. Certes, cette version se solde elle aussi par une fuite, concrète celle-ci, mais la finalité sexuelle cette fois n'y est pas éludée. D'entrée le désir alimentaire est mis en parallèle avec le désir sexuel, voire assimilé à lui – même si cette assimilation s'effectue de manière inconsciente chez la petite fille. Ce « goût violent du repas des noces campagnardes », dont témoigne la narratrice, ne préfigure-t-il pas déjà la violence du désir amoureux ? On comprend mieux dès lors pourquoi Minet-Chéri se rend seule à de tels banquets, dont la valeur symbolique constitue une forme de désobéissance à la mère et, par-là même, une étape décisive sur la voie contestée de l'autonomie. Comme le fait remarquer Isabelle Joudrain, en commentant ce double aspect de la consommation inhérent au repas de noce, « cette célébration de la nourriture évoque un plaisir proche

---

[1] On ne peut s'empêcher ici d'établir un parallèle avec « le corsage éclaboussé d'œillets rouges » que Colette portait le jour de son premier mariage, telle « une colombe poignardée » (G, III, 444).

de l'amour, le plaisir du remplir, de la possession »[1]. Or la possession amoureuse implique nécessairement la dépossession de Sido. Elle est de ce fait marquée du sceau de la souillure. On ne soulignera jamais assez à quel point, dans l'univers natal colettien, le thème de la sexualité dissimule un tabou – un tabou que les paroles ou le silence maternels entretiennent tour à tour. Les métamorphoses de l'adolescence, l'éclosion de la féminité chez Minet-Chéri sont insupportables à Sido car elles lui dévoilent les limites de son pouvoir de mère et son impossibilité à la garder près d'elle : « Déjà, elle s'échappe et je ne pourrai plus la suivre... Déjà, elle veut une robe longue, et si je la lui donne, les plus aveugles s'apercevront qu'elle est une jeune fille ; et si je la lui refuse, tous regarderont sous la jupe trop courte ses jambes de femme... Quinze ans. Comment l'empêcher d'avoir quinze, puis seize, puis dix-sept ans ? » (K, III, 337). L'amour de Sido se révèle ici rebelle à toute évolution, incapable de surmonter la difficulté de voir sa fille grandir et devenir femme. Accepter qu'elle puisse devenir adulte, ce serait renoncer à l'immuabilité de l'amour maternel dans ce qu'il a de plus exclusif. Cette vision pure et inaltérable de la dyade mère-fille tient tout entière dans l'image du « retour » au ventre maternel, où Minet-Chéri est assise en boule aux pieds de sa mère :

> Le soleil de trois heures me ferma les paupières, et le va-et-vient du peigne m'engourdit. Au creux du fauteuil d'osier dormait une chatte pleine ; en étendant la main je tâtais son flanc habité, les têtes rondes de la portée prisonnière et ses bonds de dauphins sous le flot. Bienheureuse, la chienne bâtarde allaitait ses bâtards [...]. Point de garçons adolescents en vue, point d'homme. Des mères, des enfants encore ignorants de leur sexe, une paix profonde de gynécée, sous les nids de mai et la glycine transpercée de soleil (EPC, III, 956).

---

[1] I. JOUDRAIN, « Les mets et les mots dans *La Maison de Claudine* », *op. cit.*, p. 77.

La profonde quiétude qui émane de ces quelques lignes exige nécessairement la mise à l'écart de l'homme. L'homme, en tant que partenaire sexuel, représente un danger, une menace incessante, qui s'exprime notamment à travers l'angoisse du rapt, si présente chez Sido[1]. Dans l'univers clos et protégé de la maison natale, la sexualité est bannie, ou plutôt elle n'est acceptée que dans son rapport avec la maternité, qui exclut la présence de l'homme : le ventre plein, ici, est un ventre plein d'enfants...

Dans le texte de « La Noce », la jouissance du ventre plein, d'abord décrite comme un plaisir d'ordre gastronomique, est assumée comme telle et pleinement savourée : « Un bonheur en dehors de mon âge, un bonheur subtil de gourmand repu me tient là, douce, emplie de sauce au lapin, de poulet au blanc et de vin sucré ». Mais au fur et à mesure que le registre alimentaire glisse vers le registre sexuel, que l'aboutissement sexuel du repas se rapproche et se précise, le bien-être de la narratrice décline. Lorsque le repas se termine pour laisser place à la danse, la jouissance du remplissage tourne alors au malaise :

> Je suis sans désirs, lourde pour danser, dégoûtée et supérieure comme quelqu'un qui a mangé plus que son saoul. Je crois bien que la bombance – la mienne – est finie...

Le repas achevé, le corps qui a fait bombance (c'est-à-dire qui est bombé, rempli de nourriture) est un corps pesant qui se distancie du monde et se referme sur lui-même. L'opportunité de la danse, qui représente pour ainsi dire le premier pas vers l'accouplement, est refusée par la narratrice – comme seront refusées par la suite les images de plus en plus explicites de la consommation sexuelle : les paroles de

---

[1] Cf. C'est tout le thème de « L'Enlèvement » (MCl, II, 218-220), mais aussi de « La Cire verte » (K, III, 335-344).

Julie, sa peau moite, et enfin la chambre et le lit des mariés. En mettant fin à sa propre consommation alimentaire, la narratrice exprime la volonté de mettre un terme au banquet de noce lui-même, ou du moins de s'abstraire de sa suite, car suite elle pressent, puisque la « bombance » (des autres) n'est pas terminée. Là où, dans la première esquisse, la petite fille repue s'endormait, l'issue sexuelle du banquet va cette fois clairement se révéler.

En effet, dans la continuité du festin alimentaire, ce sont des images de rempli, de trop-plein même, qui vont étayer la description de la chambre des mariés, donnant l'illusion que la chambre elle-même « a fait bombance ». A la suite du remplissage alimentaire, un phénomène de remplissage général, de gonflement, gagne en effet la chambre et le lit, conférant au lieu un caractère d'oppression et de suffocation : l'armoire, « énorme », « opprime » la chambre et « écrase » la chaise, les « très gros bouquets », « cordés », « dilatent » leur parfum, et le lit est « bourré de plume » et « bouffi d'oreillers ». Le caractère d'oppression est en outre renforcé par une impression de chaleur excessive et diffuse : la chaleur éprouvée par la narratrice, les fleurs fanées, le lit surchargé de plume et de duvet, et le mélange « de sueur, d'encens, d'haleine de bétail, de vapeur de sauces ». Avec la description de la chambre des mariés, le versant destructeur de la consommation est clairement énoncé. Si la grange se présentait comme le lieu de la consommation, la chambre des mariées, quant à elle, va devenir symbole de consomption – la sexualité et le mariage sont ici synonymes de destruction et de mort[1].

---

[1] Le Littré fait remarquer cette analogie entre *consommer* et *consumer*, la langue ayant pendant un temps entretenu la confusion entre les deux verbes. Aujourd'hui, le Littré les distingue de la façon suivante : « *consommer* suppose une destruction utile, employée à quelque usage, à quelque fin, tandis que *consumer* ne représente qu'une destruction

Autour des mariés, en effet, les images métaphoriques de consomption, de destruction par le feu, se multiplient (« on leur brûle la politesse », « une lampe Pigeon qui file », « cette journée *toute fumante* », mais aussi la présence de l'encens et l'image de la phalène qui *se brûle les ailes* à la flamme de la lampe). Aux yeux de la petite fille, la chambre nuptiale va se faire le théâtre d'une autre « bombance », associée celle-ci à des fantasmes d'anéantissement et de mort. Le parfum des bouquets est comparé à celui « qui suit les enterrements ». Consomption et mort se mêlent encore dans l'odeur qui se dégage de la chambre, dans « l'odeur humaine, aggravée de fleur morte et de pétrole, qui offense le jardin » (le jardin est le symbole de la pureté végétale, mais aussi de la mère). Dans l'imagination de la narratrice, la nuit de noce est assimilée à des funérailles, avec l'image des amants ensevelis dans leur chambre-tombeau et enfermés dans le carcan étouffant du mariage :

> Ils plongeront dans cette plume profonde. On fermera sur eux les contrevents massifs, la porte, toutes les issues de ce petit tombeau étouffant.

La finalité sexuelle de la noce s'exprime enfin à travers une vision inquiétante et mystérieuse, celle d'une « lutte obscure ». Le récit va donc une nouvelle fois se solder par une fuite face à l'enjeu sexuel qu'elle représente – fuite qui ne peut se concrétiser que par un retour à la mère (« je veux aller voir maman »). L'épisode entièrement fantasmé de la possession amoureuse peut en effet se lire comme une ultime trahison à l'univers maternel, où la sexualité n'a pas sa place – mais une trahison que la petite fille n'est pas encore prête à

---

pure et simple ». *Consommer* implique donc une destruction que nous pourrions qualifier de constructive, alors que *consumer* équivaut à un anéantissement radical.

assumer totalement puisqu'elle s'enfuit pour retrouver Sido. Il faut noter d'ailleurs que ce schéma de fuite se reproduit de manière identique dans *Sido*, où c'est cette fois le frère aîné de Colette qui s'échappe de la noce de Juliette, préservant ainsi la persistance du « pur » amour filial, considéré par Sido comme le seul amour digne de ce nom[1].

La vision si noire et si tragique du mariage qui transparaît dans le texte de *La Maison de Claudine* trouve sa continuité naturelle dans le texte intitulé « Noces », qui relate le mariage de Colette elle-même. Dans ce texte, même la jouissance alimentaire est devenue impossible : « Je crois que le menu du repas était assez simple et très bon » (Gi, III, 444)[2]. La matière alimentaire n'est plus associée qu'à des images d'anéantissement et de destruction, comme dans la première version de « La Noce » avec son « château de nougat fracassé ». Dans le récit du mariage de Colette, c'est encore une fois le gâteau qui, telle une forteresse prise d'assaut, symbolise la fonction nécessairement dévastatrice du mariage : à la fin du repas, la jeune Colette, qui s'était endormie (nouvelle tentative de fuite ?), est réveillée pour « effondrer le bastion de nougat », « navrer à coups de pelle d'argent la glace rose et verte » (*ibid.*, 444). Dans *Le corps à*

---

[1] Sido raconte en effet à sa fille comment son aîné s'était réfugié durant la fête dans la maison maternelle : « Songe donc, c'est pour être seul, loin de ces gens en sueur, pour être endormi et caressé par le vent de la nuit qu'il avait brisé un carreau ! Y eut-il jamais un enfant aussi sage ? » (S, II, 800).

[2] Le texte de « La Noce » et celui de « Noces », qui selon Françoise Burgaud date de 1924, auraient peut-être été écrits à 2 ou 3 ans d'écart seulement, bien que le second n'ait paru que beaucoup plus tard, en juin 1944. Pour Michel Mercier, en revanche, on ignore à quelle date « Noces » fut écrit (Pléiade, IV, 1217). On remarquera cependant que, dans l'édition du Fleuron, Colette fait figurer *Noces* juste après *La Maison de Claudine* et *Sido*.

corps culinaire, Noëlle Châtelet mentionne un exemple analogue chez Proust, celui du gâteau de Gilberte, comparé à une citadelle à laquelle il faut donner l'assaut : « le découronner de ses créneaux en chocolat, et abattre ses remparts aux pentes fauves et raides, cuites au four comme les bastions du palais de Darius »[1]. Pour Noëlle Châtelet, dans l'acte de nutrition, « Marcel Proust théâtralise l'acte sexuel et transfère sur la matière ses fantasmes destructifs, inséparables symboliquement de cette possession »[2]. Chez Colette, également inséparables de la possession amoureuse, les fantasmes destructifs qui prennent pour objet la matière alimentaire sont liés à la figure maternelle. Si le pudding blanc, « chef-d'œuvre de Sido », incarnait l'hégémonie de la mère dans le domaine natal, le biscuit de Savoie dévasté symbolise la figure maternelle détrônée : la destruction du gâteau sanctionne la rupture de la dyade mère-fille, l'achèvement de l'enfance et la fin du règne de Sido.

---

[1] M. PROUST, *A l'ombre des jeunes filles en fleur*, Première partie, Paris, Garnier-Flammarion, 1987, p. 172.
[2] N. CHÂTELET, *Le Corps à corps culinaire, op. cit.*, p. 152.

Le goûter des amants

Après avoir examiné le rôle de la fonction nutritive dans l'univers colettien de l'enfance et souligné notamment les enjeux contradictoires qu'elle revêt par rapport à la sexualité, l'heure est venue de nous intéresser de manière plus approfondie à ce thème de la sexualité, mais cette fois dans le contexte global de la relation amoureuse telle que Colette la traite dans son œuvre. Chez Colette, l'association entre la nourriture et l'acte sexuel revient avec une régularité constante. On mange quand on fait l'amour, avant de le faire, après l'avoir fait ; les deux activités se succèdent volontiers, se complètent.

Bon nombre de romans de Colette se déroulent dans un milieu oisif de bohème littéraire, d'actrices entretenues, de demi-mondaines enrichies, d'héritiers fortunés. Chez ces personnages qui n'ont guère besoin de travailler pour vivre, l'amour est souvent un agréable passe-temps, voire une activité à laquelle ils se consacrent entièrement. La rencontre amoureuse naît et s'épanouit dans le cadre du rendez-vous galant, qui a lieu de préférence l'après-midi, car les repas et les soirées sont plutôt dévolus aux activités sociales ou mondaines. A travers l'image du « goûter » des amants, nous allons nous interroger sur le rôle de la nourriture dans ces rendez-vous amoureux, ainsi que sur les significations de l'aliment par rapport à cette forme particulière d'amour.

Rendez-vous galant, rendez-vous gourmand

Le milieu dépeint dans les *Claudine*, mais aussi dans *L'Ingénue libertine* par exemple, nous offre l'illustration d'une certaine bourgeoisie, parisienne et oisive, qui s'adonne volontiers au libertinage[1]. Tout ce petit monde se retrouve au théâtre, dans les cafés à la mode, ainsi qu'aux « jours » et aux soirées donnés chez les uns et les autres. C'est là que les couples, adultères ou non, se font et se défont : c'est en servant le thé au jour de sa tante Cœur que Claudine rencontrera Renaud, et c'est au jour de son mari qu'elle fera plus tard la connaissance de Rézi. Les amants présents s'y donnent « des joies d'écoliers malicieux : les mains qu'on effleure sous la soucoupe à thé, la moue du baiser qu'on échange » derrière le dos du mari (IL, I, 741). Dans ces lieux où tout le monde épie tout le monde, il faut cependant rester prudent et ménager les apparences car « la bonne graine de mensonge » (*ibid.*, 753) se sème à tous vents et les rumeurs vont bon train : dans le salon d'Irène Chaulieu, une simple rougeur du petit baron Couderc, lorsqu'il aperçoit Minne, suffit à le trahir.

Si maintes relations amoureuses se nouent ainsi au-dessus d'une tasse de thé ou entre deux petits fours, les amants semblent aussi affectionner tout particulièrement

---

[1] Il s'agit là plutôt de la « période Willy » de Colette : ces romans se déroulent dans les milieux parisiens que Colette fréquenta sous l'impulsion de son premier mari. Dans son article intitulé « Willy et Colette dans les salons », Françoise Giraudet cite entre autres le salon de Maggie Clark, avenue de Friedland, que fréquentait le couple Gauthier-Villars et qui, selon la description qu'en donne Armory, accueillait des représentants « de la littérature décadente, de l'aristocratie de brocante, de hauts métèques et des journalistes déjà notoires » (Cf. F. GIRAUDET, « Willy et Colette dans les salons », *Cahiers Colette*, n°18, 1996, p. 156).

l'heure du thé pour se rencontrer dans l'intimité. Le « five o'clock » se présente en effet comme le moment idéal pour les rendez-vous galants : c'est l'heure où Claudine et Rézi se réfugient dans une « fillonnière » (ClM, I, 380), où Minne rend visite à ses amants, où Mitsou donne rendez-vous à son lieutenant, où la Dame en blanc convie chez elle le jeune Phil du *Blé en herbe*. Le goûter se révèle ici avant tout comme un prétexte : il fait en quelque sorte figure de justification sociale à ces couples bien souvent clandestins et permet de maintenir un semblant de convenance – certes de pure forme – aux yeux de la société, comme à ceux des amants eux-mêmes d'ailleurs. Il est bien sûr infiniment plus respectable d'inviter quelqu'un pour prendre le thé, que de l'inviter à copuler, même si telle est bien la finalité de ce genre de rendez-vous. Aussi ne manque-t-on pas d'apprécier les soins qu'apportent de nombreux personnages à la préparation d'un thé ou d'un goûter, lequel ne s'avérera bien souvent que très accessoire. Dans *Claudine en ménage*, c'est Renaud, le mari complice, qui prépare un goûter aux deux amantes alors qu'elles réfrènent un appétit qui n'a rien d'alimentaire : « Chez vous, ô Bilitis ! [...] Voici du thé et du citron, des sandwiches, voici des raisins noirs, et puis voici mon cœur qui bat pour toutes les deux » (*ibid.*, 382). Un peu plus tard, c'est Marcel qui témoignera du même souci alimentaire lorsqu'il leur prêtera sa garçonnière : « La bouilloire électrique, pour le thé, dans une armoire verte à gauche en entrant [...]. Les petits gâteaux secs, le vin de Château-Yquem, l'arak et le ginger-brandy dans la même armoire » (*ibid.*, 389). Toutes ces attentions pourraient presque laisser croire que les deux femmes se donnent rendez-vous pour faire causette autour d'une tasse de thé ! Le cérémonial du thé ou du goûter peut néanmoins se révéler bien utile à certains, que la perspective d'un premier rendez-vous intimide. Ainsi le petit baron Couderc, impressionné à l'idée de devenir l'amant de Minne, préfère concentrer toute son attention sur la « mise en scène » dudit rendez-vous : « En approchant de la rue Christophe-Colomb, il ne pensa plus qu'aux gâteaux à disposer, à la bouilloire électrique, au déshabillage, surtout, qu'il souhaitait rapide, aisé, qu'il eût voulu escamoter » (IL, I, 740). Désireuse de se montrer sous son plus beau jour, Mitsou prépare elle aussi avec un soin tout particulier la première visite du Lieutenant bleu qui vient prendre le thé chez elle. A cette occasion, elle ne recule devant aucune dépense pour plaire à ce jeune homme, issu d'un milieu social plus élevé que le sien :

> Il a promis à Mitsou de venir prendre le thé. Elle l'attend. Elle a acheté la veille une table anglaise à thé et à liqueurs, du porto, trois tabliers à dentelle pour la femme de chambre, cent vingt-cinq francs de parfums, un chapeau, et piétiné debout pendant deux heures aux « essayages finis » de deux robes. Ce matin, elle a acheté des fleurs et des fruits (Mi, I, 1363).

Le rendez-vous amoureux, on le voit, s'accompagne volontiers de tout un apparat, dont la nourriture fait partie intégrante. Thé, alcool, gâteaux, sandwiches, fleurs, fruits : tous ces ingrédients qui composent le goûter des amants permettent de théâtraliser l'acte amoureux à travers le rituel alimentaire – *cette théâtralisation ayant pour but de masquer, de travestir la finalité prosaïque du rendez-vous et de sublimer l'acte sexuel.*

Considéré dans cette perspective, le goûter des amants se révèle aussi d'une grande utilité sur le plan narratif dans la mesure où il se substitue à l'acte sexuel. Il offre ainsi la possibilité à l'auteur d'esquiver le récit de l'acte sexuel proprement dit en transposant le discours érotique vers l'acte alimentaire. Ce procédé permet de montrer les amants dans leur intimité, tout en respectant (à peu près) les limites de la bienséance et en évitant de s'aventurer sur le terrain trop subversif de la littérature érotique[1]. *Claudine en ménage* par exemple (qui se voulait un roman sulfureux, mais non pas érotique) poussait déjà les limites très loin en mettant en scène une relation entre deux femmes. Dans la scène d'amour entre Rézi et Claudine, le goûter offre l'opportunité à l'auteur tout d'abord de souligner implicitement la durée et l'intensité de leurs ébats passionnés, puis de transformer la consommation de nourriture en un acte érotique en lui-même :

> – [...] Comment ! nous n'avons pas goûté ?
> – Nous n'avions pas le temps, objecte Rézi qui sourit vers moi.
> – Du raisin noir au moins ? Il fait si soif...
> – Oui, du raisin noir... Prends...
> Je le bois entre ses lèvres... Je chancelle de désir et de fatigue. Elle s'échappe de mes bras (ClM, I, 384).

Le goûter des amants multiplie ces exemples où l'acte alimentaire se superpose, voire se substitue à l'acte amoureux jusqu'à se confondre avec lui. Toujours dans *Claudine en ménage*, alors que les deux femmes ne sont pas encore devenues amantes, l'épisode du toast ébréché provoque le trouble de Claudine :

> Un jour, chez Rézi [...], j'avais laissé, distraite ou sans faim, une rôtie mordue, creusée en demi-lune... Nous bavardions et je ne voyais pas la main de Rézi, adroite et timide, voler ce toast ébréché... Mais, tout à coup, je l'aperçus en train de mordre vivement, d'agrandir le croissant marqué de mes dents, et elle vit que je l'avais vue. Elle rougit, et pensa tout sauver en disant : « Comme je suis gourmande, hein ! » Ce tout petit incident, pourquoi faut-il qu'il surgisse et me trouble à présent ? (ClM, I, 362)

---

[1] N'oublions pas que les *Claudine* et *L'Ingénue libertine*, pour ne citer que ces romans-là, furent publiés dans les premières années de ce siècle, époque à laquelle la censure sévissait encore. D'ailleurs Colette ne manqua pas d'en faire les frais même avec des romans ultérieurs.

Dans cette anecdote que se remémore Claudine, le geste de Rézi revêt une dimension érotique qui l'assimile à un premier baiser, auquel le toast sert en quelque sorte de support intermédiaire, de substitut[1]. La marque « en demi-lune » laissée par Claudine devient l'image de sa propre bouche, que Rézi vient subrepticement dévorer dans un élan amoureux. Le parallèle entre bouchée et baiser se révèle d'autant plus manifeste que ce souvenir de Claudine, suscité par la vue d'un quelconque sandwich entamé, vient lui rappeler le baiser, bien réel celui-là, que lui a volé Rézi la veille. Par un double processus d'association, le sandwich entamé évoque le toast ébréché, lequel par le souvenir qu'il ressuscite, fait resurgir à la conscience de Claudine le baiser de la veille. La charge connotative de l'aliment est telle que celui-ci peut recréer à lui seul le trouble érotique qui lui est associé.

Si elle ne s'assimile pas directement à un baiser, l'orangeade que la Dame en blanc offre à Phil lors de leur deuxième rencontre n'en est pas moins pourvue elle aussi d'une valeur symbolique incontestable. Ici, une fois encore, l'aliment sert de support, de substitut au désir amoureux. Mais le fait que cet aliment soit une boisson lui confère un caractère magique supplémentaire : par les répercussions qu'elle va avoir, l'orangeade de la Dame en blanc peut en effet se comparer à un philtre d'amour, s'inscrivant dans la tradition légendaire des « lovedrin », dont le modèle le plus célèbre demeure le « vin herbé » de Tristan et Iseut. Le

---

[1] Ce geste de Rézi n'est pas sans rappeler celui de Rousseau avec Mme de Warens : « Quelquefois même en sa présence il m'échappait des extravagances que le plus violent amour seul pouvait inspirer. Un jour à table, au moment qu'elle avait mis un morceau dans sa bouche, je m'écrie que j'y vois un cheveu : elle rejette le morceau sur son assiette ; je m'en saisis avidement et l'avale. » (ROUSSEAU, *Les Confessions*, livre III, Paris, Tallandier, p. 110).

pouvoir magique de l'orangeade apparaît tout d'abord lié au personnage même de Mme Dalleray, la Dame en blanc, dont le surnom contribue à souligner le caractère mi-réel, mi-surnaturel. Douée d'un charme inquiétant, elle surgit, telle une apparition, au-dessus de Phil allongé dans l'herbe. Phil d'ailleurs ne peut réprimer une certaine angoisse lorsqu'il suit « la robe blanche » dans sa maison – dans son antre, serait-on tenté de dire, au regard de l'obscurité qui y règne, de la richesse des étoffes, de la présence muette de l'ara et de la fumée verticale du parfum qui se consume. Durant toute la séquence suivante, Phil semble en proie à une hyperesthésie qui donne à la scène l'apparence surnaturelle du rêve. En plongeant trois doigts dans le verre d'orangeade pour retirer le glaçon qui s'y trouve, la Dame en blanc effectue le geste de *toucher* la boisson qu'elle offre à Phil – geste lourd de conséquences, puisque l'orangeade se trouve alors comme investie, par contagion, de l'étrange magnétisme de Mme Dalleray et du désir érotique qu'elle projette sur le jeune homme[1]. L'éclat du diamant qui se reflète dans le glaçon au même moment ne fait que renforcer l'impression que la Dame en blanc se livre à une sorte de rituel d'ensorceleuse.

En buvant « la gorge serrée », Phil ne ressent pas tout de suite le goût de l'orangeade. La saveur puissante de la boisson ne se révèle à lui que bien plus tard. A la manière d'un breuvage magique, l'orangeade imprègne alors

---

[1] Le geste d'entrer en contact direct, de *toucher* la nourriture que l'on offre n'est pas anodin et ses conséquences relèvent des lois de la magie sympathique, lesquelles imprègnent aussi la pensée occidentale dite civilisée. Comme le démontre Paul Rozin, le rapport à la nourriture est fortement influencé par la loi de contagion, le plus souvent interpersonnelle : « Par le contact avec un aliment, un individu peut faire pénétrer son essence (propriétés, intentions) dans cet aliment » (P. ROZIN, « La Magie sympathique », *Manger Magique*, revue *Autrement*, n°149, novembre 1994, p. 26).

irrémédiablement le jeune homme par l'amertume tenace de sa saveur. Elle va ainsi manifester son « pouvoir » directement sur la vie de Phil, qui se trouve soudain changée, malgré lui.

> Un mauvais rêve, riche d'ombre glaciale, de rouge sourd, de velours noir et or empiétait sur la vie de Phil, diminuait, en segments d'éclipse, les heures normales du jour, depuis que dans le salon de *Ker-Anna*, par un après-midi torride, il avait bu le verre d'orangeade versé par l'impérieuse et grave Dame en blanc (*ibid.*, 329).

Dans la suite de leur liaison, l'aliment continuera à remplir cette fonction d'intermédiaire, de « véhicule » du désir amoureux. Plusieurs fois, Phil est invité à « goûter » chez sa maîtresse (avant finalement de s'y rendre la nuit). Le goûter sert alors pour ainsi dire de préliminaire, comme si le rapport amoureux s'inscrivait directement dans la continuité du rapport alimentaire. Dans l'esprit de Phil, les deux rôles de son initiatrice, à la fois amante et pourvoyeuse de nourriture, finissent par se confondre : il songe à elle comme « à la verseuse de boisson fraîche, à la peleuse de fruits dont les mains blanches servaient et soignaient le petit passant novice et bien tourné » (*ibid.*, 333) – les verbes « servir » et « soigner » relevant aussi bien du registre alimentaire que du registre amoureux. Sur le plan alimentaire comme sur le plan amoureux, le jeune homme fait l'objet de soins particuliers, et l'extrême délicatesse des nourritures prodiguées par Mme Dalleray suggère le raffinement de ses caresses. A l'inverse, les nourritures qui composent le goûter des amants peuvent refléter la dégradation de la relation amoureuse. Par exemple, lors du second rendez-vous de Minne chez le baron Couderc, les petits sandwiches au caviar, qui « déballés trop tôt, se recroquevillent comme des photos mal collées » (IL, I, 759), apparaissent comme les premiers touchés par l'étiolement de l'amour et représentent le premier indice du dénouement qui va suivre.

Ce n'est pas un hasard si le goûter se présente comme le repas emblématique des amants, et ce dans sa forme aussi bien que dans son contenu. Le goûter se distingue du repas conventionnel par son absence de structure et de formalisme. Fait essentiel, il n'exige pas de table, ce meuble qui coupe le corps en deux et en dissimule les parties dites inférieures. Le goûter n'est pas affecté à un espace particulier, il peut se prendre assis ou couché, au lit, sur un divan ou par terre. La table remplit à la rigueur une fonction accessoire en servant à présenter les aliments ; celle des goûters de *Ker Anna* est « presque invisible » (*ibid.*, 333). Mais, le plus souvent, la table est remplacée par un plateau ou un guéridon. Plus informel qu'un vrai repas, le goûter se soustrait en outre au code rigide des manières de table et n'obéit pas à un ordonnancement particulier. Assiettes et couverts sont en général superflus et volontiers remplacés par les doigts. Le contact direct avec la nourriture ne fait alors que renforcer le caractère sensuel de l'acte alimentaire. Goûter, c'est aussi grignoter, picorer des aliments qui se consomment tout au plus en quelques bouchées. Cette forme libre du repas qu'est le goûter constitue l'apanage des amants, tandis qu'avec le repas dans son schéma traditionnel, le couple a tendance à s'institutionnaliser. Dans *L'Entrave*, avant de devenir amants, c'est assis sur le tapis devant la cheminée que Renée et Jean partagent leur premier dîner en tête-à-tête – dîner qui s'assimile à un goûter puisque, servi sur un plateau, il est exclusivement composé de fruits. Ensuite, lorsque Renée s'installera chez Jean et que leur liaison « s'officialisera », ils dîneront à table, servis par Victor, le valet de Jean[1]. Un autre

---

[1] A la fin d'un repas qu'ils prennent en commun, on constate une tentative de retour à la forme libre du goûter : Jean rapproche sa chaise de celle de Renée et partage son dessert. Ce rapprochement semble en quelque sorte constituer une étape intermédiaire dans le passage de la table au lit.

exemple nous est fourni par Claudine et Renaud. « Unis comme des amants » (ClV, I, 426), ils manifestent leur nature de couple hors norme en allant « chez Pépette boire du thé, manger des chester-cakes, des sandwiches mixtes à la laitue et au hareng » tout en disant « des stupidités de mariés jeunes qui se tiennent mal » (CIM, I, 362). En se soustrayant ainsi au formalisme du repas traditionnel, ils refusent de souscrire à une certaine forme d'honorabilité qui lui est associée, et s'affichent donc comme un couple d'amants.

Friandise et libertinage

Le goûter symbolise aussi la condition d'amoureux ou d'amant à travers son contenu alimentaire. Grignoter, picorer, grappiller représentent, disions-nous, les gestes typiques du goûter : par opposition au vrai repas, le goûter se fonde sur la petite quantité (le goûter des amants se distingue sur ce plan du goûter enfantin, lequel se caractérisait par sa substantialité). La nourriture emblématique du goûter des amants est la *friandise*. Le mot friandise désignait à l'origine des nourritures salées ou sucrées que l'on portait dans sa poche pour pouvoir en manger à toute heure, et donc par définition en dehors des repas – « friandise » signifie littéralement recherche du plaisir friand. Dans son *Dictionnaire universel* de 1690, Antoine Furetière précise que « friandise se dit aussi de toutes les choses qu'on mange pour le plaisir seulement, et non pour se nourrir »[1]. L'étymologie révèle d'ailleurs que le mot « friand » est un ancien participe présent du mot « frire », qui signifiait « qui grille d'impatience » et aussi « appétissant » en ancien français. Cette notion de plaisir attachée à la friandise fait du goûter le

---

[1] A. FURETIERE, cité par HYMAN M. et P., « Friandises », *La Gourmandise*, revue *Autrement*, n°140, novembre 1993, p. 61.

repas des amants par excellence. Plaisir « friand » et volupté amoureuse, loin de se porter ombrage, se complètent et se favorisent mutuellement. Ainsi s'explique ce souci de s'entourer de fruits, de petits gâteaux ou de sandwiches : « L'amour doit se déguster comme un mets délicat, car l'amour est une friandise », écrit Curnonsky dans son livre *La Table et l'Amour*, et il ajoute que « près du divan qui accueille les amoureux, il devrait toujours y avoir des glaces, des fruits, de fines pâtisseries »[1].

Le rapport qui unit la friandise à l'érotisme est d'ordre métaphorique : tous deux sont liés à l'idée d'interdit sinon de péché, car ils se justifient par la recherche de la seule jouissance[2]. Le plaisir friand et le plaisir sexuel vont en effet à l'encontre de la morale judéo-chrétienne, laquelle dicte à notre société qu'il faut manger pour survivre et faire l'amour pour se reproduire. Friandise et érotisme résistent à ces préceptes, n'ayant pour seule fin (ou faim ?) que le plaisir[3].

---

[1] CURNONSKY et SAINT-GEORGES A., *La Table et l'Amour*, Paris, L'Arsenal, 1994, p. 24. Rappelons ici que Curnonsky (Maurice Sailland) était un ami de Colette et que, comme elle, il avait été nègre de Willy avant de devenir le « prince des gastronomes ».
[2] Dans *Le Blé en herbe*, Vinca l'innocente devine ainsi l'aventure amoureuse de Phil : « Mais la pureté vigilante de Vinca percevait, par des avertissements soudains, une présence féminine auprès de Phil. Il arrivait qu'elle flairât l'air, autour de lui, *comme s'il eût, en secret, fumé ou mangé une friandise* (BH, II, 332).
[3] L'analogie entre plaisir friand et plaisir sexuel ne fut pourtant pas de tout temps valable. Curieusement, l'Eglise ne condamnait pas la friandise, qu'elle considérait comme beaucoup moins grave que la gourmandise. Comme le relève Jean-Louis Flandrin, « dans le domaine de la sexualité, la recherche du plaisir seul était un péché beaucoup plus grave que les simples excès quantitatifs, alors que dans le domaine de l'alimentation, c'était le contraire, du moins aux XVIIe et XVIIIe siècles : l'excès quantitatif [la gourmandise] était sévèrement condamné et la recherche du plaisir friand [la friandise] l'était

Ainsi peut-on établir sur le plan alimentaire, comme sur le plan sexuel, une opposition entre l'ordre moral et le plaisir individuel, avec, d'un côté, le couple institutionnel et le repas classique qui répondent à la nécessité de la reproduction et du nourrissage, et, de l'autre côté, les amants et le goûter que motive la recherche du plaisir sexuel et du plaisir friand. Dans *L'Ingénue libertine*, par exemple, le réseau alimentaire rend compte très nettement de cette opposition. Mais ce roman n'en demeure pas moins très « moral », puisque Minne, après avoir cherché le plaisir auprès de ses amants successifs, finit par le trouver dans les bras de son mari.

Cependant, parce qu'elle implique un plaisir sans nourrissage et parce qu'elle se mange sans faim, la friandise, associée à la sexualité, peut aussi revêtir une connotation péjorative chez Colette. Elle suggère l'idée du plaisir facile, qui, lié à l'habitude, devient synonyme de vulgarité. La friandise se présente alors comme la métaphore alimentaire du libertinage. Dans cette perspective, en effet, Colette laisse entendre que la friandise est à la nourriture ce que le libertinage est à l'amour. Comme la friandise, la pratique libertine de l'amour ne « nourrit » pas, elle est considérée comme néfaste. Le personnage de Rézi illustre peut-être le mieux cette conception négative de la friandise comme métaphore du plaisir sexuel :

> Elle aussi parlait de la volupté avec familiarité et abondance, elle la recherchait, la faisait naître, ou bien l'écartait sans ménagement, la « remettait » comme une friandise qui sera encore mangeable le lendemain (RS, I, 566).

Le recours au registre alimentaire prend ici une valeur dépréciative : comparer la volupté à une friandise, c'est la considérer sous un jour dégradant, c'est lui adjoindre l'idée

---

beaucoup moins ». J.-L. FLANDRIN, *Chronique de platine*, cité par M. et P. HYMAN, « Friandises », *op. cit.*, p. 64.

de trivialité. Aussi Claudine juge-t-elle malsain le rapport qu'entretient Rézi avec le plaisir sexuel. La comparaison avec la friandise suggère une sorte de distance, de rapport cynique à la volupté, dont Claudine est incapable et qu'elle admire « avec un peu de dégoût » chez Rézi. Dans la lettre qu'elle écrit à Renaud, à la fin de *Claudine en ménage*, ce n'est d'ailleurs plus la jouissance sexuelle telle que l'envisage Rézi, mais Rézi elle-même qu'elle compare à une friandise :

> J'ai désiré Rézi et vous me l'avez donnée comme un bonbon... Il faut m'apprendre qu'il y a des gourmandises nuisibles, et qu'à tout prendre on doit se méfier des mauvaises marques... (ClM, I, 412).

En assimilant Rézi à un bonbon, c'est maintenant son propre rapport à la volupté que Claudine met en cause. Elle refuse de considérer la volupté comme une friandise et rejette l'attitude libertine, qui équivaut pour elle à une convoitise malsaine, à une « gourmandise nuisible ». Dans les *Claudine* déjà, et malgré l'influence de Willy, Colette prête à son héroïne une conception noble de la sensualité – et de la volupté – qui va de pair avec le caractère fier et indépendant du personnage : « La volupté – mienne – n'a rien à voir avec le pelotage » (ClM, I, 386). Malgré le caractère résolument polisson de ces romans, le personnage de Claudine manifeste toujours une attitude respectueuse, voire recueillie (« chaste » sera le mot qu'elle utilisera dans *La Retraite sentimentale*), à l'égard du plaisir sensuel[1]. Dans *Claudine en ménage* pourtant, afin d'amener et de rendre plausible l'aventure de Rézi, Colette entraîne progressivement son héroïne dans cette « agréable et lente corruption » qui vient de Renaud : « Les

---

[1] Colette elle-même ne parlera-t-elle pas plus tard de « ces plaisirs qu'on nomme, à la légère, physiques » ? Cette phrase servira d'épigraphe à la première édition du livre *Le Pur et l'Impur*, lorsqu'il s'intitulait encore *Ces plaisirs...*, et dans lequel Colette se livre, selon ses propres mots, à une méditation sur les sens.

grandes choses s'amoindrissent, le sérieux de la vie diminue ; les futilités inutiles, *nuisibles* surtout, assument une importance énorme » (*ibid.*, 328). A la fin du roman, si Claudine ne renonce pas à Renaud, elle déclare en revanche qu'elle refuse désormais le libertinage et condamne cette forme de faiblesse, de veulerie par rapport au plaisir, dont elle et Renaud ont fait preuve. La comparaison de Rézi avec un bonbon, à la fin de l'œuvre, ne relève pas d'un simple hasard ; elle est à mettre en relation avec les deux scènes de distribution de bonbons qui se déroulent au début du roman, et à l'issue desquelles Claudine embrasse une petite pensionnaire de l'école de Montigny -- un baiser qui, comme le note Paul D'Hollander, constitue la première étape importante « sur la voie qui la mène à Rézi »[1]. Dans *Claudine à l'école* déjà, Claudine avait « soin d'apporter souvent des bonbons à dessein de séduire complètement la jeune Luce » (ClE, I, 75). Dans *Claudine en ménage*, les bonbons vont servir en quelque sorte de monnaie d'échange pour obtenir les faveurs des petites filles. La distribution des bonbons repose donc sur l'équivoque d'une double convoitise, celle des petites filles, mues par leur « gourmandise effrénée » (ClM, I, 319), sur laquelle vient se greffer celle de Claudine et Renaud, motivée par un désir d'ordre érotique. En effet, en s'empiffrant de friandises, les petites écolières deviennent elles-mêmes « friandises », c'est-à-dire objets de désir et de convoitise pour Renaud et Claudine :

> Et je reste assise sur le lit de ma petite Hélène qui suce et croque en me regardant en dessous. Quand je lui souris, elle rougit très vite, puis s'enhardit et sourit à son tour. Elle a un sourire blanc mouillé, d'un aspect frais et comestible... (*ibid.*, 324).

---

[1] P. D'HOLLANDER, Notice à *Claudine en ménage*, (Pléiade, I, 1322).

Pourtant, ce n'est pas tant le désir (érotique) des deux adultes que celui (gourmand) des petites écolières voraces qui se trouve stigmatisé dans ces distributions de bonbons. Comme Luce, qui « pour dix sous de pastilles de menthe anglaise, trop poivrée » aurait vendu « sa grande sœur et encore un de ses frères par-dessus le marché » (ClE, I, 75), les petites écolières sont incapables de se maîtriser face à la tentation. L'une « gémit de convoitise, au bout de la salle, en se tordant les bras » tandis qu'une autre « consciencieuse et infatigable, mange encore, et encore des bonbons » (ClM, I, 323). L'accent est mis sur l'ampleur de leur voracité, le caractère impétueux et insatiable de leur gourmandise, ainsi que sur la nature malsaine et néfaste des bonbons, qualifiés tantôt de « saletés poisseuses » (*ibid.*, 320), tantôt de « saletés multicolores » (*ibid.*, 324).

Ainsi, lorsqu'à la fin du roman, Claudine écrit à Renaud qu'il lui a « donné Rézi comme un bonbon », l'auteur établit un lien entre la distribution de bonbons, au début du roman, et l'aventure libertine avec Rézi, autour de laquelle s'articule l'ensemble de l'œuvre. Les romans suivants, *Claudine s'en va* et surtout *La Retraite sentimentale*, montreront cependant la victoire de Claudine sur Renaud, qu'elle amènera à renoncer au libertinage et à partager sa conception de l'amour : « Enfin, conquête suprême ! je l'ai conduit à aimer l'amour comme je l'aime. Je l'ai rendu chaste » (RS, I, 567). Mais Colette ne renonce pas pour autant à explorer les ressorts de cette quête du seul plaisir que représente le libertinage, puisque dans ce roman, c'est au tour d'Annie de « traiter l'amour en comestible » (*ibid.*, 557). Colette poursuivra ensuite cette réflexion dans *Le Pur et l'Impur*, où elle formulera avec plus de précision la dimension non plus vulgaire, mais tragique de cette forme d'amour, à travers un livre qui « tristement parlera du plaisir » (Pur, 887).

La table et l'amour

Si le goûter et la friandise sont liés aux amants par un rapport d'ordre métaphorique, ils ne constituent pas pour autant l'expression exclusive, sur le mode alimentaire, du rapport amoureux. Les rituels de la table et du repas offrent au couple un terrain propice aux manifestations de l'amour, aussi diverses soient-elles. Chez Colette, la table est un lieu de vie, où naissent les inclinations, où se nouent et s'épanouissent les relations, où éclatent aussi les conflits et les drames. Elle se présente ainsi comme un véritable microcosme de la vie amoureuse.

L'intimité de la table

Dans sa *Physiologie du goût*, Brillat-Savarin consacre une partie de sa onzième méditation, intitulée « De la gourmandise », à « l'influence de la gourmandise sur le bonheur conjugal »[1]. A l'en croire, ces deux meubles conjugaux que sont la table et le lit revêtent une égale importance au sein du couple – à cela près que la table offre selon lui l'avantage supplémentaire de réunir « même ceux

---

[1] BRILLAT-SAVARIN, *Physiologie du goût*, Paris, Flammarion, coll. « Champs », 1982, p. 147.

qui font lit à part (et il y en a un grand nombre) »[1]. Brillat rappelle que, grâce à la table, les époux gourmands possèdent au moins une fois par jour une occasion agréable de se retrouver. Attablés ensemble, l'homme et la femme « ont un sujet de conversation toujours renaissant ; ils parlent non seulement de ce qu'ils mangent, mais encore de ce qu'ils ont mangé, de ce qu'ils mangeront, de ce qu'ils ont observé chez les autres, des plats à la mode, des inventions nouvelles, etc., etc. ; et l'on sait que les causeries familières (*chit chat*) sont pleines de charmes »[2]. Autant dire que, lorsqu'un couple fait table à part, il n'y a plus rien à espérer de son sort...

La table occupe une place unique dans la relation amoureuse en ce qu'elle réunit l'homme et la femme autour du repas ; elle constitue un lieu d'intimité pour le couple. Dans *La Retraite sentimentale*, lorsque Claudine apprend que Renaud est enfin de retour, ses premières pensées vont au repas, qu'elle imagine comme l'instant le plus propice à leurs retrouvailles.

> Il va revenir. Deux choses importent jusque-là : la robe que je mettrai le jour de son retour et le menu du dîner de ce même jour (RS, I, 569).

Le soin que Claudine désire apporter au menu du dîner montre à quel point le repas est un symbole de l'intimité retrouvée. En effet, le tête-à-tête occasionné par le repas constitue un moment privilégié : c'est là que l'homme et la femme se retrouvent, se découvrent, s'admirent, se parlent, prennent la mesure de ce qui les unit, ou de ce qui les sépare. Considérée en tant qu'espace, la table représente un cadre privilégié puisqu'elle place le couple dans une configuration

---

[1] Au XVIIIe siècle, ne disait-on pas, d'ailleurs, pour souligner l'intimité entre deux personnes, « ces gens ne font qu'un lit et qu'une table » ? (Cf. *Le Bouquet des expressions imagées*, Paris, Seuil, 1990).
[2] *Ibid.*, p. 147.

particulière : nulle part ailleurs qu'à table les deux partenaires ne sont placés de cette manière, assis l'un en face de l'autre, ne pouvant faire autrement que de se regarder.

Dans le contexte de notre réflexion, la table représente donc un lieu intéressant dans la mesure où elle accompagne les couples dans le déroulement de leur vie amoureuse. Partant de cette observation, il nous paraît opportun de nous pencher sur les différentes fonctions de la table dans l'évolution des rapports amoureux et de nous livrer par ce biais à ce que nous pourrions appeler une petite étude psychosociologique de la table au sein du couple colettien...

La gourmandise, écrit Brillat-Savarin, « quand elle est partagée, a l'influence la plus marquée sur le bonheur conjugal ». Sans doute cette opinion était-elle aussi partagée par Colette. Dans *Paysages et Portraits*, elle écrit : « Si j'avais un fils à marier, je lui dirais : « Méfie-toi de la jeune fille qui n'aime ni le vin, ni la truffe, ni le fromage, ni la musique » (PP, 175). D'ailleurs, nombreux sont ses personnages pour lesquels l'entente amoureuse passe par la gourmandise. Colette va même jusqu'à faire naître l'amour d'une gourmandise partagée. Lorsqu'ils se rencontrent pour la première fois, Claudine et Renaud se séduisent d'abord par leur gourmandise mutuelle :

> Mon cousin l'Oncle [...]me demande du thé, exige de la crème, plus que ça, deux sucres, un sandwich, pas celui du dessus parce qu'il a dû sécher, et quoi encore ? Mais nos deux gourmandises se comprennent et je ne m'impatiente pas. Il m'est sympathique, ce cousin l'Oncle (ClM, II, 215).

Que l'attirance entre Claudine et Renaud puisse naître ainsi de la « compréhension » réciproque de leur gourmandise n'a rien d'extraordinaire en soi sachant que, pour Colette, la relation amoureuse est avant tout une relation de nature sensuelle. Comme le note Marcelle Biolley-Godino, dans l'œuvre de Colette, en même temps qu'à la mort du « héros de roman », on assiste à la fin de la « sacralisation du sentiment amoureux »[1]. Colette, en effet, renonce au romantisme du sentiment amoureux pour replacer celui-ci dans sa réalité quotidienne et physique, dans sa matérialité charnelle. Ainsi, l'amour entre deux êtres se manifeste d'abord par la rencontre entre deux sensualités, par l'attirance entre deux corps. Or, chez Colette, le corps n'est jamais morcelé, mais toujours appréhendé dans sa globalité, dans la profonde unité de ses sens. Ainsi s'explique que la gourmandise puisse, elle aussi, avoir sa place dans la naissance du sentiment amoureux ou jouer un rôle dans sa consolidation. Lorsque Claudine et Renaud découvrent leur gourmandise respective, ils se savent déjà sur un terrain d'entente : c'est une forme de complicité sensuelle qui s'installe entre eux.

Leur premier souper en tête à tête, à la sortie du concert, joue un rôle décisif dans l'évolution de leur relation. C'est en effet à table, au restaurant, que Claudine, échauffée par les écrevisses poivrées et grisée par l'asti spumante, révèle à Renaud combien elle se sent attirée par lui. Tout d'abord, partager un repas constitue une étape significative dans le rapprochement entre deux êtres sur le point de s'aimer : un homme qui souhaite faire la cour à une femme ne commence-t-il pas par l'inviter à dîner ? Claudine et Renaud semblent d'ailleurs tous deux un peu nerveux et troublés face à ce nouveau rapport d'intimité créé par la table. Claudine aperçoit dans une glace ses « yeux qui palpitent au-dessus d'une bouche rouge de soif, peut-être d'un peu de fièvre » ; quant à Renaud, il a « les mains agitées et les tempes moites » (ClP, I, 278). En réunissant ses deux personnages au restaurant, Colette montre combien un homme et une femme attablés ensemble se donnent à voir comme un couple, combien ils s'imaginent déjà eux-mêmes comme un couple

---

[1] M. BIOLLEY-GODINO, *L'Homme-objet chez Colette*, Paris, Klincksieck, 1972, p. 23.

potentiel. Aussi Renaud s'inquiète-t-il de ce que l'on pourrait penser autour d'eux :

> Vous n'êtes pas à votre place, ici, seule avec moi. [...] Je n'ai pas l'habitude de sortir les petites filles honnêtes, moi. Jolie comme vous êtes, seule avec moi, que voulez-vous qu'on suppose ? (*ibid.*, 279-280).

Pour un homme et une femme, le simple fait de s'asseoir à la même table est déjà le signe d'une intimité certaine. « Inviter une femme à dîner et glisser ses jambes sous la table, c'est déjà la posséder » écrit Frédéric Lange[1]. Sans aller, comme lui, jusqu'à comparer la configuration de la table à une posture amoureuse, ne peut-on cependant constater que la table implique en effet l'idée de possession entre les deux partenaires ? Face à face, ils sont seuls au monde, rivés l'un à l'autre par l'intermédiaire de la table. Ils sont également à la merci l'un de l'autre. Ce que l'on appelle pudiquement un tête-à-tête a déjà toutes les apparences d'un « corps à corps », car la table a le pouvoir de rapprocher les corps. Entre Claudine et Renaud attablés s'établit une promiscuité nouvelle, à travers laquelle déjà ils s'offrent l'un à l'autre : elle tend « vers lui [s]a figure rosie par l'asti ; il se penche aussi, [la] regarde de si près [qu'elle] distingue les plis fins de ses paupières brunies » (*ibid.*, 279). Assis l'un en face de l'autre, ils ont la possibilité de se regarder, comme jamais encore ils n'ont eu le loisir de le faire : lui « qui la regarde, qui la regarde, qui ne regarde qu'elle et ne mange plus » (*ibid.*, 280) et elle, qui « tendue vers lui, ses deux mains à plat sur la nappe, le contemple » (*ibid.*, 281). Certes, ils ne s'embrasseront qu'après, dans le fiacre, mais ce premier baiser n'est rendu possible que grâce à tout ce qui s'est passé avant, grâce à ce nouveau rapport qui s'est instauré dans l'intimité de la table.

---

[1] F. LANGE, *Manger ou les jeux et les creux du plat, op. cit.*, p. 125.

La table semble aussi revêtir une importance décisive dans la relation qui se noue entre Léa et Chéri. Il serait à peine exagéré de dire que c'est également dans l'intimité de la table que Léa et Chéri voient naître leur amour. En tous cas, c'est d'abord à sa table – et non dans son lit – que Léa convie Chéri. Elle l'invite à la campagne « en tout bien tout honneur », pour y manger « des bonnes fraises, de la crème fraîche, des tartes, des petits poulets grillés » (C, II, 23). Pour le convaincre de la suivre, elle énumère ainsi à Chéri les réjouissances gustatives qui l'attendent. C'est la bonne chère qui lui sert de premiers appâts. En effet, Léa de Lonval, pour qui l'amour est aussi une profession, n'ignore pas l'influence de la table dans l'évolution des rapports amoureux. Face à un Chéri qui a « la joue pâle » et « si peu d'appétit » (*ibid.*, 22), Léa va commencer par instaurer une rapport de nourricière à nourrisson ; et c'est sur ce rapport, alimentaire à la base, que va se construire leur relation amoureuse[1]. Pour Chéri enfant, elle était déjà une « sorte de marraine-gâteau » (*ibid.*, 21). Alors qu'ils sont devenus amants, elle continue de le materner ; elle l'entretient, elle le nourrit. A table, elle l'entoure de « ses apostrophes quotidiennes et maternelles : « Prends le pain le plus cuit... Ne mange pas tant de mie fraîche... Tu n'as jamais su choisir un fruit... » (*ibid.*, 36). Durant leur séjour en Normandie, évoqué en début de roman par un retour en arrière, c'est d'abord à travers le don de nourriture qu'elle se donne à lui :

> Les premiers souvenirs de leur idylle n'abondaient qu'en images de mangeaille fine, de fruits choisis, en soucis de fermière gourmette (*ibid.*, 25).

---

[1] Lorsqu'ils seront amants, il continuera de l'appeler par ce surnom de nourrice qu'est « Nounoune », tandis qu'elle le traitera de « nourrisson méchant ».

Prenant la nourriture pour objet, leurs échanges amoureux semblent même, dans un premier temps, se circonscrire au seul espace de la table[1] ; ce qui certes déçoit un peu Léa, « réveillée quelquefois – mais si peu ! – par une exigence de Chéri, vers le petit jour » (*ibid.*, 26). Pourtant, Chéri, que ce régime gourmand et l'entraînement physique de Patron aident à reprendre des forces, ne tarde pas à dévoiler tous ses talents d'amant. Il se révèle alors « gai à table, impatient au lit » (*ibid.*, 29), montrant ainsi que, dans leur relation, le lit n'est que le prolongement de la table et que l'acte amoureux s'inscrit dans la continuité de l'acte alimentaire.

De la même manière que le comportement de Léa à table révèle le lien maternel qui l'unit à Chéri, on observe que la table se fait souvent le miroir de la relation qui unit un couple d'amants. Les scènes qui se déroulent à table reflètent bien souvent la situation des deux partenaires l'un par rapport à l'autre. Dans *L'Ingénue libertine*, Antoine, le mari de Minne, est dépassé par le comportement de son épouse, dont il est très amoureux mais qu'il ne comprend pas. A l'heure du déjeuner, il « contemple avec extase sa femme », tout en se heurtant à « l'expression distante de ces yeux noirs, tourments de sa jeunesse, de cette bouche qui mentit autrefois si follement, si artistiquement » (IL, I, 758). Mais surtout, il la regarde « à demi caché derrière son *Figaro* » manifestant déjà dans le cadre de la table son désir de possessivité, son besoin de surveiller et d'observer sa femme à l'insu de celle-ci. C'est d'ailleurs dans le journal qu'il

---

[1] Certes, le lit qui trône dans la chambre de Léa, « chef d'œuvre considérable, indestructible, de cuivre, d'acier forgé » (*ibid.*, 12) ne tardera pas à prendre la relève de la table (c'est d'ailleurs sur une image de ce lit que s'ouvre le roman), mais, même dans ce lit, ils continueront de manger ensemble (cf. *ibid.*, 90).

trouvera par la suite l'adresse du détective auquel il s'adressera pour la faire suivre.

Cet exemple nous montre que la table, si elle permet le rapprochement entre deux êtres, peut aussi être révélatrice de la distance qui les sépare. Comme nous le soulignions déjà plus haut, la table en tant que lieu représente un cadre unique car elle place les deux personnes l'une face à l'autre ; elle les enchaîne même, car le formalisme de la table transforme les convives en captifs. Quitter la table en plein repas constitue une transgression au code ; c'est un acte de violence et de rupture qui ne peut s'envisager que comme un ultime recours. La configuration propre à la table fait que le rapport qui s'instaure entre les deux protagonistes est avant tout fondé sur le regard : isolés du reste du monde, ils s'offrent au regard de l'autre, autant qu'ils s'y exposent. La table représente donc un espace fermé, séparé du monde, à la fois lieu d'intimité et huis clos. Fondée sur cette contradiction, la table rapproche autant qu'elle divise. Si elle est un lieu de rencontre amoureuse, elle n'exclut pas non plus la confrontation, voire l'affrontement. Lorsqu'Antoine et Minne se disputent au cours d'un repas, la table entre eux prend toutes les apparences d'un champ de bataille : Minne « retire de son feutre les longues épingles, violemment, comme de leur gaine autant de poignards, et s'assied, face au danger », tandis qu'Antoine, silencieux, « effrite la croûte de son pain sur la nappe », puis « pique la nappe du bout d'un couteau ». Devant son épouse qui « se tient debout en face de lui, les mains à plat sur la table », Antoine bat finalement en retraite, « se lève, presque à jeun, et va s'échouer au salon » (*ibid.*, 778-779).

Antichambre du lit ou champ de bataille, la table agit donc comme un révélateur. Lieu d'intimité, elle unit les cœurs et les corps ; huis clos, elle met à jour au contraire les divergences et les clivages, et devient par là même un lieu d'affrontement. C'est à table que Robert prend conscience de la distance qui le sépare de Mitsou. Au cours de leur premier dîner, il dévisage la jeune danseuse assise en face de lui comme s'il la voyait pour la première fois. Certes, il la trouve « extrêmement jolie », mais, jeune homme de bonne famille, il se demande en même temps : « Pourquoi Mitsou – qui n'est point fardée, qui porte le cheveu lisse et l'oreille nue, qui ne fait point de gestes et n'a pas encore élevé la voix – ne ressemble-t-elle pas à ce que l'on nomme une jeune femme bien ? » (Mi, I, 1368). Au fur et à mesure qu'avance le repas, il sent s'accroître le fossé social qui les sépare : le manque d'éducation de la jeune femme, qui se traduit par l'ineptie de sa conversation et son ignorance en matière de gastronomie et de bonnes manières. A la fin du repas, même sa beauté ne trouve plus grâce aux yeux de Robert : il « constate sans joie que Mitsou, animée, luit comme une perle, qu'elle ne rougit pas au feu du vin, que les ailes de son trop petit nez restent pâles et transparentes » (*ibid.*, 1371). Robert souhaiterait fuir, mais la table le retient prisonnier de ce tête-à-tête. Le dîner, qu'il considérait comme un prélude à leurs ébats amoureux, ne remplit pas son rôle ; censé attiser le désir des futurs amants, il produit l'effet inverse. Robert, malgré toute sa bonne volonté, constate avec désespoir qu'il ne désire pas Mitsou :

> Il a pris entre ses bottes les pieds et les genoux de Mitsou, elle s'est prêtée à la dure étreinte de ses genoux de bon cavalier... Et pourtant il ne la désire pas encore. [...] Il appelle l'image de Mitsou demi-nue et de ses bas fraise. Il s'injurie et se fouette en vain... (*ibid.*, 1371).

Certes Robert finira tout de même par devenir l'amant de Mitsou « d'une manière brève et quasi muette » (*ibid.*, 1378). Mais, avant même qu'ils n'aient quitté la table, les dés sont jetés : le face-à-face impitoyable du repas a montré que leur relation était vouée à l'échec. Dans *Julie de Carneilhan* également, la table sanctionne la distance qui sépare Julie de son jeune amant, Coco Vatard. Alors qu'ils sont tous deux attablés au restaurant, Julie « le regard[e] avec un reste de bonté » (JC, III, 122), en se remémorant intérieurement ses amants ou maris qui l'emmenèrent là autrefois et à côté desquels Coco, qui n'est qu'un « fils à papa », lui paraît soudain faire bien pâle figure. Retranchée derrière son monologue silencieux, Julie règle son compte au jeune homme assis en face d'elle et finit par lui assener une gifle sonore.

La table divise donc, parce que, plus que tout autre lieu, elle expose au regard de l'autre – lequel peut alors se transformer en juge[1]. A table, Coco Vatard et Mitsou sont tous deux les victimes, offertes et impuissantes, du regard impitoyable de leur partenaire. Le face-à-face de la table implique nécessairement une mise à nue, volontaire ou subie[2]. Dans une courte nouvelle intitulée justement « Le Juge », Colette montre bien à quel point manger face à quelqu'un peut devenir une épreuve. Dans ce texte, elle décrit le malaise croissant d'une femme arborant une nouvelle coiffure face à « l'importune et muette désapprobation » (FC, II, 398) de Marien, son maître d'hôtel. Certes, dans l'exemple présent, seule Mme de la Hournerie est attablée, mais son domestique reste posté devant elle, reproduisant ainsi le face-à-face classique des convives attablés. La différence sociale entre les deux protagonistes ne fait au contraire qu'accentuer le rapport de forces qui naît de ce face-à-face. Colette insiste sur le rôle du regard de Marien muet, dévisageant sa patronne ; elle décrit son « indicible

---

[1] On sait l'importance que Colette accorde à l'apparence physique dans la relation amoureuse. Selon elle, un seul défaut, un seul faux pas dans l'apparence ou l'attitude, lorsqu'il est surpris par le regard de l'autre, suffit à nous faire déchoir à ses yeux et à mettre fin à son amour. C'est notamment le thème de ce récit cruel qu'est *Le Képi*.
[2] L'expression « se mettre à table » signifie d'ailleurs se confesser, passer aux aveux.

expression d'horreur et de pudeur », sa « contemplation épouvantée », ses yeux noirs « impitoyables, véridiques » (*ibid.*, 398). Finalement, ne supportant plus le poids du regard de son maître d'hôtel, Mme de la Hournerie quitte la table sans toucher à son repas et exige de prendre un rendez-vous chez son coiffeur, avant le déjeuner suivant, afin d'éviter un nouveau face-à-face...

Du fait de la confrontation visuelle qu'elle implique, la table peut s'avérer chez Colette le terrain d'un véritable rapport de forces, dont l'issue se montre souvent cruelle. L'intimité de la table confronte les deux convives, en révélant leurs différences sociales, culturelles ou même physiques. Manger constitue en effet un acte hautement culturel qui dévoile les origines, le milieu, l'éducation d'une personne. Dis-moi non point *ce* que tu manges mais *comment* tu manges, je te dirais ce que tu es, pourrait-on dire en paraphrasant Brillat-Savarin... Cette « maxime » n'a certainement pas échappé à tante Alicia, qui enseigne les manières de table à Gigi, persuadée que « la pierre d'achoppement, dans une éducation, c'est le homard à l'américaine, l'œuf à la coque et les asperges » (Gi, III, 411). Entre Robert et Mitsou, c'est la table qui révèle au grand jour les différences d'éducation, donc de milieu social. Au restaurant, Robert, qui est en permission, ne rêve que de mets fins et raffinés dont il a été privé, tandis que Mitsou commande de la mayonnaise avec le homard à l'indienne, de la salade avec le poulet aux morilles, des « cerises dans la glace » et du « champagne qui n'a pas de goût » – ce qui amène Robert, scandalisé, à s'exclamer « Où vous a-t-on élevée, Mitsou ? ». Laquelle Mitsou, suçant la mousse de son champagne, trouve que « c'est meilleur que le pinard, hein ? » (Mi, I, 1369).

Cette différence dans les goûts et les manières de table les conduit à ne pas pouvoir jouir ensemble du repas qu'ils partagent : « Mitsou mange peu, Robert moins qu'il ne l'espérait » (*ibid.*, 1371). Colette pense-t-elle, comme Brillat-

Savarin, que l'inaptitude à goûter un plaisir partagé à table ne peut être que néfaste à la relation amoureuse ? Autrement dit, plus prosaïquement, ne pas pouvoir jouir ensemble à table revient-il à ne pas pouvoir jouir ensemble du tout ? Quoi qu'il en soit, les couples désunis chez Colette expriment aussi leur désunion dans leur comportement à table. La table, nous le disions, met au jour les divergences entre les êtres ; elle révèle aussi avec insistance leur triste incapacité à communiquer entre eux. Dans *Duo*, Alice et Michel, qui ne s'entendent plus, ne parviennent pas à savourer ensemble les plaisirs du repas, ni aucun plaisir d'ailleurs. Michel s'offusque même de la gourmandise d'Alice, que, dans son malheur d'homme trompé, il considère comme injurieuse : « Regardez-la, la mâtine. Tout lui est bon pour se nourrir. L'air, le rosier, le café au lait » (*Duo*, II, 1154). Dans tout le roman, les repas ne se résument qu'à une sourde lutte, dans laquelle Michel et Alice se mesurent l'un à l'autre tout en échangeant des banalités. De même, dans *La Chatte*, le fossé profond qui sépare Alain et Camille se manifeste aussi dans le contraste de leur comportement alimentaire respectif. Alain, qui se délecte de son petit-déjeuner solitaire en compagnie de sa chatte Saha, s'imagine sa future femme déjeunant au même instant :

> Camille, en ce moment, déjeune debout, en marchant. Elle mord à même une lame de jambon maigre, serrée entre deux biscottes, et dans une pomme d'Amérique. Elle pose et oublie, de meuble en meuble, une tasse de thé sans sucre... (Cha, II, 1063)

Il ne s'agit plus ici d'une différence d'éducation ou de milieu social, mais d'une opposition de leur personnalité respective, d'une « inconciliabilité » de leur nature profonde. Au-delà de leur aspect culturel, les manières de table révèlent ici la part d'intimité qui les conditionne. Est-ce parce qu'ils ne mangent pas de la même manière que Camille et Alain ne pourront jamais s'entendre ? Cette question, qui se veut bien sûr un peu provocatrice, a pour but de nous montrer encore une fois à quel point, dans l'œuvre de Colette, l'amour, enraciné dans le réel quotidien et physique, « vole trop à ras de terre pour accéder à la dimension mystique »[1]. L'amour, chez Colette, se nourrit en priorité de détails du quotidien – tout comme il en meurt d'ailleurs. S'aimer, pour Colette, c'est aussi manger chaque jour ensemble ; et si manger ensemble n'est pas un bonheur, alors l'amour est impossible. Non sans ironie, Colette fait dire à Tante Alicia que « le manque d'élégance en mangeant a brouillé bien des ménages » (Gi, III, 411). Plus sérieusement, dans *L'Entrave*, Renée explique à Jean : « Ça n'a l'air de rien, ces petites choses-là, eh bien, pourtant, je devenais enragée rien qu'à voir mon mari tremper du pain dans son potage, autrefois » (En, I, 1101). Si, comme le souligne judicieusement Marcelle Biolley-Godino, l'homme colettien attire et séduit par sa matérialité physique et charnelle, c'est aussi à travers cette matérialité qu'il peut devenir insupportable et repoussant. Une anecdote rapportée par Maurice Goudeket nous prouve d'ailleurs que Colette pensait comme son héroïne de *L'Entrave* :

> Elle [Colette] avait gardé en mémoire un fait divers. Une femme en Angleterre, au bout de trente ans de mariage, avait tué son mari, sans qu'elle pût ou voulût expliquer son geste. A la fin, pressée de questions, elle avoua que depuis des années, se mettre à table constituait pour elle un supplice, à cause du bruit que faisait son mari en lapant son potage. Un jour, n'y tenant plus, elle l'avait assassiné. Elle fut pendue : Colette jurait qu'elle l'eût acquittée[2].

En somme, la table occupe une telle place au sein de la vie du couple qu'elle n'agit pas seulement comme un révélateur de mésentente ou de discorde. Elle peut être elle-même à l'origine des dissensions qui déchirent le couple amoureux – où

---

[1] M. BIOLLEY-GODINO, *L'Homme-objet chez Colette, op. cit.*, p. 24.
[2] M. GOUDEKET, *Près de Colette, op. cit.*, p. 33.

l'on découvre que les manières de table peuvent représenter un motif de divorce... ou de meurtre !

C'est peut-être parce que la table peut s'avérer à ce point le terrain de tous les clivages que certains couples attablés se préoccupent tant de l'image qu'ils donnent d'eux-mêmes. Dans notre imaginaire collectif, le couple à table représente une image d'Epinal, le symbole de l'intimité et de l'amour entre l'homme et la femme. Il évoque des images de repas aux chandelles, de dîners en tête à tête ou en amoureux... Aussitôt qu'ils sont en public, les couples chez Colette, même désunis, restent conscients de l'idée du paraître ; ils gardent à l'esprit qu'à table ils se donnent à voir en tant que couple. Aussi se comportent-ils souvent comme s'ils étaient en représentation. Au restaurant, par exemple, Alain, dans *La Chatte*, « échang[e] avec sa femme le sourire, le mouvement de menton, le manège de coquetterie qui conv[ient] au « joli couple » (Cha, II, 1090), tandis que Robert, dans *Mitsou*, « regarde autour de lui, avec l'assurance un peu fausse d'un viveur de vingt-trois ans et une feinte mauvaise humeur qui, en même temps qu'elle avertit les dîneurs de ne point dévisager Mitsou, les informe qu'il est très habitué à elle, et même blasé » (Mi, I, 1367). Au restaurant toujours, « aux yeux de quelques hommes d'affaires soucieux, de quelques jeunes femmes promises au cinéma, d'un parlementaire qui l'avait saluée trop familièrement, Julie pos[e] pour la femme qui s'encanaille et tuto[ie] Coco Vatard à voix haute » tandis que celui-ci « jou[e] le petit jeune homme aimé » (JC, III, 128). Mais ce cabotinage du couple qui se donne en spectacle n'est pas réservée seulement au public que constitue une salle de restaurant ; il suffit d'un seul témoin, d'un seul spectateur, pour que le couple attablé soigne ses apparences. Dans « L'Autre femme », Marc et Alice, qui déjeunent en tête à tête, sont accaparés par la présence de l'ex-femme de Marc, assise à une autre table du même restaurant. Pour cette unique spectatrice, « Alice ri[t] parfois trop haut, et Marc soign[e] sa silhouette, élargissant les épaules et redressant la nuque » (FC, II, 403). De la même manière, Michel et Alice, le couple de *Duo*, ne se préoccupent que de faire bonne figure devant Maria, qui les sert à table. A chaque repas, ils jouent les rôles des époux insouciants : Alice, scandalisée d'abord par Michel qui « en met vraiment trop » (*Duo*, II, 1136), finit par « jou[er] le jeu aussi bien que lui » (*ibid.*, 1144). A travers cette comédie du couple à table, Colette constate avec une certaine ironie le décalage entre l'image que les deux partenaires attablés donnent d'eux-mêmes et la réalité de leur situation. Entre Robert et Mitsou, par exemple, le « dialogue s'appauvrit, réduit à quelques exclamations, serrements de mains, sourires de fausse complicité ; mais des éclats de rire cachent l'indigence de leurs propos. Les tables voisines envient ce couple d'amoureux qui semble s'amuser si fort » (Mi, II, 1371). Ce dernier exemple démontre à quel point la table constitue un monde fermé, isolé, dont l'apparence peut se révéler trompeuse[1]. Vue de l'extérieur, en effet, le microcosme de la table permet d'entretenir l'illusion de l'intimité. Les tables d'un restaurant font ainsi penser aux îles d'un archipel, côte à côte mais séparées, qui s'offrent au regard les unes des autres tout en demeurant inaccessibles les unes aux autres – le temps d'un repas, tous les convives deviennent des insulaires... Comme une île, la table est un monde clos malgré son ouverture géographique sur le reste de l'univers.

---

[1] Ce décalage qui peut s'instaurer entre l'apparence qu'offrent des personnes attablées et la réalité de leurs rapports est à la base d'une séquence du film *On connaît la chanson* d'Alain Resnais. Une jeune femme attablée avec une amie lui fait part en pleurant de ses déceptions amoureuses. Apercevant un couple assis à une table voisine, elle envie ces deux êtres qui ont l'air de s'aimer si tendrement. Le plan suivant montre la table du couple qui, en réalité, est en train de se disputer. La femme aperçoit alors les deux amies assises à l'autre table, qui ont l'air de si bien s'entendre, et se plaint de ne pas avoir une vraie amie à laquelle elle puisse se confier... La caméra passe ainsi d'une table à l'autre comme s'il s'agissait de deux îles.

La table, miroir de la solitude amoureuse

C'est peut-être justement parce que la table s'apparente à une île que le personnage solitaire y ressent avec davantage d'acuité sa solitude, tel un naufragé sur une île déserte. « Ceux qui voyagent sans repos, ceux qui errent solitaires, ceux qui s'asseyent, à la petite table des restaurants, devant une seule assiette, un seul verre et qui étayent contre la carafe un journal plié, ceux-là connaissent la périodicité, le retour normal des crises de misère morale, la maladie de l'isolement », écrit Colette dans *L'Envers du music-hall* (EMH, I, 977). Nous ne pourrions nous intéresser au thème du couple à table sans évoquer parallèlement la question du célibataire ou du solitaire à table – de la célibataire ou de la solitaire, devrions-nous plutôt dire car, chez Colette, ce sont surtout les femmes qui connaissent cette situation. Nombreux sont en effet les personnages féminins de Colette qui, à l'image de leur auteur, ont accédé à l'indépendance et vivent seules en subvenant elles-mêmes à leurs besoins. En général, le moment des repas les renvoie tout particulièrement à leur solitude. Au début de *L'Entrave*, Renée, qui vit seule en modeste rentière, a quitté son appartement pour vivre à l'hôtel. A l'heure des repas, « raide et les dents serrées », elle gagne « héroïquement [s]a petite table au fond, loin des tziganes » (En, I, 1028). Même lorsqu'elle assume sa solitude, la femme qui dîne seule en public se sent exposée au regard des autres. C'est à table surtout que sa condition de « dame-seule » lui est le plus pénible :

> Dame-seule, [...] je ne pouvais éviter le monsieur-seul. J'en ai un depuis huit jours. Je ne pourrais pas le décrire, je ne l'ai pas vu. Quand je regarde l'endroit où il se trouve, ce n'est pas lui que je vois, je vois à travers lui comme à travers une carafe vide. Je sais seulement la forme de son dos, parce qu'il se détourne promptement de moi avec une affectation de courtoisie. De face, c'est un inconnu, je ne le distingue des autres que quand il me tourne le dos. C'est aux repas qu'il me gêne le plus, parce que je *l'entends* penser à moi pendant qu'il mange (*ibid.*, 1029).

Même lorsqu'elle est seule, nous dit ici Colette, la femme ne peut échapper à la présence de l'homme. Bien qu'elle soit assise seule à table, Renée ne dîne pas vraiment en solitaire puisqu'elle ne peut faire abstraction de l'homme dont elle n'aperçoit que le dos. Même s'ils ne se regardent pas, tous deux sont absorbés par la présence de l'autre. Entre eux s'instaure une sorte de tête-à-tête invisible, qui franchit l'espace de leur table respective et reproduit, malgré l'absence du regard, l'enfermement du tête-à-tête ordinaire...

Néanmoins, lorsque l'homme est absent, c'est surtout à elle-même que la femme se retrouve confrontée. Chez ces héroïnes colettiennes qui ont voulu et obtenu leur indépendance, la solitude constitue souvent l'envers du décor. Manger seule peut alors devenir une épreuve, comme Mitsou le laisse entendre ici :

> MITSOU, *soudain, criant*. – Louise ! *(La femme de chambre revient.)* De cette affaire-là, je suis toute seule à déjeuner.
> LA FEMME DE CHAMBRE. – Comme souvent.
> MITSOU, *mécontente*. – Comme souvent, c'est possible. Aujourd'hui, je suis dans un jour où ça va me couper l'appétit... (Mi, I, 1349).

Pour ne pas avoir à déjeuner seule, Mitsou invitera son amie Petite-Chose – mieux vaut en effet une Petite-Chose plutôt que rien du tout ! Dans certains cas, cependant, la femme ne peut éviter de faire face à la solitude. Irène, qui vit seule depuis son récent divorce, montre avec fierté à ses amies envieuses son nouvel appartement, « une trouvaille incomparable » (FC, II, 430). Pourtant, une fois ses amies parties, ce bel appartement vide lui paraît insupportable. Pour tenter d'échapper à l'angoisse de sa solitude, elle endosse « un vieux manteau chaud » et emporte « les sandwiches au caviar et la chocolatière » dans sa salle de bain, où elle dîne « au creux d'un fauteuil de paille coincé entre le lavabo et l'appareil à douches », comme à l'abri d'un cocon protecteur (*ibid.*, 432).

Pour Colette, il semble que l'un des grands dangers qui guettent la femme seule soit celui de mal se nourrir. Irène, par exemple, « support[e] depuis son emménagement les dîners bâclés, ou la viande froide de la charcuterie proche, à cause de Pauline, « bonne à tout faire non couchée » (*ibid*, 430). Chez Colette, derrière le mal manger flotte toujours le spectre de la maladie ou de la mort – une menace d'autant plus grande pour la femme seule, qui risque alors « de mourir lentement, loin de tous, oubliée » (V, I, 847). Renée, l'héroïne solitaire de *La Vagabonde* met ainsi un point d'honneur à prendre soin d'elle-même, ce qui passe aussi par la nourriture. Elle « [s]e soucie de [s]on intestin, de [s]a gorge, de [s]on estomac, et de [s]a peau, avec une sévérité un peu maniaque de propriétaire attaché à son bien » (*ibid.*, 847). Par ailleurs, lorsqu'il vient se greffer à la solitude, le manque d'argent, qui est souvent le lot des femmes affranchies de l'homme, ne fait qu'empirer la situation. Si l'on imagine souvent les héroïnes de Colette à l'image de leur auteur, c'est-à-dire gourmandes et « bonnes-vivantes », il ne faut cependant pas oublier que certaines d'entre elles ne mangent pas toujours à leur faim. Outre les nombreuses petites artistes de music-hall que Colette a décrites, Julie de Carneilhan, par exemple, « appréhendait, dans les jours difficiles et les fins de mois, son inéluctable et ponctuel besoin de manger » (JC, III, 123), tandis que Marco, l'héroïne du *Képi*, « se sustentait à midi dans une crémerie chaude près de la Bibliothèque, et le soir prenait chez elle du thé et des tartines » (K, III, 289).

Toutefois, plus encore que le mal manger, ce qui se cache derrière le repas en solitaire, c'est surtout le manque d'amour. La table représentant un espace d'intimité et de retrouvailles pour le couple, la femme seule y ressent d'autant plus sa solitude amoureuse. Tout d'abord, la table a le pouvoir de rendre encore plus manifeste l'absence de l'être aimé. Dans *L'Entrave*, bien qu'elle ne soit pas seule à table, Renée y ressent avec une douleur décuplée l'absence de Jean, que Masseau remplace en face d'elle :

> Pour respecter la symétrie du couvert, Victor a donné à Masseau la place de Jean, et je ne puis dire quelle détresse, proche des larmes, m'envahit soudain, à trouver en face de moi, au lieu du ferme visage aux sourcils bas, au lieu de la bouche bien faite et du nez mécontent, mobile, cette figure d'homme vieilli, fin, tressaillant de tics et quasi-chauve... (En, I, 1109).

Pour Renée, l'absence de Jean se répercute aussi sur l'aptitude à apprécier la nourriture. Elle suffit à lui faire perdre le plaisir de manger – plaisir qu'elle a pris l'habitude de partager avec Jean depuis qu'elle vit avec lui :

> Les premiers jours, pendant les absences de Jean, je reprenais le chemin de mes réfectoires habituels : le petit restaurant méridional où les raviolis pétillent de graisse et de fromage bouillants, la brasserie dont Brague vante les saucisses chaudes et la bière veloutée, mais sans y retrouver intact mon simple plaisir de vieux garçon gourmand (*ibid.*, 1104).

Le plaisir de manger seule, lorsqu'il existe, s'apparente à celui d'un « vieux garçon gourmand ». Il exclut en somme la possibilité d'une féminité et d'une sexualité épanouies. Pas plus qu'elle n'a accès aux plaisirs du lit, la femme solitaire ne semble avoir droit aux plaisirs de la table. Le sentiment de solitude amoureuse se présente ainsi comme une force implacable et dévastatrice, capable même de venir annihiler, chez la femme gourmande, cette manifestation ultime de l'équilibre moral qu'est l'appétit. En percevant « brusquement sa solitude », une forte nature comme Julie de Carneilhan peut perdre « en un moment le bénéfice des heures de plein air, du bon repas, du vin abondant » (JC, III, 126). Avec l'homme aimé, c'est donc le plaisir de manger qui s'en va, voire le souci même de se nourrir[1]. Marco, l'héroïne du *Képi*, en fournit peut-être

---

[1] Le personnage de Léa constitue certes une exception à ce phénomène : dans *La Fin de Chéri*, elle s'adonne sans arrière-pensées à la nourriture jusqu'à devenir énorme et bouffie. Mais, pour Colette, ce sont là les conséquences cruelles de l'âge, « la rétractation normale de la féminité » (FC, II, 526) qui accompagne la vieillesse. Léa n'est pas

l'illustration la plus flagrante : après que le bonheur d'aimer l'a fait généreusement engraisser, le chagrin d'être quittée lui fait « oublier de se nourrir » au point de « maigri[r] grand train » (K, III, 308-309). Non, décidément, manger seule n'est pas une partie de plaisir, et il faut atteindre la sagesse de la narratrice de *La Naissance du jour*, qui a renoncé volontairement et en toute sérénité à l'amour, pour que le repas solitaire, et la solitude en général, ne soient plus considérés comme une épreuve insurmontable.

> Un second couvert... Cela tient peu de place, maintenant : une assiette verte, un gros verre ancien, un peu trouble. Si je fais signe qu'on l'enlève à jamais, aucun souffle pernicieux, accouru soudain de l'horizon, ne lèvera mes cheveux droits et ne fera tourner – cela s'est vu – ma vie dans un autre sens. Ce couvert ôté de ma table, je mangerai pourtant avec appétit. [...] Les jours où l'assiette, le verre, la lyre manquent en face de moi, je suis simplement seule, et non délaissée (NJ, II, 581-582).

Trouver ou retrouver le plaisir de manger seule ne paraît effectivement possible que lorsque la solitude n'est plus ressentie comme un abandon. A travers la symbolique de la table et du couvert, Colette laisse entrevoir ici la sérénité d'un équilibre enfin acquis en renonçant à l'esclavage de l'amour – c'est aussi le thème central de *La Naissance du jour*. La présence de l'homme dans la vie de la narratrice tient tout entière dans l'image du couvert : « [...] ce couvert est celui de l'ami qui vient et s'en va, ce n'est plus celui d'un maître du logis qui foule, aux heures nocturnes, le sonore plancher d'une chambre, là-haut » (*ibid.*, 582). En même temps qu'il a déserté sa table, l'homme (en tant que « maître », non en tant qu' « ami ») a déserté sa vie. Désormais reine à sa table, c'est la narratrice qui décide en toute tranquillité si un second couvert a lieu d'être mis ou non. L'homme n'est plus le convive obligé, dont l'absence provoque

---

une femme délaissée ; elle n'est plus en âge d'aimer, elle a renoncé à la séduction, comme à la vie amoureuse.

un cataclysme ; il doit se contenter d'être simplement l'invité. Et cette image de la femme attablée seule, mais qui mange « pourtant avec appétit », exprime le bonheur d'une solitude enfin acceptée parce qu'elle n'est plus subie comme un manque d'amour.

Au contraire, cette solitude peut même être ressentie comme un « répit » – pour reprendre le titre d'une courte nouvelle extraite du *Voyage égoïste* –, répit que suscite pour la femme l'absence de l'homme. Dans cette nouvelle, la narratrice exprime en effet, toujours à travers l'image du couvert, la joie bienfaisante d'être libérée de la présence envahissante de son compagnon. Elle découvre avec délice, et comme un nouvel espace qui s'offre à elle, le vide laissé derrière lui par l'homme absent.

> Un seul couvert. L'autre côté de la table, en face de moi, luit comme une flaque. Je n'y jetterai pas la rose, tu sais ? que tu trouvais chaque matin, tiède, dans ton assiette. Je l'épingle à mon corsage, très haut, près de l'épaule, et je n'ai qu'à tourner un peu la tête pour m'y caresser les lèvres... Comme la fenêtre est large ! Tu me la masquais à demi, et je n'avais jamais vu, jusqu'à présent, l'envers mauve, presque blanc, des fleurs de clématite, pendantes...
> (VE, I, 145)

L'absence de l'homme ici n'est plus source d'angoisse, bien au contraire, c'est sa présence qui est considérée comme encombrante, au sens propre du terme, puisqu'elle empêchait la narratrice d'apercevoir la fenêtre et les clématites en fleurs, puisqu'elle lui barrait somme toute l'accès au monde extérieur et à ses beautés insoupçonnées. En décrivant la place envahissante qu'occupe l'homme à sa table, la narratrice s'en prend plus largement à sa fonction de « convive » dans l'absolu, c'est-à-dire à son rôle de compagnon d'existence. Vivre avec un homme, pour elle, signifie subir la part de sacrifice inhérente à la nécessité de partage, surtout lorsque cette nécessité n'est plus dictée par le seul amour : « La plus grosse fraise, la plus noire cerise, ce n'est pas dans ta bouche mais dans la mienne qu'elles fondent, délicieuses... Tu les convoitais si fort que je te les offrais, non par tendresse, mais par une sorte de pudeur civilisée... » (*ibid.*, 145). Il y a donc dans la solitude un plaisir « égoïste »[1], considéré comme salutaire, qui consiste à refuser le partage et à garder le meilleur pour soi. On retrouve là cette composante narcissique du plaisir colettien, entrevue déjà lors des cueillettes enfantines et qui semble difficilement conciliable avec la présence de l'homme. En fin de compte, nous dit la narratrice de « Répit », être seule, c'est aussi pouvoir faire passer sa propre jouissance avant celle de l'autre. La solitude chez Colette n'apparaît donc pas seulement comme le douloureux manque d'amour de l'autre, elle peut aussi coïncider avec l'heureuse expérience de l'amour de soi.

Les diverses expressions de la solitude à table telle que nous la découvrons à travers les différents personnages féminins de Colette nous fournissent finalement un aperçu du thème de la solitude tel qu'il est traité dans son œuvre. Perpétuellement tiraillée entre la volonté de s'affranchir de la présence l'homme et la difficulté de se passer de lui, la femme colettienne demeure bien souvent partagée entre son besoin d'amour et son désir d'indépendance.

Nourrir l'être aimé : offrande ou sacrifice ?

Notre incursion dans le domaine de la solitude à table nous a conduite à aborder un autre rôle essentiel de la table par rapport au couple amoureux, à savoir l'idée de partage. En étudiant la place de la table dans la relation amoureuse chez Colette, nous avons jusqu'à présent envisagé la table en tant que lieu, en tant qu'espace de rencontre et d'intimité pour le couple. Il nous paraît maintenant opportun de nous concentrer plus précisément sur l'acte de manger ensemble et de partager la nourriture. Cette notion de partage et d'échange, de circulation

---

[1] L'adjectif *égoïste* figure dans le titre même de l'œuvre.

de la nourriture entre les deux partenaires, joue un rôle essentiel dans la relation amoureuse. Si les anthropologues considèrent le partage de la nourriture comme un acte fondateur du lien social en général, pourquoi n'en irait-il pas de même dans le lien amoureux ? Des douceurs que l'on offre lors du premier rendez-vous amoureux aux petits plats que l'on mitonne chaque jour pour l'être aimé : à l'échelle du couple, le don de nourriture a bien souvent valeur d'offrande amoureuse. « Si je t'aime vraiment, tu me dois tout, et le pain impur est celui qui ne me vient pas de ta main », peut-on lire dans *La Vagabonde* (V, I, 897), l'image du pain servant ici de métaphore de l'échange amoureux. Chez Colette, la présence presque systématique de l'aliment dans la relation amoureuse nous invite à nous interroger sur les diverses significations que revêt le don de nourriture dans l'expression du sentiment amoureux.

Un premier aspect du don amoureux de nourriture se rapporte bien évidemment à la figure maternelle. Nourrir l'autre ou lui donner de la nourriture est une manière de lui exprimer son affection : la charge affective du don de nourriture ramène à la figure de la mère nourricière. Dans la relation amoureuse, le don de nourriture s'avère donc avant tout le fait de personnages qui revêtent une dimension maternelle. Il n'est guère surprenant, par exemple, que l'amante qui apparaît dans *Les Vrilles de la vigne* (inspirée par Missy, la compagne de Colette à cette époque) possède une fonction nourricière. La composante maternelle du personnage de Missy est plus que manifeste. Elle est celle qui écoute, qui soigne, qui protège, qui donne : « Tu m'as donné les fleurs désarmées... Tu m'as donné, pour que je m'y repose, la place la meilleure à l'ombre [...] » (VrV, I, 624). Dans ces offrandes amoureuses, la nourriture a naturellement sa place : « Tu m'as donné la crème du petit pot de lait, à l'heure du goûter où ma faim féroce te faisait sourire... Tu m'as donné le pain le plus doré » (*ibid.*, 624). Outre le fait que le lait et le pain, nous l'avons vu, figurent parmi les principales nourritures maternelles, la narratrice adopte ici une attitude enfantine, en évoquant ce rituel propre à l'enfance qu'est « l'heure du goûter » ainsi que la férocité tout enfantine de son appétit. On peut donc se demander si le don de nourriture ne constitue pas d'abord une tentative de ressusciter, dans la relation amoureuse, la dyade fusionnelle mère-enfant. Par rapport à sa compagne, la narratrice se place ici dans une situation de passivité qui consiste seulement à recevoir. Tout comme Sido, cette amante maternelle nourrit, mais ne mange pas elle-même. Le don amoureux dans ce texte ne s'effectue que dans un sens, de l'amante à la narratrice, et ce jusque dans le plaisir sensuel, qui lui aussi est donné : « Tu me donneras la volupté [...] » (*ibid.*, 625). Que cela soit sur le plan alimentaire ou non, la dimension maternelle de l'amante exclut semble-t-il toute velléité d'échange, privilégiant le don à sens unique, lequel enferme l'aimée dans une position enfantine, voire infantilisante[1].

C'est dans un même type de schéma relationnel que s'enferme Chéri, qui a pour maîtresse la plus « maternelle » des amoureuses colettiennes. Dans *Chéri*, le flux des aliments s'accomplit toujours de Léa vers Chéri. Comme nous l'avons vu, le don de nourriture de la part de Léa est à la base du lien qui les unit et fait figure entre eux de rituel amoureux :

> Chéri s'assit près des deux tasses fumantes, reçut des mains de Léa le pain grassement beurré (C, II, 90).

Le don de nourriture revêt ici un caractère presque solennel, qui suggère de la part de Léa le désir d'honorer son jeune amant, le souci permanent de le satisfaire. L'aliment confère en effet le pouvoir de *combler* l'amant au sens propre, de le remplir à la fois de nourriture et d'amour – la quantité de beurre suggérée par l'expression « grassement beurré » ne

---

[1] On sait que Colette, après avoir trouvé refuge à l'issue de son premier mariage sous l'aile protectrice et généreuse de Missy, finira par trouver cette relation un peu étouffante et y mettra fin.

faisant que renforcer cette impression d'amour à profusion. L'idée de quantité constitue en effet un aspect essentiel du don amoureux de nourriture. En Normandie, Léa réveille ainsi Chéri « pour le *gaver* de fraises, de crème, de lait mousseux et de poulets de grains » (*ibid.*, 25). Mais l'amour peut également s'exprimer à travers la nature même de l'aliment offert. Tel est le cas par exemple des « cœurs à la crème » (*ibid.*, 35) que Léa sert à son jeune amant. Le sentiment amoureux est signifié ici par la forme du mets, mais aussi par la douceur et l'onctuosité de la matière. Chéri évoque aussi « un vieux champagne de 1889 que Léa gardait pour lui seul » (*ibid.*, 57). Dans cet exemple, le don amoureux se distingue par la valeur et la rareté dudit champagne, auxquelles vient s'ajouter la position d'exclusivité du destinataire.

Dans la relation entre Léa et Chéri, ces multiples dons de nourriture vont se révéler lourds de conséquences. Dans *La Naissance du jour*, Colette dénonce cette obsession du don qui caractérise la femme mûre et qui, paradoxalement, constitue selon elle une preuve d'égoïsme : « La perversité de combler un amant adolescent ne dévaste pas assez une femme, au contraire. Donner devient une sorte de névrose, une férocité, une égoïste frénésie : « [...] Prends ! Et ne t'avise pas de refuser, si tu ne veux pas que je crève de pléthore. Je ne peux pas te donner moins, arrange-toi ! » (NJ, II, 593). D'un point de vue strictement alimentaire, la fureur nourricière de Léa soumet Chéri à une accoutumance, dans laquelle il va progressivement s'enfermer. Après leur séparation, le jeune homme va chercher à travers la nourriture le moyen de ressusciter sa présence. Faute de pouvoir garder Léa elle-même, il tente de perpétuer les aliments qui faisaient l'objet du don amoureux, à savoir les fameux cœurs à la crème, dont il réclame l'adresse du fournisseur – mais les cœurs à la crème sont préparés chez Léa. A travers le champagne également, il essaie en vain de recréer l'illusion de sa présence : « Jusque dans le vin que je buvais, je te cherchais, et je ne trouvais jamais le pommery de chez toi » (*ibid.*, 94). D'où, un peu plus loin, cette plainte en forme de cri – « Ah ! que tu m'avais bien empoisonné ! » (*ibid.*, 94) – qui, d'une part, replace une fois encore sur le plan alimentaire l'attachement qui unit Chéri à Léa, et qui, en outre, attribue au fameux « champagne de 1889 » le pouvoir fatal d'un philtre d'amour. Enfin, si l'on considère le fait que, dans *La Fin de Chéri*, le jeune homme refuse la nourriture de sa femme (FinC, II, 500), puis surtout finit par s'adonner à la consommation effective de drogue, force est de constater que l'un des drames de Chéri est de ne pas parvenir à se défaire de la dépendance orale qui l'attache à Léa.

Sur ce thème de l'échange de nourriture dans la relation amoureuse, on remarque chez Colette que c'est presque toujours la femme, plutôt que l'homme, qui choisit le terrain alimentaire pour exprimer son amour. Il semble en effet que la circulation de nourriture ne s'effectue jamais que dans un seul sens au sein des couples colettiens, de la femme vers l'homme, même chez ceux dont la relation ne reproduit pas obligatoirement un schéma maternel. Tout se passe comme si l'amour réveillait chez la femme un désir archaïque de nourrir l'homme, une sorte d'instinct nourricier. Lorsque le don de nourriture n'est pas motivé par le caractère maternel de la femme, il se présente comme le signe d'un dévouement total de la part de celle-ci. Un personnage féminin de Colette nous éclaire sur cet autre aspect du don amoureux de nourriture : c'est celui de Vinca, l'adolescente du *Blé en herbe*. Malgré le jeune âge de son héroïne, Colette lui prête déjà tous les traits de la femme amoureuse : à la fois femme et enfant, son attitude par rapport à Phil tout au long du roman est celui d'une « enfant combative, qui lutt[e] de manière primitive pour le salut d'un couple » (BH, II, 361). Lorsqu'ils partent pique-niquer déjà, Vinca s'occupe du repas et sert son « homme », tandis qu'elle-même « se hât[e] de manger » (*ibid.*, 321). A la fin du roman, dans l'obscurité de la nuit, Vinca, assise à côté de Phil, mord dans une poire qu'elle vient de ramasser[1] :

> Elle venait de ramasser une petite poire tombée, mûrie précocement et musquée par le ver intérieur.
> Il l'entendit mordre dans le fruit, puis le jeter.
> – Qu'est-ce que tu fais ? Tu manges ?
> – C'est une des poires jaunes. Mais elle n'était pas assez bonne pour que je te la donne (*ibid.*, 369).

L'amoureuse qu'est Vinca est tout entière habitée par le souci de celui qu'elle aime. En mordant dans la poire, Vinca ne pense pas à elle-même, mais à Phil, qu'elle conçoit d'entrée comme le destinataire du fruit. Son amour pour Phil s'exprime instinctivement dans le désir de lui donner à manger. Mais, dans ce désir de le nourrir, elle se voue à la satisfaction du plaisir de Phil, qu'elle place avant le sien propre – à l'inverse de la narratrice solitaire de « Répit » qui gardait pour elle « la plus grosse fraise, la plus noire cerise » (VE, I, 145). Le geste de Vinca est empreint de l'idée de sacrifice, de ce sacrifice qu'elle va accomplir dès la page suivante du roman puisqu'elle devient

---

[1] Un geste dont on peut souligner qu'il n'est pas sans évoquer la « faute originelle » commise par Eve. Si le *Daphnis et Chloé* de Longus a servi d'inspiration au *Blé en herbe* comme Colette l'a reconnu elle-même, la fin du roman nous semble en revanche fortement imprégnée par le mythe de la Genèse. Le lien entre le fruit mordu et la sexualité est clairement établi par Colette. En commettant le péché, Phil et Vinca sont condamnés à quitter le paradis de l'enfance, « quinze années de vie enchantée, de tendresse unique, leurs quinze années de jumeaux amoureux et purs » (BH, II, 372). Et, dans la dernière phrase du roman, Colette nous donne ainsi son interprétation de la « chute d'Adam » : « Il cacha son visage au creux de son bras accoudé et contempla sa propre petitesse, sa chute, sa bénignité. "Ni héros ni bourreau... Un peu de douleur, un peu de plaisir... Je ne lui aurai donné que cela... que cela..." » (*ibid.*, 373).

elle-même objet de l'offrande amoureuse en acceptant de se donner à Phil[1].

Ce désir féminin de nourrir révèle la contradiction profonde sur laquelle se construit la relation amoureuse chez Colette. Nourrir l'homme aimé participe en effet d'une attitude générale de la femme amoureuse qui, par l'acte du don, s'expose au danger de se mettre au service du plaisir de l'homme. Colette ne semble pas pouvoir concevoir le sentiment amoureux sans une forme d'aliénation. Nourrir tout comme aimer, c'est, ainsi que le fait Vinca, sacrifier son plaisir à celui de l'homme ; et se sacrifier constitue déjà une forme d'asservissement. Le sacrifice, en effet, comporte deux pôles : d'un côté, l'offrande qui incarne toute la beauté et la générosité du sentiment amoureux et, de l'autre, la privation, qui représente le versant plus sombre de l'amour chez Colette, celui où se déploie confusément toute la difficulté d'aimer. Pour Colette, le sacrifice qui réside entre autres dans le don amoureux, qu'il soit alimentaire ou non, menace tôt ou tard de se transformer en « domesticité conjugale qui fait de tant d'épouses une sorte de nurse pour adulte » (V, I, 898). Toute femme amoureuse prend donc le risque de perdre sa liberté et sa dignité auprès de l'homme. Ainsi l'amour, et plus encore l'institution qui le symbolise, le mariage, représentent fondamentalement un danger pour la femme :

> Etre mariée, c'est... comment dire ? c'est trembler que la côtelette de Monsieur soit trop cuite, l'eau de Vittel pas assez froide, la chemise mal empesée, le faux col mou, le bain brûlant, c'est assumer le rôle épuisant

---

[1] Pour Colette, mordre le fruit ne serait donc pas symbole de péché mais symbole de sacrifice... Sur ce don que Vinca fait d'elle-même, Colette a dit par la suite : « Il me semble que cette petite créature [Vinca] – telle que je l'ai voulue – était véritablement amoureuse et ne devait faire aucun cas du don d'elle-même. Elle a donné. Ne demandez pas ce qu'elle a donné – c'est un verbe sans complément. Elle a donné. Un point » (COLETTE, *Mes Vérités, Entretiens avec André Parinaud*, Paris, Ecriture, 1996, p. 133).

d'intermédiaire-tampon entre la mauvaise humeur de Monsieur, l'avarice de Monsieur, la gourmandise, la paresse de Monsieur... (*ibid.*, 898).

Selon Renée, irrémédiablement blessée par un mari qui la trompait, le mariage ne peut être qu'avilissant pour la femme. Nourrir l'homme, s'occuper de lui, se consacrer à son bien-être représentent en fait un « servage » que l'amour rend d'autant plus « facile, joyeux, glorieux » (*ibid.*, 899) – on comprend ici pourquoi Colette fut souvent considérée, à tort, comme féministe. Pourtant déjà très éprouvée, Renée semble difficilement renoncer à ce dévouement amoureux qu'elle considère comme typiquement féminin. Lorsqu'elle rencontre Max, elle est à nouveau prête à accomplir les gestes d'autrefois, en toute connaissance de cause :

> Heureux, passif, il se laisse servir, et je le regarde boire comme s'il m'accordait une grande faveur. S'il veut, je lui nouerai sa cravate, et je veillerai au menu du dîner [...]. Femme j'étais et femme je me retrouve, pour en souffrir, et pour en jouir (*ibid.*, 905).

Même lorsqu'elle l'accomplit par amour, Renée ne peut se représenter le geste de nourrir l'homme que comme un acte de servitude. Pour elle, être amoureuse signifie se mettre au service de l'homme, et elle ne peut concevoir l'amour autrement que comme un esclavage consenti. Aussi finit-elle par quitter Max. Au-delà de toute discussion sur la condition féminine, le personnage de *La Vagabonde* nous éclaire sur ce conflit intérieur qui caractérise la femme colettienne et que le don de nourriture rend particulièrement manifeste. Il montre encore une fois combien, chez Colette, la tension altruiste de l'amour vient troubler la jouissance narcissique de l'être dans son rapport intense avec le monde. Amoureuse, Renée regarde Max « boire comme s'il [lui] accordait une grande faveur », mais cette attention amoureuse qui la détourne d'elle-même finit par lui être insupportable : « Et Max ? et Max ! Alors, moi, je n'existe que pour me soucier de cet encombrant rentier ? » (*ibid.*, 934). D'une manière schématique, il apparaît donc, chez Colette, qu'entre manger ou donner à manger, qu'entre jouir ou faire jouir, la femme doit choisir : ces deux actes relèvent pour Colette de deux principes opposés et surtout incompatibles. Comme le laissait déjà entendre la narratrice solitaire de « Répit », l'amour comporte une part d'aliénation qui fait obstacle au plaisir narcissique d'être en prise directe avec le monde. A Max, Renée dit : « Tu es bon, et tu prétendais de la meilleure foi du monde m'apporter le bonheur, car tu m'as vue dénuée et solitaire. Mais tu avais compté sans mon orgueil de pauvresse : les plus beaux pays de la terre, *je refuse de les contempler, tout petits, au miroir amoureux de ton regard...* » (*ibid.*, 940). Entre l'amour d'un homme et la jouissance du monde, Renée a choisi[1].

Bien que la fonction nourricière soit presque exclusivement féminine chez Colette, nous ne pourrions omettre d'évoquer les quelques hommes pourvoyeurs de nourriture qui traversent l'œuvre colettienne. Dans *Claudine en ménage*, par exemple, c'est Renaud qui s'occupe de nourrir sa femme :

– Allons, viens, assieds-toi, mignonne ! J'ai demandé pour ce soir les déplorables aubergines au parmesan qui te ravissent. [...]
– Pas de potage ?
(Je fronce un nez dégoûté.) [...]
Il sonne et demande le vin mousseux que j'aime, l'asti musqué que je ne bois jamais sans sourire (ClM, I, 371-372).

La fonction nourricière de Renaud tient essentiellement au rôle de mari protecteur et paternel qui est le sien. Sur ce plan, il représente la réplique masculine d'une Léa ou d'une Missy. Par rapport à lui, Claudine incarne la femme enfant qu'il lui est

---

[1] A la fin du roman, Renée choisit d'être et de rester « Vagabonde ». On ne peut s'empêcher ici d'établir un lien avec les vagabondages de l'enfance dont l'enjeu fondamental, la découverte et l'expérience du monde, passait par une nécessaire solitude.

donné de choyer, de gâter, en lui offrant son repas préféré. Appliquée à Renaud, la fonction de nourrir n'est donc pas tout à fait dépourvue de sa dimension maternelle.

Mais, hormis peut-être le cas de Renaud, on ne trouve guère d'homme nourricier à proprement parler chez Colette. Qu'un personnage comme Jean, dans *L'Entrave*, nourrisse la femme qu'il aime (En, I, 1085, 1098, 1101) n'en fait pas pour autant un homme nourricier. Jusqu'à la fin du roman, ou tout du moins jusqu'à ce que Renée se sente prise au piège de l'amour, elle considère Jean comme un instrument de volupté, un pourvoyeur de plaisirs, dont elle refuse de tomber amoureuse pour ne pas souffrir. En s'installant chez lui, elle commence une existence de « femme entretenue » (*ibid.*, 1103), c'est-à-dire qu'elle devient celle qui attend tout et reçoit tout de l'homme : le gîte, le couvert, les plaisirs... Pour s'épargner, Renée pense qu'elle peut tout recevoir de Jean sans rien donner en retour, mais, à la fin du roman, rattrapée par l'amour, c'est son « âme » (*ibid.*, 1134) qu'elle finit par lui donner. Si Jean finit donc tout de même par être l'homme auquel la femme s'asservit par amour, il n'en reste pas moins que, dans toute la première partie du roman, il offre l'ébauche de ce que Marcelle Biolley-Godino appelle « l'homme alimentaire » chez Colette, c'est-à-dire, l'homme que la femme cherche à utiliser ainsi qu'à exploiter matériellement :

> [...] les romans de Colette sont pleins de demi-mondaines, évoluées, comme Léa, ou plus sommaires et un peu sottes, comme celles que l'on rencontre dans *Mitsou*. Ce sont ces femmes de peu – celles que leur partenaire considère souvent comme des femmes-objets – qui prennent ici leur revanche en se permettant de ramener les hommes à ce qu'ils sont : une utilité alimentaire[1].

Lorsqu'il est pourvoyeur de nourriture, l'homme colettien possède donc une fonction plus alimentaire que nourricière en

---

[1] M. BIOLLEY-GODINO, *L'Homme-objet chez Colette*, op. cit., p. 88.

ce qu'elle revêt un aspect avant tout utilitaire – qui n'exclut cependant pas un rôle de partenaire affectueux. Chez Colette, c'est la femme entretenue qui utilise l'homme, et non l'inverse ; d'ailleurs, nombreuses sont celles qui ont bâti leur fortune aux dépens de celui-ci. Toute l'éducation de Gigi consiste à apprendre à séduire les hommes riches pour en tirer parti. Même une épouse fidèle telle que Fanny, dans *La Seconde*, n'est pas dépourvue de cette conception « utilitaire » de l'homme. Paresseuse de nature, elle se laisse vivre comme une femme entretenue et se contente d'encaisser l'argent touché par son mari. C'est cette attitude, assez répandue parmi les personnages féminins de Colette, qui fait dire à Marcelle Biolley-Godino, que « conservant toutes les apparences de l'esclavage, elles manient finalement leur maître à leur guise »[1]. Il n'en reste pas moins que, tiraillées entre la tentation de se laisser entretenir et le désir de se prendre en charge, elles ont souvent bien du mal à trouver leur place auprès de l'homme.

---

[1] *Ibid.*, p. 89.

Délices de chair

Après nous être penchés sur le don de nourriture et ses diverses significations dans le contexte de la relation amoureuse, poursuivons notre exploration de l'oralité amoureuse, en nous concentrant maintenant sur la brûlante question du désir. Appétit, faim, désir : ces mots suggèrent l'étroite corrélation qui règne entre désir alimentaire et désir sexuel, et nous amènent à nous interroger sur les diverses expressions de cette corrélation dans l'œuvre de Colette.

Appétits

En ce qui concerne les vertus de l'aliment lui-même, Colette rompt avec la tradition des siècles passés qui considérait la chère culinaire comme échauffante, prompte à réveiller les corps et à inciter aux jeux de l'amour. Point de magie aphrodisiaque chez Colette. Non que pour elle l'aliment ingéré n'agisse pas sur le corps ; au contraire, il revêt souvent des vertus reconstituantes et bienfaisantes, voire euphorisantes, mais celles-ci ne sont que rarement liées aux choses du sexe. L'orangeade de la Dame en blanc, que nous avons qualifiée de nourriture érotique par excellence, est à considérer comme telle non pas en vertu d'une quelconque propriété aphrodisiaque, mais en raison de sa valeur toute symbolique de « lovedrin ». Pour parvenir à leurs fins, les héroïnes de Colette, même celles qui ont fait de l'amour leur métier, n'ont jamais recours à la cuisine aphrodisiaque qui mêle savamment des ingrédients réputés émoustillants. Tout au plus Alice, dans *Duo*, manifeste-t-elle quelques velléités d'amadouer son mari en lui servant « un dîner cuit longuement, plein de pièges savoureux » (*Duo*, II, 1182). Mais les pièges en question ne sortent pas du domaine de l'alimentaire et n'ont guère d'autres objectifs que de rendre à Michel son appétit, le plaisir simple de savourer un bon repas.

Certes, notre propos n'est pas de dénier à l'aliment colettien toute portée érotique. Maints exemples déjà présentés jusqu'ici nous ont prouvé au contraire que la nourriture pouvait servir de support, voire de substitut, à l'expression du désir sexuel. Citons encore ici, parmi les nourritures prodiguées à Phil par la Dame en blanc, « la *chair* rouge du melon *poudré* de sucre, *imprégné* d'un alcool léger, à goût d'anis » (BH, II, 333). La matière alimentaire ne s'y révèle-t-elle pas comme un substitut de la chair désirable ? A travers le melon rouge de Chypre, paré de féminins atours (la consistance charnue de la pulpe, la poudre du sucre, le parfum de l'alcool), c'est un corps de femme qui s'offre aux yeux, et au nez (il le hume), de Phil comme une promesse de volupté. Le désir amoureux prend ici pour objet la matière alimentaire, dont la tangible immédiateté apparaît plus accessible à la rêverie érotique que le corps véritable de Mme Dalleray, encore voué à l'immatérialité du mystère et de l'inconnu. Dans *La Vagabonde*, c'est le désir érotique refoulé de la narratrice qui s'empare de l'aliment pour exprimer sa tension. La force du jaillissement de l'élément liquide libéré, l'eau puis le lait, sert ainsi d'exutoire à son désir frustré :

> Tenez, Hamond, quand on vit depuis une trentaine de jours en wagon, vous ne pouvez pas savoir comme la vue d'eau courante, entre les berges d'herbe neuve, crispe la peau tout entière d'une espèce de soif indéfinissable... [...] A midi, dans les prés, les filles de fermes trayaient les vaches : je voyais, dans l'herbe profonde, les seaux de cuivre fourbi, où le lait mousseux gicle en jets fins et raides. Quelle soif, quel douloureux désir j'avais de ce lait tiède, couronné d'écume ! (V, I, 900)

La description de ce paysage aperçu à travers la vitre du wagon culmine avec la présence alimentaire du « lait mousseux » qui « gicle » du pis des vaches en « jets fins et raides » – image où se révèle toute la valeur sensuelle et sexuelle du jaillissement, sur lequel se projette le « douloureux désir » de la narratrice. Mais, plus globalement, à travers la prédominance de l'élément liquide en mouvement, la giclée du lait mousseux, l'écoulement de l'eau « courante » (qualifiée aussi quelques lignes plus haut de « libre », « capricieuse » et « vivante »), c'est l'idée de délivrance qui s'impose ici : délivrance, libération du désir contenu, emprisonné dans cette cage de verre symbolique qu'est le wagon. Le lait, tout auréolé d'écume, devient alors le symbole même de l'assouvissement dont la narratrice a si soif.

Cependant, mis à part ces quelques exemples ponctuels, il nous apparaît que l'aliment en tant que substitut de la chair désirable demeure relativement une exception chez Colette. Chez elle, c'est plutôt la chair désirable qui se pare des attraits de l'aliment. Ainsi, cette jeune femme blonde, dans « Jeux de miroirs », qui, sous le regard de l'homme, « se colore, en peu d'instants, comme un fruit touché par un trait d'aurore » (FC, II, 434). Sans nous attarder sur la comparaison, d'ailleurs classique, entre femme et fruit – nous aurons l'occasion d'y revenir ultérieurement –, cet exemple nous montre toutefois que ce n'est pas tant la chair qui contiendrait en elle-même des propriétés d'ordre alimentaire, mais le *désir* projeté sur cette chair qui crée le parallèle avec l'aliment. Le désir de l'homme, comparé ici à un trait d'aurore, assimile la femme à un fruit. Chez Colette, la comparaison de la chair désirable avec la chère comestible paraît souvent la plus appropriée pour rendre compte de la nature profonde du désir charnel.

Il semble donc que c'est au niveau du désir, plus que de l'expérience et du plaisir, que se situe le lien entre l'aliment et la chair (au sens voluptueux du terme), chez Colette tout au moins. Comme le fait d'ailleurs judicieusement remarquer Roland Barthes dans son introduction à la *Physiologie du goût* de

Brillat-Savarin, il y a en effet peu d'analogie entre le plaisir gustatif et le plaisir sexuel : « Entre les deux plaisirs, une différence capitale : l'orgasme, c'est-à-dire le rythme même de l'excitation et de sa détente »[1]. Toutefois, Colette ne se montre pas toujours aussi catégorique lorsqu'elle compare le sexuel et le gustatif. Ainsi, pour Renée par exemple, le plaisir donné par Jean est « un joyeux et facile plaisir qui [la] laiss[e] ingrate et légère, un plaisir un peu féroce *comme la faim et la soif*, innocent comme elles » (En, I, 1113). Que le *plaisir* (sexuel) puisse être comparé ici à un *désir* (la faim et la soif) paraît pour le moins inattendu. Le plaisir de Renée correspond-il à celui de la faim et de la soif *satisfaites* ? Ou suggère-t-il au contraire un désir non satisfait (comme la faim et la soif) ? L'emploi du qualificatif « féroce », dont la valeur dynamique s'associe plus volontiers à la tension du désir qu'à la détente du plaisir, plaiderait plutôt en faveur de la seconde hypothèse. L'expression du désir frustré de la narratrice transparaît d'ailleurs très clairement dans la phrase suivante du roman : « Un jour, je me suis mise à penser à tout ce que tu ne me donnais pas : j'entrais dans l'ombre froide qui chemine devant l'amour » (*ibid.*, 1113).

Quoi qu'il en soit, c'est bien du côté du désir qu'il faut chercher le lien entre nourriture et sexualité. « Faim », « soif », « gourmandise », « appétit », « cannibalisme » même : autant de mots employés par Colette pour désigner le désir charnel, et qui disent bien le rapport souvent étroit chez elle entre les deux formes de désir. La similitude se manifeste déjà au niveau de la sensation physique. Lorsqu'il rejoint la Dame en blanc chez elle pour un premier « goûter », Phil est « pris dès l'entrée à *Ker-Anna* d'une sorte de soif et d'une sensibilité aux odeurs comestibles qui eût ressemblé à l'appétit si une anxiété sans nom n'eût en même temps serré sa gorge » (BH, II, 333). Mais l'appétit alimentaire peut aussi se révéler comme la conséquence

---

[1] BRILLAT-SAVARIN, *Physiologie du goût*, précédé d'une « Lecture de Brillat-Savarin » par Roland Barthes, Paris, Hermann, 1975, p. 29.

directe et concrète du désir amoureux. Que l'on remarque la *faim* qui semble caractériser les héroïnes colettiennes lorsque celles-ci sont amoureuses : Renée, Léa, Marco, Fanny, ou encore Camille, qui après son mariage trouve qu'elle devient « énorme » (Cha, II, 1090) – toutes ont l'amour gourmand. Désir de remplissage, de possession, telles sont également les pulsions communes sur lesquelles s'appuient les appétits alimentaire et sexuel. Chez Colette, on observe avec une régularité qui ne souffre presque aucune exception que, si la femme solitaire ou délaissée a tendance à maigrir, la femme amoureuse, elle, a tendance à suivre le processus inverse. A « la transparence, âme et corps » laissant « deviner le flottement triste qui est l'apanage – elles le nient – des femmes dites indépendantes qui ne font pas le mal, si l'on donne au commerce charnel son ancien nom de *mal* » (NJ, II, 601), s'oppose en effet l'embonpoint épanoui de la femme amoureuse, comme par exemple Alice dans « L'autre femme », « brune et grasse », qui « port[e] sur toute sa personne les marques trop visibles d'une extrême félicité » (FC, II, 403). Amoureuse de Jean, Renée voit elle aussi son corps métamorphosé par l'amour : « Et je me rassure et m'épanouis, avec une tardive imprévoyance d'amoureuse à qui l'amour, en sa belle jeunesse, fut avare. J'ai un peu engraissé, je mange avec soin et plaisir » (En, I, 1104). Mais c'est le personnage de Marco qui témoigne peut-être le mieux de la corrélation intime entre faim alimentaire et désir sexuel en faisant preuve de cet appétit irrépressible qui caractérise la femme amoureuse. Colette narratrice suit sur le corps de Marco les phases progressives de son histoire d'amour : d'abord « maigre, les yeux fiévreux et resplendissants », elle « engraiss[e] légèrement » (K, III, 299). Puis, de « considérablement épaissie », elle devient « la Marco nouvelle manière, dodue, blanche, reposée – nous dirions aujourd'hui "mémère" » (*ibid.*, 300). Inquiète de se voir grossir, Marco demande conseil à son amie, qui lui recommande de supprimer le petit déjeuner pour perdre du poids.

Mais j'ai faim, le matin ! cria Marco. Tout est changé, comprenez donc ! J'ai faim, je m'éveille en pensant au beurre frais, à la crème épaisse, au café, au jambon... Je pense que le grand suivra le petit déjeuner, je pense à... ce qui vient après le grand déjeuner, ce qui rallume cette faim, toutes ces faims, que j'ai maintenant, qui sont tellement aiguës... (K, III, 301).

Une faim en appelle une autre, et, chez cette femme qui découvre l'amour sur le tard, désir sexuel et désir gourmand voisinent et se confondent avec d'autant plus de vigueur qu'ils paraissent insatiables. En même temps qu'elle découvre l'amour, Marco découvre la force irrésistible du désir qui s'est emparé de son corps. Faim alimentaire, faim sexuelle, la véhémence de son ton traduit son égarement face à la violence de cet appétit nouveau qui semble la dépasser. Dans sa confusion entre oralité et génitalité, le personnage de Marco exprime, sous une forme extrême, toute la dimension régressive du désir amoureux. D'ailleurs, ce n'est pas sans cruauté que l'auteur décrit, à travers l'histoire de Marco, les méfaits de « l'amour inespéré et goulu » (*ibid.*, 301) sur un corps resté endormi trop longtemps. Pour Colette, la « régression » de Marco est d'autant plus indécente qu'elle survient tardivement – il n'est pas étonnant que l'aventure amoureuse de Marco se solde par un échec pour le moins cuisant.

A travers le personnage de Marco, Colette stigmatise en effet le caractère irrépressible du désir charnel, qu'elle compare à une faim insatiable. Quoi de mieux que la faim, en effet, pour exprimer la force d'un désir qui s'érige en besoin ? L'incontinence du désir sexuel donne aux femmes le visage « de petites truies gloutonnes » (VrV, I, 640). Le recours au registre alimentaire est quasi-systématique lorsqu'il s'agit de décrire la nature impérieuse et incontrôlable du désir sexuel : « Rassasiée, l'idée de volupté porte avec elle la froideur et l'indifférence. Affamée, elle ne veut rien d'autre que ce qui la sustente », écrit Colette, dans *L'Entrave* (En, I, 1106). Et s'il ne s'agissait ici de Renée, c'est d'Annie dont il pourrait être question – Annie que la découverte de la volupté a transformée en « affamée » perpétuelle : « Je pleure ce qui se dérobe à ma main, à ma bouche [...]. Il va falloir que j'aille, moi, [...] esclave de mon corps gourmand et têtu, courir vers un bref bonheur qui ne vient pas à moi... » (RS, I, 590). Le recours à la comparaison alimentaire permet donc de souligner le caractère tyrannique de l'appétit sexuel, lorsque celui-ci, tournant à l'obsession, ne se réduit plus qu'à un besoin, à une manie.

> Bouche qui sourit d'être désirée [...] – voilà donc, entre mes mains et telle qu'une coupe pleine, cette chair fraîche dont Annie conjure qu'un Dieu me garde ? Voilà ce fruit ignoré dont ils disent que la saveur passe toutes les autres... Voilà ce qui perdit Annie – et mille et mille femmes. Voilà ce qui ruine et damne tant de vieilles bacchantes qui veulent bien renoncer à tout, mais pas à cela ! (RS, I, 571-572).

Comme pour la friandise symbolisant le libertinage, la comparaison alimentaire, quand elle dénonce l'excès, revêt une valeur dépréciative non dépourvue d'une connotation morale – qui transparaît ici dans les verbes tels que « perdre », « ruiner », « damner ». C'est l'affamé qui devient à son tour la proie de son propre désir, désir qui se montre lui-même dévorant :

> Un peu plus de curiosité, un peu moins d'amour en moi – et tu deviens la proie, Claudine, de cette dévorante chair fraîche qui tourmente à jamais ma pauvre Annie ! (*ibid.*, 572)

Chez Colette, la comparaison alimentaire permet donc d'explorer tous les degrés du désir amoureux, des premiers troubles encore confus d'un Phil à la nymphomanie goulue d'une Annie. Mais elle nous montre aussi, encore une fois, combien l'amour, chez Colette, se situe au niveau du corps et n'est jamais coupé de sa matérialité charnelle. En assimilant le désir amoureux à la faim alimentaire, elle tourne le dos à tout sentimentalisme éthéré et affirme haut et fort la réalité physique, presque physiologique, de l'amour. C'est dans cette perspective qu'il nous faut comprendre ce passage de *La Naissance du jour* :

> A la faveur d'un commandement climatérique, et pourvu qu'il n'engendre pas une basse accoutumance, nous pouvons triompher enfin de ce que j'appellerai le commun des amants. Mais que ce triomphe naisse d'un cataclysme, meure de même, qu'il n'alimente pas une abjecte faim régulière ! N'importe quel amour, si on se fie à lui, tend à s'organiser à la manière d'un tube digestif. Il ne néglige aucune occasion de perdre sa forme exceptionnelle, son aristocratie de bourreau (NJ, II, 592).

En comparant le fonctionnement de l'amour à celui d'un tube digestif, Colette exprime le danger de monotonie qui guette toute passion amoureuse. Lorsqu'elle restreint le désir à une obligation naturelle, la comparaison alimentaire est toujours péjorative. C'est sa régularité routinière de besoin qui rend la faim « abjecte » – qu'elle soit d'ailleurs sexuelle ou alimentaire. Ramené à la pure nécessité, le désir devient méprisable. Aussi appartient-il à chacun de « triompher », en la transfigurant, de la monotonie inhérente au désir charnel pour lui conserver « sa forme exceptionnelle ». Mais plutôt que d'avoir recours à l'idéalisation du sentiment amoureux, Colette va choisir la voie que lui autorise sa conception « matérielle » de l'amour pour métamorphoser la nécessité en esthétique. Et c'est en demeurant attachée à la profonde unité matérielle du corps et en explorant la sensualité dans toutes ses nuances qu'elle accorde à l'amour tout son prix. De la même manière d'ailleurs, lorsqu'elle traite du fait alimentaire, elle esthétise le rapport à la nourriture... « L'érotisme est à l'amour ce que la gastronomie est à la nourriture, écrit Michel Onfray : un supplément d'âme, un dépassement, au sens dialectique, de la nécessité et des obligations naturelles »[1]. L'érotisme et la gastronomie sont-ils autre chose que l'amour et la nourriture esthétisés ?

C'est à travers l'érotisme justement, pris au sens d'esthétique du désir, que Colette confère à l'amour ses lettres de noblesse. En maintenant le désir à l'intérieur des limites du

---

[1] M. ONFRAY, *Le Désir d'être un volcan, Journal hédoniste*, Paris, Grasset, 1996, p. 202.

monde charnel et de la matérialité physique, Colette crée une esthétique qui lui est propre, dont la sensualité rayonnante relève, à notre sens, d'une forme d'érotisme. Le recours au registre alimentaire s'inscrit en bonne place dans cette esthétisation du désir. En effet, quoi de plus proprement consistant que l'aliment pour rendre compte de cette matérialité fondamentale de la chair, sur laquelle repose l'érotique colettienne ? Car l'équivalence établie entre désir amoureux et faim alimentaire se poursuit lorsqu'il est question de l'objet du désir amoureux, c'est-à-dire du corps de l'être aimé, lequel se pare alors des attraits de l'aliment. Les exemples abondent dans l'œuvre, où le corps, tout ou partie, est métaphorisé en aliment ou va même jusqu'à revêtir des propriétés alimentaires, pour mieux faire naître le trouble sensuel. Parce qu'il en est de l'érotisme comme de la nourriture, une affaire de goût personnel, chaque lecteur de Colette garde en mémoire au moins une description, une comparaison, qui aura su parler à sa sensualité. Un lecteur, et non des moindres, avoue ainsi avoir découvert chez Colette une description parmi les plus sensuelles qu'il lui ait jamais été donné de lire. Michel Tournier cite dans ses *Notes de lecture* quelques lignes de *Journal à rebours*, qu'un « ami pédéraste » lui aurait signalées « comme les plus violemment érotiques à son sens qu'il ait jamais lues »[1] :

> Le meneur de la mule avait dix-sept ans d'âge environ, [...]. Qu'eût été son sourire ? Mais il ne souriait pas. Ce que voyant, l'intendant marocain lui prit d'une main le menton, appuya son autre main sur le front, et ouvrit l'adolescent comme on ouvre un fruit pourpre à pépins blancs, pour nous montrer qu'il était beau jusqu'au fond, jusqu'aux molaires inattaquables, jusqu'au gosier rouge comme la gorge d'un glaïeul. Il vient de loin, ce geste de marchand d'éphèbes. Mais il n'a pas perdu sa sensualité maquignonne, son habileté à troubler le spectateur (JR, III, 40).

---

[1] M. TOURNIER, *Le Vol du vampire, Notes de lecture, op. cit.*, p. 255.

Si Michel Tournier estime que « des textes comme ceux-là relèvent de l'art animalier poussé jusqu'au génie », il nous apparaît néanmoins que le recours à la comparaison alimentaire participe aussi grandement à l'érotisme qui émane de ces quelques lignes. L'image d'ouvrir le jeune garçon « comme on ouvre un fruit pourpre à pépins blancs », un fruit dont la matérialité pulpeuse (soulignée par l'allitération) se perçoit avec une singulière immédiateté, permet d'émouvoir et de mettre à contribution la sensualité du lecteur dans le processus de représentation. L'image alimentaire suscite chez lui une convoitise gourmande qui lui suggère le trouble sensuel éprouvé par l'écrivain spectateur de la scène. Le lecteur est ainsi littéralement pris au piège de la sensualité de l'auteur.

Colette, pourtant, se défendrait probablement d'avoir voulu teinter ses textes de l'érotisme que nous, ses lecteurs, y voyons. Elle refuserait de qualifier de spécifiquement « érotique » cette célébration de la matérialité du corps, à laquelle l'image alimentaire confère une telle force suggestive – car pour elle, en effet, l'érotisme est partout, ou il n'est pas.

> Je cherche querelle à ceux qui estiment que l'on ne manque pas aux convenances en flattant de la main une jeune joue, chaude et fraîche comme la pêche sous son velours ; mais si la paume épouse, presse et soupèse légèrement le sein rose à l'égal de la pêche, comme elle ombiliqué, il faut rougir, crier d'alarme, flétrir l'assaillante... Que les honnêtes gens ont donc de peine à croire à l'innocence !... (Pur, II, 933).

Dans cette citation, Colette affirme certes n'avoir aucune velléité d'érotisme lorsqu'elle compare le corps à un fruit, mais surtout, et c'est cela qu'il importe de souligner, elle refuse de faire la différence entre une joue et un sein. Que la joue respecte les convenances, et non le sein, voilà qui choque notre écrivain ! Pourtant, une « jeune joue, chaude et fraîche comme la pêche sous son velours » n'ouvre-t-elle pas déjà la voie aux désirs de la chair ? Le propos de Colette n'est donc pas tant, nous semble-t-il, de nier la sensualité inhérente à une telle comparaison, que de soustraire cette sensualité à toute considération moralisante. « L'innocence » dont se réclame ici Colette n'est donc pas un refus de l'érotisme en soi, mais le refus d'assigner à cet érotisme la notion de mal.

De la femme-aliment à la femme-proie

Le fait que la tentation de la chair, chez Colette, s'exprime si souvent à travers le désir gourmand ne présente pas en soi une grande originalité, car on sait « l'analogie très profonde que, partout dans le monde, la pensée humaine semble concevoir entre l'acte de copuler et celui de manger »[1]. Cependant, le fait que le désir voluptueux s'assimile au désir gourmand a pour conséquence logique de poser l'être désiré comme aliment, de l'identifier à l'aliment. Comme le note Marcelle Biolley-Godino, on remarque un « glissement du désir à une certaine forme de cannibalisme amoureux partout présent chez Colette. La convoitise sensuelle rejoint la gourmandise ; on flaire, on croque l'être aimé, qui devient une espèce de mets délectable, par une étroite correspondance des sens »[2]. Ainsi, et nous touchons là à un aspect sans doute plus original de Colette, celui qui désire devient un « mangeur » potentiel, tandis que celui qui est désiré s'expose à être « mangé ». Si, comme, le note Claude Lévi-Strauss, l'équivalence la plus répandue « pose le mâle comme mangeur, la femelle comme mangée », il ne faut pas négliger non plus la formule inverse qui « est souvent donnée, sur le plan mythique, dans le thème de *vagina dentata* »[3]. Cette alternative (homme mangeur/femme mangée ou femme mangeuse/homme mangé) est également présente dans l'œuvre de Colette – et c'est à la problématique qu'elle soulève à l'intérieur de la relation amoureuse que nous allons à présent nous intéresser.

---

[1] Cl. LEVI-STRAUSS, *La Pensée sauvage*, Paris, Plon, 1962, p. 139.
[2] M. BIOLLEY-GODINO, *L'Homme-objet chez Colette*, op. cit., p. 74-75.
[3] Cl. LEVI-STRAUSS, *La Pensée sauvage*, op. cit., p.140-141.

Arrêtons-nous sur le premier cas de figure (homme mangeur/femme mangée), et plus particulièrement sur les diverses images de la femme qui lui sont associées et les implications qu'elles comportent. Le corps de la femme, tel qu'il est dépeint par Colette, se compose comme une sorte d' « atlas » alimentaire. Certaines comparaisons y reviennent de façon récurrente, parmi lesquelles, nous l'avons déjà mentionné, celle du fruit. Dans *L'Officine des sens*, Piero Camporesi commente longuement cet emblème de l'amour qu'est le fruit associé à la femme, plus spécifiquement incarné par la pomme dans notre imaginaire judéo-chrétien : « Fruit à double face, sacré et profane, [la pomme] se présente comme un objet végétal à l'identité duelle »[1] : emblème de l'amour, elle « peut symboliser l'amour sacré et pur [...] ou alors l'amour profane et charnel »[2]. Cette bivalence de la pomme se retrouve dans l'image de la femme-fruit colettienne, symbole d'innocence et de pureté végétale, mais aussi d'érotisme et de volupté charnelle.

Dans *Le Fanal bleu*, Colette dit sa prédilection pour l'image du fruit associée à la femme, en la rangeant parmi les « quelques axiomes, qui [lui] sont chers, touchant la chevelure comparée au feuillage, le visage féminin comparé au fruit » (FB, III, 762). Mais la comparaison du fruit ne se limite pas au seul visage de la femme et peut prendre pour objet d'autres parties de son corps. Ainsi les seins sont-ils souvent métaphorisés en fruits. Relevant presque du lieu commun, la métaphore du fruit se justifie avant tout par une analogie morphologique : « Moi, j'ai les seins plus pomme, moins citron » se dit Odette en comparant la forme de sa gorge avec celle d'une danseuse nue qu'elle regarde (BV, II, 1348). L'expression des « seins pommes » ou de la « gorge en pommes » (VrV, I, 666) revient

---

[1] P. CAMPORESI, *L'Officine des sens, Anthropologie du baroque*, Paris, Hachette, 1989, p. 197.
[2] *Ibid.*, p. 200.

d'ailleurs souvent sous la plume de Colette pour qualifier ces symboles de vénusté. L'image du fruit évoque aussi la consistance pulpeuse du sein, qui appelle le baiser de la même manière que le fruit appelle la bouchée : Minne tend « aux mains et aux lèvres d'Antoine les fruits tendres de sa gorge » (IL, I, 806). Forme, consistance, mais aussi surface du fruit : la peau du corps féminin se prête souvent à la comparaison avec le fruit pour mettre en exergue ses qualités de douceur, de velouté, de satiné ; ainsi, par exemple, dans les portraits féminins du peintre Adolphe Taillandy, l'ex-mari de Renée, où « la chair, aux tempes, dans l'ombre du cou, sur les rondeurs des seins, s'irise du même velouté impalpable, bleu comme celui des beaux raisins qui tentent les lèvres » (V, I, 826). Cependant, s'il est bien une partie du corps féminin pour laquelle Colette privilégie l'image du fruit, c'est la bouche : la bouche des petites servantes marocaines « qui fait songer à la prune noire, à la pêche nommée alberge, à la figue violette, aux fruits foncés que leur maturité fendille » (JR, III, 40), la bouche d'Odette, l'héroïne du « Rendez-vous », au « palais pareil à la figue mûre » (BV, II, 1347), « la bouche fraîche » de Vinca, « toujours un peu fendillée comme un fruit mordu par l'ardeur du jour » (BH, II, 318). Dans ce dernier exemple, la bouche est comparée ici à un fruit fendillé ou légèrement fendu. A travers cette image de la fente (dont la symbolique sexuelle n'échappera à personne), c'est l'idée de frontière entre l'extérieur et l'intérieur propre à la bouche qui est soulignée. La bouche-fruit est désirable non seulement pour son aspect extérieur, sa couleur et sa fraîcheur, mais aussi parce qu'elle est une ouverture pleine de promesses sur l'intérieur. Et c'est bien entendu à travers le baiser que cet intérieur est amené à être découvert. La fente de la bouche n'est qu'une amorce d'ouverture ; elle ne demande qu'à être ouverte davantage, comme la bouche de Renée, qui, sous le baiser de Max « s'est laissé ouvrir, s'est ouverte, aussi irrésistiblement qu'une prune mûre se fend au soleil » (V, I, 886). Renée laisse ensuite « l'homme qui [l]'a réveillée boire au fruit qu'il presse » (*ibid.*, 886). La bouche allie ici les qualités du sucré et du juteux propres au fruit ; par le baiser, la bouche et, à travers elle, la femme tout entière, se dégustent donc, et même se boivent, tel un fruit[1]. Il ne faut pas omettre en effet l'aspect liquide du fruit, lequel est à la fois boisson et nourriture. Le fruit conjugue des propriétés de douceur, de légèreté, de fluidité, qui symbolisent également la femme-aliment – tandis que l'homme-aliment, nous le verrons, est plus volontiers associé à des nourritures solides et carnées. Ainsi se justifie la récurrence, chez Colette, de cette image de la femme « bue » par l'homme, qui implique aussi l'idée qu'elle peut être « vidée » par lui et tarie comme une source. Dans *L'Ingénue libertine*, le baron Couderc, à qui « la soif d'embrasser séchait » la bouche, « se jet[te] goulûment sur la bouche de Minne et la b[oi]t sans rien dire » (IL, I, 741). Dans *La Vagabonde*, les baisers de Max et Renée reproduisent volontiers cette image de l'homme qui « boit » : « [...] et je tolère qu'assise sur ses genoux, il boive sur mes lèvres mon haleine encore saccadée des sanglots de tout à l'heure » (V, I, 905) – l'élément liquide étant suggéré ici par « l'haleine » et les « sanglots ». Cette liquidité intérieure de la femme peut également posséder la force jaillissante du flot :

> « Amour !... » chanta la voix... Et je vis la bouche irrégulière, humide et pourprée, se resserrer sur le mot en dessinant l'image d'un baiser... Un désir si brusque et si fou m'embrasa que mes paupières se mouillèrent de larmes nerveuses. [...] Oh ! boire cette voix à sa source, la sentir jaillir entre les cailloux polis de cette luisante denture, l'endiguer une minute contre mes propres lèvres, l'entendre, la regarder bondir, torrent libre, et s'épanouir en longue nappe harmonieuse que je fêlerais d'une caresse... (VrV, I, 667).

---

[1] Embrasser une femme peut toutefois comporter un obstacle : le rouge à lèvres. Le fard à lèvres est l'artifice qui vient pervertir le goût naturel de la bouche-fruit, ainsi qu'en témoigne Z., qui choisit lui-même, en les goûtant, les bâtons de rouge à lèvres de sa femme puisque « c'est moi qui les mange, révérence parler » (« Fards », VE, III, 178).

Ici, c'est la voix de la cantatrice qui incarne toute l'intériorité « liquide » de la femme. A travers la voix, ce n'est plus une fluidité contenue mais une fluidité en mouvement, une fluidité créatrice qui est signifiée : l'image d'une eau courante et bondissante qui jaillit de la bouche de la chanteuse et suscite le désir amoureux de la narratrice – lequel se manifeste d'ailleurs lui aussi de manière liquide (les « larmes nerveuses »)[1]. Libérée, cette fluidité-là paraît donc intarissable : d'abord « source » puis « torrent », elle s'échappe en flots de la bouche de la cantatrice pour « s'épanouir en longue nappe harmonieuse ». Telle un fleuve ou une mer, elle évoque alors l'infinie puissance créatrice que la cantatrice détient en elle, et que la narratrice, à travers son désir amoureux, rêve de découvrir ou de s'approprier.

Pour en revenir à ces descriptions, en forme de « blasons », du corps de la femme, cette liquidité proprement féminine est à mettre en rapport avec une autre métaphore également appliquée à la femme-aliment, celle de la coquille – le coquillage ou la coquille étant eux-mêmes les fruits marins de l'élément eau. Si le corps féminin, lorsqu'il est comparé au fruit, évoque plutôt la douceur d'une chair sucrée, il peut également

---

[1] A travers cet exemple se manifeste encore une fois la prédilection colettienne pour l'eau jaillissante et le thème du jaillissement en général, que nous avions déjà mentionné dans le chapitre précédent, avec les deux sources de Saint-Sauveur révérées par Minet-Chéri. En effet, ce désir si aigu du « torrent libre » exprimé par la voix de la chanteuse n'est pas sans rappeler le « douloureux désir » de Renée à la vue de « l'eau libre, capricieuse, de l'eau vivante » et du lait qui « gicle en jets fins et raides » qu'elle aperçoit par la vitre d'un wagon (V, I, 900). Il serait d'ailleurs intéressant de se livrer à une étude comparative de ce thème du jaillissement à travers l'œuvre, l'eau des sources de l'enfance ne représentant qu'un jaillissement naissant, un jet à l'état encore embryonnaire, tandis que, dans le contexte de l'âge adulte, le jaillissement se libère et gagne en vigueur, mais n'en devient que plus insaisissable.

présenter des saveurs salées, lesquelles relèvent alors plus spécifiquement d'une symbolique marine. Le sucré végétal et le salé marin ne s'excluent d'ailleurs pas forcément, comme en témoigne cette citation de *La Vagabonde* où, Max, l'amant de Renée « savoure lentement en gourmet » le corps qui s'offre à lui :

> Comme tu serais bonne à manger, ma chérie !... Ta bouche est sucrée, mais tes bras, quand je les mords, sont salés, un tout petit peu, et ton épaule, et tes genoux... J'en suis sûr, que tu es salée de la tête aux pieds, comme une coquille fraîche, dis ? (V, I, 894)

Si la bouche conserve toujours ici le caractère sucré qui l'associe au fruit, le reste du corps de Renée déploie des saveurs salées de « coquille fraîche ». La coquille, dont on connaît la symbolique de féminité et de fécondité, rappelle aussi par son dessin et sa profondeur l'organe sexuel féminin. Dans *Le Pur et l'Impur*, Colette évoquera encore, en parlant du sexe féminin, la « vivante corolle marine [...] dont l'odeur indélébile n'est pas même terrestre, mais empruntée à la zostère originelle, au coquillage cru » (Pur, II, 943).

Fruit, source, coquillage : le corps de la femme-aliment est associé à des images dont la valeur symbolique évoque la fraîcheur, la légèreté, la pureté végétale ou marine – autant de vertus qui participent à l'incarnation spécifiquement féminine de la beauté et de la sensualité, et qui correspondent à une vision « pure » de l'amour et de la sexualité. Toutefois, le rapport homme mangeur/femme mangée fait également apparaître un autre type de femme-aliment, laquelle inscrit le rapport amoureux dans une réalité plus triviale, plus obscène : celle d'une sexualité « impure », que l'on peut mettre en rapport avec l'idée de souillure qui remonte à l'enfance. Cette autre image de la femme-aliment, où l'amante ne se réduit plus qu'à une proie, dérive quant à elle directement de la figure de l'homme mangeur, laquelle renvoie à l'image du ravisseur, rencontrée dans les souvenirs d'enfance, et qui se superpose ici à la figure archétypale de l'ogre. L'homme mangeur, qui n'est somme toute qu'une représentation symbolique du chasseur séducteur, correspond donc à une vision plus prosaïque et vulgaire de la sexualité, associée à ce que Colette appelle « l'amour consommation » (Pur, II, 893). Dans la pensée mythique, en effet, le cannibalisme est associé à une sexualité déchaînée ou excessive. Chez Colette, l'homme amateur de femmes est toujours présenté comme un cannibale en puissance : derrière le mâle colettien, l'ogre veille. D'ailleurs, c'est bien souvent dans le contexte alimentaire, à travers son comportement de mangeur, que « l'ogre » laisse percevoir sa véritable nature. Dans *Claudine à Paris*, Renaud emmène Claudine dîner dans un restaurant au nom évocateur, la brasserie Logre[1], où il fait un repas composé exclusivement de viande saignante : « l'homme-à-femmes, en face de moi, s'excuse de mourir de faim et de dévorer du rosbif rouge » (ClP, I, 278). Cette voracité carnivore et ce goût pour la chair saignante n'auraient peut-être rien d'inquiétant s'ils n'étaient justement le fait d'un « homme-à-femmes », dont on se prend alors à imaginer qu'il témoigne du même appétit pour ses conquêtes… Lorsqu'ils ne mangent pas leur viande crue, ce peut être par une particularité physique que les mâles séducteurs trahissent leur nature dévoratrice. Dans *L'Entrave*, Jean « prolonge son rire en grimace canine, la lèvre retroussée pour montrer les dents » (En, I, 1077), comme s'il était prêt à mordre… Dans *La Seconde*, Farou, qui baille « en rugissant » (Sec, II, 676), a la « bouche doublée de rouge sanguin » (*ibid.*, 687). Dans *L'Ingénue libertine*, c'est le reflet d'Antoine pendant qu'il mange qui le transforme en créature terrifiante : « A chaque va-et-vient du bras d'Antoine, le ventre poli de la lampe de cuivre reflète une main monstrueuse, le bout d'un nez fantastique » (IL, I, 777). Mais, pour Colette, l'archétype même de l'homme

---

[1] Le nom de ce restaurant fait référence à la véritable brasserie Pousset.

ogre demeure l'amateur de jeunes filles, le mâle qui conjugue le goût pour la quantité et pour la chair fraîche. Celui-là ne cache même plus sa véritable nature, comme en témoigne la description suivante, extraite de *Mes Apprentissages* :

> Résignons-nous à dire que si mainte jeune fille met sa main dans la patte velue, tend sa bouche vers la convulsion gloutonne d'une bouche exaspérée, et regarde sereine sur le mur l'énorme ombre masculine d'un inconnu, c'est que la curiosité sensuelle lui chuchote des conseils puissants (MA, II, 1229).

Derrière cette vision fantasmagorique de l'homme animalisé en ogre plane bien sûr l'ombre de Willy, le premier mari de Colette, lequel apparaît ci et là dans son œuvre, et notamment dans *La Vagabonde* sous les traits d'Adolphe Taillandy, grand consommateur de femmes lui aussi, qui « mêle à une toquade brève un joli ragoût d'inceste » (V, I, 827). Bien entendu, cet instinct carnivore, cet appétit de chair de l'homme mangeur se manifestent aussi de manière concrète à travers l'expression de son désir amoureux. Dans *L'Ingénue libertine*, séduit par le charme de Minne, le gros Maugis, autre « avatar » de Willy, la regarde « avec une gourmandise dévote » (IL, I, 771). Dans leurs ébats amoureux, Max, l'amant de Renée, trahit également ce même désir de dévoration, qui place la femme dans un rôle de victime consentante : « Je me défends, car il me bouscule de la pire et de la meilleure manière, mordant un peu, embrassant, avec cet air affamé qui me fait juste assez peur » (V, I, 902).

Sous l'effet de cet appétit dévorateur du mâle, la femme quant à elle se transforme en gibier ou en proie « appétissante » (*ibid.*, 894). De la comparaison végétale ou marine, la description de la femme-aliment passe alors au registre carné, qui emprunte volontiers au vocabulaire de boucherie et qu'il convient de relier à la notion de chair impure. La jeune fille est qualifiée de « chair fraîche », ou de « tendron », comme dans la nouvelle qui porte ce titre. Le protagoniste de cette nouvelle, Chevariat, avoue d'ailleurs avoir « préféré à tout les jeunes filles et la chasse » trahissant là son double instinct de prédateur. Il déclare aussi avoir « toujours chéri les jeunes filles, ou plutôt la jeune fille » (K, III, 311), privilégiant l'emploi du singulier collectif comme s'il s'agissait d'une espèce spécifique de gibier. C'est comme un morceau de viande de choix que Brague, quant à lui, décrit sa dernière conquête de tournée :

> Je m'ai appliqué une petite Bordelaise... aux cèpes ! une de ces demi-portions comme il en pleut sur le Cours, tu vois d'ici ? Haute comme trois pommes, du nichon, la jambe courte, un petit pied gras [...] (V, I, 935).

Et de l'entrecôte bordelaise au gigot, il n'y a qu'un pas, allègrement franchi par Adolphe Willette, dans *Le Voyage égoïste* :

> Ils ont supprimé le linge des femmes, ces vandales ! Le boucher lui-même sait pourtant qu'il faut du papier à dentelle autour du gigot ! (VE, II, 177)

Certes, le recours au registre culinaire ou boucher coïncide ici avec la symbolique élémentaire très répandue dans le langage courant, et entretenue, comme le note Noëlle Châtelet, « par des dictons, des stéréotypes, où le vocabulaire amoureux et le vocabulaire culinaire s'emmêlent inextricablement »[1] – l'expression argotique « passer à la casserole » en constitue un exemple parmi d'autres. Mais, dans le contexte d'une œuvre littéraire, une telle symbolique peut également traduire une certaine vision de l'amour et du rapport entre homme et femme. Attribuer, dans la relation amoureuse, le rôle du mangeur à l'homme et celui du mangé à la femme, revient fatalement à placer cette dernière dans une position de « victime ». Et il ne fait aucun doute que cette conception de la femme victime du mâle est présente dans l'œuvre de Colette, à travers des personnages de femmes éprouvées, délaissées ou trompées par l'homme. L'héroïne de *La Vagabonde*, Renée, à

---

[1] N. CHÂTELET, *Le Corps à corps culinaire, op. cit.*, p. 154.

laquelle Colette donna naissance à la suite de sa séparation d'avec Willy, constitue peut-être la meilleure illustration de cette figure de la femme traumatisée par son mariage et devenue craintive et méfiante à l'égard de toute la gent masculine : « Tu es faite pour être mangée, comme moi » (V, I, 844), lui déclare Margot, qui fut elle-même bafouée par son mari. A travers l'expression « être mangée », l'auteur suggère bien cette idée d'anéantissement radical et définitif qui menace son héroïne dans sa relation avec l'homme. Et c'est en effet tenaillée par l'angoisse et la peur de se perdre elle-même que Renée se laisse entraînée par Max dans une nouvelle histoire d'amour, dans laquelle d'ailleurs le schéma homme mangeur/femme mangée se manifeste fréquemment au travers des différentes figures stylistiques. Dans *L'Entrave*, Renée continue de considérer l'homme comme un prédateur, auquel pourtant, après l'avoir fui, elle consent à s'abandonner, non sans une pointe de fatalisme :

> Ce que j'ai fait s'appelle, je crois, aller se mettre dans la gueule du loup. Soit. J'y suis, j'y reste. On n'y est pas mal, et je m'y sens, pour l'instant, aussi tranquille que si j'y étais déjà dévorée (En, I, 1079).

Tout au long du roman, Colette montre bien, à travers l'attitude de Renée, ce mélange ambigu d'attirance et de peur qui lie la femme à l'homme séducteur, comme la victime à son bourreau. Car c'est avec un regard chargé de désir que Renée, un peu plus loin, admire « la belle gueule rouge, à tout croquer » (*ibid.*, 1101) de celui qu'elle considère comme son prédateur...

Dans *L'Ingénue libertine*, le schéma homme mangeur/femme mangée obéit à des modalités légèrement différentes. Le personnage de Minne, jeune femme frigide, représente en effet une autre version de la femme « victime » de l'homme. A la différence de Renée, elle n'incarne pas la femme abandonnée ou trompée par l'homme, mais la femme qui, objet du plaisir de l'homme, se trouve elle-même frustrée de son propre plaisir. Passant en vain d'un amant à l'autre, elle se révolte contre tous ces hommes auxquels elle se donne sans jamais rien en recevoir : « Pas un ne m'a assez aimée pour lire dans mes yeux ma déception, la faim et la soif de ce dont, moi, je les rassasiais ! » (IL, I, 787). Ici, l'homme mangeur symbolise donc celui qui « consomme » la femme uniquement pour son propre plaisir, sans le moindre égard pour elle.

Cette relation homme mangeur/femme mangée reflète finalement une vision assez courante du rapport entre homme et femme, derrière laquelle se devine le regard critique de Colette sur l'homme qui assigne à la femme un rôle d'objet ou de victime – la fantasmatique de la dévoration se référant ici avant tout à la notion de pouvoir. Mais il serait illusoire d'imaginer que Colette se conforte dans cette vision figée et somme toute manichéenne de la relation amoureuse ; chez elle, nous allons le voir, la femme aussi peut se révéler une redoutable mangeuse... Mais, pour en rester à l'homme consommateur de femmes, celui-ci peut aussi, chez Colette, devenir à son tour une sorte de victime[1]... C'est en tout cas l'impression que nous donne *son* Don Juan. Dans le *Supplément à Don Juan*, repris plus tard dans *Le Pur et l'Impur*, le personnage dénommé X., constitue un exemple typique du séducteur invétéré, de l'homme dévorateur de femmes : « La possession, qui n'est qu'une foudre, lui créait un état de misère particulier, une neurasthénie de Danaïde » (Pur, II, 888). Sur ce sujet de l'amour consommation justement, il s'écrit, « excédé » : « Je vomis toute la littérature qui a trait à l'amour consommation, vous m'entendez, je la vomis ! » (*ibid.*, 893). Ici, nous n'avons

---

[1] Signalons ici que, pour Noëlle Châtelet, « de tous les modèles possibles, Don Juan demeure sans doute à nos yeux le véritable héros de l'oralité. [...] La faim sexuelle qui l'habite s'apparente à la boulimie dans le sentiment qu'il éprouve de n'être jamais rassasié. Son appétit sexuel n'a d'égal que son appétit gastrique, lequel ne faiblit jamais, quelles que soient les épreuves rencontrées » N. CHÂTELET, *Le Corps à corps culinaire, op. cit.*, p. 156.

plus affaire à l'image du mâle dévorateur qui ingurgite ses conquêtes, mais au contraire à celle du mâle dévorateur qui dégurgite. En nous peignant cette image mi-tragique, mi-ridicule, de ce séducteur vieillissant qui, contre toute attente, se met à « vomir », peut-être Colette nous suggère-t-elle qu'à force de consommer, l'homme mangeur de femmes n'est jamais tout à fait à l'abri d'une indigestion...

« *La voilà, la goule...* »

A présent, tournons le dos à tous ces ogres affamés, mâles dévorateurs et autres séducteurs, pour nous intéresser au schéma inverse, à savoir le duo femme mangeuse/homme mangé. Tout d'abord, il nous paraît intéressant de mentionner que l'image de la femme mangeuse, si elle est présente dans toute l'œuvre, se manifeste peut-être avec plus d'insistance à partir de *Chéri*, publié en 1920 — elle s'associe aussi plus souvent à des personnages de femmes mûres. Mais, parce qu'elle est justement exposée selon un point de vue de femme, elle fait aussi l'objet de représentations multiples et nuancées. A nos yeux, en effet, le thème du « vagin denté » relève *a priori* davantage d'une fantasmatique masculine, où se projette l'angoisse fondamentale de la castration. Il va de soi que la « vagina dentata » se réfère en premier lieu à la figure de la « Mère Terrible, [...] ogresse que vient fortifier l'interdit sexuel »[1], mais elle coïncide aussi avec une autre représentation, dérivée d'ailleurs de cette dernière : la vamp, la femme fatale, dont la soif sexuelle irrépressible est perçue comme un danger mortel par l'homme. C'est à la menace de cette seconde représentation de la femme qu'Alain se sent exposé, alors qu'il contemple Camille, dans *La Chatte* :

---

[1] G. DURAND, *Les Structures anthropologiques de l'imaginaire*, *op. cit.*, p. 102.

« Mais oui, elle a engraissé. De la plus séduisante façon, d'ailleurs, car ses seins, eux aussi... » Il fit un retour sur lui-même, et buta, morose, contre l'antique grief viril : « Elle, elle s'engraisse à faire l'amour... Elle engraisse de moi. » (Cha, II, 1090)

Si Colette choisit ici un point de vue d'homme pour donner la mesure de l'appétit sexuel féminin, il n'en reste pas moins que c'est avant tout par le biais de ses personnages féminins qu'elle décrit le désir de la femme. Elle est peut-être d'ailleurs la première à dire aussi ouvertement, et aussi finement, le désir de la femme – du point de vue de la femme. La figure de la « vagina dentata » telle qu'elle apparaît dans son œuvre ne correspond donc pas tant à la projection d'une angoisse masculine qu'à une expression du désir féminin, affirmé dans toute sa force et sa puissance. Ce n'est qu'après avoir présenté le désir féminin du point de vue de la femme que Colette envisage les conséquences qu'il peut avoir sur l'homme, à travers un personnage comme Chéri par exemple. *Le Blé en herbe* apparaît selon nous comme la seule exception où, dans la peinture du désir, Colette choisit délibérément de privilégier le point de vue masculin (à travers le personnage du jeune Phil) par rapport à celui de la femme (le désir de la Dame en blanc ne s'y manifeste en effet qu'au second plan).

Le désir de la femme, tel qu'il s'exprime à travers les différents personnages féminins de Colette, réduit bien souvent l'homme à un simple objet de plaisir. Dans son étude, *L'Homme-objet chez Colette*, Marcelle Biolley-Godino décrit très bien comment « dans son approche de l'homme en âge d'aimer, Colette cherche l'instrument du plaisir qu'il peut être »[1] et le transforme en un « objet de convoitise » : « L'homme, loin d'être seulement un prétexte à sentiments, devient un être de chair, qui n'est jamais appréhendé par l'intellect, mais par la sensation. [...] Compact, solide, matériel, proche et opaque tout

---

[1] M. BIOLLEY-GODINO, *L'Homme-objet chez Colette*, op. cit., p. 60.

à la fois, limité à son apparence tangible, il a la consistance d'un objet véritable »[1], d'un aliment aussi, pourrions-nous ajouter. Car le désir féminin chez Colette s'énonce lui aussi fréquemment sur le registre de la faim pour exprimer sa force, mettant en jeu tous les degrés de l'appétit, de la tentation gourmande au désir de dévoration. A l'opposé de la femme-aliment, Colette dresse donc le portrait de la femme dévorante ou dévoratrice, inversant ainsi le schéma classique du rapport amoureux où l'homme est posé comme mangeur et la femme comme mangée. Le passage de la femme-aliment à la femme mangeuse marque par conséquent la transition du modèle de la femme désirée et passive à celui de la femme désirante et, par là même, agissante.

La symbolique maternelle, nous l'avons dit, n'est certes pas absente de cette représentation de la femme dévoratrice. On pense bien évidemment au personnage de Léa, dont le désir amoureux à l'égard de Chéri revêt à bien des égards les formes de l'amour maternel.

> La tête soyeuse et noire bougea sur son sein et l'amant endormi se plaignit en rêve. D'un bras farouche, Léa le protégea contre le mauvais songe et le berça afin qu'il demeurât longtemps – sans yeux, sans souvenirs et sans desseins – ressemblant au « nourrisson méchant » qu'elle n'avait pu enfanter (C, II, 88).

Cette image de Léa berçant son amant endormi, « sans yeux, sans souvenirs et sans desseins » c'est-à-dire dépossédé de toute identité, montre à quel point Chéri lui sert d'instrument pour exprimer son désir maternel frustré. Tout au long du roman, ce désir maternel mêlé de tendresse amoureuse va s'exprimer sur le registre de la dévoration. Le personnage de Léa illustre parfaitement la continuité qui réside entre la figure de la mère castratrice et celle de la femme dévoratrice. Après sa rupture avec Léa, Chéri est pour ainsi dire privé de sexualité car

---

[1] *Ibid.*, p. 31-33.

il ne parvient pas à nouer une nouvelle relation avec une autre femme. Il est comme « mangé » par cette femme qui « avouait volontiers, en laissant tomber sur Chéri un regard de condescendance voluptueuse, qu'elle atteignait l'âge de s'accorder quelques petites douceurs » (*ibid.*, 11). La fonction nourricière de Léa, que nous avons déjà commentée précédemment, vient elle-même s'inscrire dans cette finalité dévoratrice. A la manière des ogresses qui peuplent les contes enfantins, Léa « gave » (*ibid.*, 25) son amant et examine sur son corps les effets de la nourriture qu'elle lui administre : « Pour demain matin, je lui ai commandé une bonne bouillie. On lui sent déjà moins les côtes » (*ibid.*, 26). En nourrissant ainsi Chéri, on a l'impression que c'est surtout son propre festin que Léa prépare. Comme le fait remarquer Claude Pichois, dans sa correspondance, Colette témoigne de la même préoccupation à l'égard de son beau-fils et futur amant, Bertrand de Jouvenel[1]. Elle informe régulièrement son amie Marguerite Moreno de l'état pondéral de ce dernier : « Il y a aussi Bertrand de Jouvenel, que sa mère m'a confié, pour son hygiène et son malheur. Je le frictionne, le gave, le frotte au sable, le brunis au soleil » ; « Bertrand, tout ravagé qu'il était [...] récupère magiquement le sommeil, l'appétit, et il prend cent grammes par jour ! » ; « Bertrand est à Paris [...] Il doit revenir le 15, je crois. Je lui en veux de compromettre mon œuvre : il a, en 13 jours, engraissé de deux kilos ! » ; « Il va... pas mal, le petit. Il a pris 1 kilo 400 en dix jours, ce qui est bien joli » (LAM, 53, 72, 85, 91). On ne s'étonnera pas ensuite que, dans *La Naissance du jour*, Colette reconnaisse au personnage de Léa une dimension prémonitoire[2]... Plus tard, alors qu'elle joue justement le rôle de

---

[1] Cl. PICHOIS, Préface du tome II des *Œuvres* de Colette, Gallimard, « La Pléiade », 1986, p. XLI.
[2] La première des lettres citées date d'août 1921, la dernière, de septembre 1924 – la liaison avec Bertrand s'achève vers la fin de l'année 1924. La publication de *Chéri* remontait à 1920.

Léa dans les représentations de *Chéri*, Colette écrira à Hélène Picard, à propos de Maurice Goudeket cette fois : « L'accepter, quel cannibalisme de ma part ! » (LHP, 80). Comme le note Marcelle Biolley-Godino, on est frappé de la fréquence avec laquelle le mot « cannibale » revient sous sa plume, notamment pour désigner ses personnages féminins. Dans « Le Rendez-vous », Odette est qualifiée à deux reprises de cannibale (BV, II, 1343-1345) ; dans *La Chatte*, il émane du visage de Camille « un certain rayonnement cannibale » (Cha, II, 1079). Le même mot est aussi employé pour Julie de Carneilhan (JC, III, 145) et, dans *La Fin de Chéri*, une jeune infirmière contemple Chéri « avec une candeur de cannibale » (FinC, II, 510). Enfin, dans *La Naissance du jour*, la narratrice emploie le mot de « cannibalisme » pour désigner l'amour lui-même (NJ, II, 594).

Envisagé comme une promesse voluptueuse, l'homme, « luxe, gibier de choix, le mâle rarissime » (*ibid.*, 632) se présente comme une proie et éveille chez la femme « cannibale » des instincts de chasseresse. « Toi qui fus ma proie succulente et non aimée » dit Renée à ce Jean dont elle n'attend que du plaisir et surtout pas d'amour (En, I, 1113). Réduit à n'être plus qu'un objet de consommation, l'homme devient la cible d'une approche tactique de la part de la femme prédatrice : « [...] il faut le laisser s'énerver dans l'attente ! Le laisser cuire ! [...] Cuire ! Tels sont mes principes ! » déclare Marco dans *Le Képi* (K, III, 295). La séduction amoureuse tourne ici à la stratégie culinaire... Instigatrice de cette prosaïque cuisine amoureuse, la femme n'envisage alors sa relation avec l'homme que de son propre point de vue de consommatrice : « Il vaut mieux que je me donne une bonne indigestion de lui » se dit Léa quand elle entreprend de séduire Chéri (C, II, 29). Ainsi relégué au rang d'objet alimentaire, l'homme n'est plus qu'un tas de chair, un morceau de viande, que la femme dévoratrice peut consommer ou rejeter à sa guise : « Je n'aime pas le veau, je n'aime pas l'agneau, ni le chevreau, je n'aime pas l'adolescent » profère Julie de Carneilhan (JC, III, 143) – bien que son amant du moment soit beaucoup plus jeune qu'elle. Et c'est encore Léa, devenue vieille dans *La Fin de Chéri*, qui évalue son ancien amant comme une pièce de bétail. Ses paroles témoignent alors d'un cynisme qui semble faire écho à celui d'Adolphe Willette lorsqu'il comparait la femme à un gigot :

> Elles discutaient posément, pesant et détaillant les hauts et les bas quartiers de la bête de luxe.
> « Des connaisseuses en viande sur pied, pensa Chéri (FinC, II, 528).

Bien souvent l'homme que la femme traite ainsi comme un objet de consommation se distingue par sa jeunesse : c'est ce fameux appétit de « chair fraîche », auquel Colette fait si souvent allusion et qui s'applique aussi bien à l'homme qu'à la femme d'âge mûr. « Oui, la voilà la goule qui ne veut que de la chair fraîche » se dit Léa en observant son reflet dans le miroir (C, II, 71). Et dans l'appétit de chair fraîche de cette femme déjà mûre, on ne peut manquer de voir aussi le désir de s'approprier la jeunesse de son amant car, comme le rappelle Arlette Bouloumié, « le désir d'une possession digestive exprime une volonté d'identification. L'ogre amateur de chair fraîche veut faire siennes les vertus de la jeunesse »[1]. Du reste, la « goule », que le Grand Robert définit comme une « femme lascive et insatiable », provient du mot arabe *gûl* (ou *ghûl*) et désigne une sorte de vampire femelle qui peuple les légendes orientales. Mais il existe une autre acception du mot « goule », dérivée celle-là du latin *gula* (gosier), qui en langue familière signifie « bouche » ou « gueule », suggérant ainsi l'image d'une femme qui ne serait que bouche ou qui ne serait que *par* sa bouche.

Le désir d'incorporation associé à l'image de la goule repose sur une ambivalence, qui reflète bien la position

---

[1] A. BOULOUMIE, « L'ogre » *in Dictionnaire des mythes littéraires*, sous la direction du Professeur Pierre Brunel, Edition du Rocher, 1988, p. 1104.

paradoxale de la femme colettienne. D'une part, il implique l'idée d'incorporer l'autre, c'est-à-dire de le prendre en soi pour ne faire plus qu'un avec lui — c'est le principe de la communion, que l'on retrouve par exemple dans l'Eucharistie chrétienne[1]. Chez Colette, ce désir de communion lié à l'incorporation exprime l'immense pouvoir d'aimer de la femme, ainsi que l'ardeur de son désir amoureux — qui va souvent de pair avec une extrême possessivité. Mais l'incorporation est aussi associée à des fantasmes d'anéantissement et de destruction[2]. Or ce versant destructeur nous apparaît également comme une caractéristique essentielle de la femme amoureuse chez Colette. Vorace, la femme colettienne ne se contente pas d'avaler, d'engloutir symboliquement son partenaire ; elle témoigne d'une volonté destructrice supplémentaire en éprouvant aussi le besoin de le mordre. Cette offensivité de la morsure, la narratrice de *La Naissance du jour* la manifeste en « mordant le bout croquant et frais de l'oreille » masculine (NJ, II, 647); de même Julie de Carneilhan, houspillant Coco Vatar « à la manière des chiennes à la dent pinçante, qui feignent de jouer pour pouvoir mordre » (JC, III, 145). Lorsqu'elle n'est plus motivée par le désir, mais par la colère, cette forme d'agressivité latente peut atteindre une violence inouïe. Ainsi le héros du *Tendron* avoue sa terreur de la femme en colère : « Nous ne savons jamais si elle va nous traiter de « goujat » avec un grand air de dignité, ou bien tenter de nous arracher les ongles, nous ôter le nez d'un coup de dents. Elle non plus, d'ailleurs, n'en

---

[1] Dans l'Evangile de Jean, le Christ dit : « Qui mange ma chair et boit mon sang demeure en moi et moi en lui ». Mais, comme le note Arlette Bouloumié, « le silence est fait ici sur la destruction du corps. Certaines branches de la famille chrétienne interdisent au fidèle de mâcher l'hostie » (A. BOULOUMIE, « L'Ogre », *op. cit.*, p. 1105).

[2] K. Abraham distingue deux phases à l'intérieur du stade oral, une phase de succion et une phase sadique, liée à l'apparition des dents et à des fantasmes de morsure et de dévoration.

sait rien. Ça lui vient de trop loin » (K, III, 333). Cette dernière phrase suggère une primitivité, une sauvagerie inhérente à la nature féminine, dont la violence destructrice, à l'image de la mante religieuse, serait spécifiquement tournée vers l'homme.

Comme pour mieux souligner l'agressivité dévoratrice de ses personnages féminins, Colette les dote volontiers d'une imposante mâchoire et ne manque jamais d'insister sur la qualité de leur dentition. Julie de Carneilhan possède une « barrière » de dents « inégales et saines, les deux incisives du milieu larges, les deux autres plus petites et un peu en retrait » (JC, III, 104). En riant, Léa montre « ses fortes dents de gourmande » (C, II, 34) et Odette « l'enchâssement sans rival de toutes ses dents » (BV, II, 1347). Toutefois, il faut bien remarquer que ce symbole d'agressivité qu'est la dentition ne s'avère pas l'attribut des seules femmes mûres. Annie, sous son apparence ingénue, « découvre des dents coupantes, des muqueuses vigoureuses et mouillées » qui cachent « la bête robuste, gourmande de chair fraîche » (RS, I, 574). Et tante Alicia se félicite de la dentition de Gigi : « Belle mâchoire, ma fille ! Avec des dents pareilles, j'aurais mangé Paris et l'étranger. Il est vrai que j'en ai mangé un joli morceau » (Gi, III, 426). Quant à Louisette, dans *Le Tendron*, « l'intérieur de sa bouche [...] s'éclair[e] jusqu'aux molaires » quand elle rit (K, III, 315). Les exemples pourraient ainsi se succéder car les descriptions de dentitions féminines abondent dans l'œuvre de Colette, et il n'est sans doute pas exagéré de dire que la majorité des héroïnes colettiennes, même très jeunes, sont des femmes dangereusement dentées...

C'est du côté de l'objet de consommation, c'est-à-dire de l'homme, que se mesure donc la différence fondamentale de valeur entre avaler et dévorer. Comme le fait remarquer Bachelard, « l'avalé ne subit pas un malheur véritable, il n'est pas nécessairement le jouet d'un événement de misère. Il garde une valeur »[1]. Le dévoré, qui subit l'agression de la morsure et du déchiquetage, lui, n'a aucune chance de survie ; il perd sa valeur. Dans le désir féminin de dévoration perce en effet une volonté d'anéantissement, de destruction de l'homme, qui n'est d'ailleurs pas forcément inconsciente de la part de l'auteur. Ne reconnaît-elle pas dans *La Fin de Chéri*, que « l'appétit féminin tend à émasculer toute vivante conquête et peut réduire un mâle, magnifique et inférieur, à un emploi de courtisane » (FinC, II, 546) ? Certes, ce désir dévorateur et castrateur ne revêt, dans la plupart des romans de Colette, qu'une forme toute symbolique : la femme dénie alors à l'homme toute valeur propre, toute identité véritable, en choisissant de se servir de lui. Cet asservissement peut se manifester sur le plan voluptueux – l'homme est alors traité tel un objet de plaisir et de consommation, comme c'est le cas de Chéri par exemple – mais aussi sur le plan pécuniaire, lorsque la femme décide de se faire entretenir par l'homme en l'exploitant financièrement. La récurrence du personnage de la femme entretenue chez Colette est significative sur ce point.

Mais cet appétit destructeur que manifeste la femme dévoratrice peut aussi révéler un véritable fantasme meurtrier. Colette ne s'est d'ailleurs pas privée de jouer elle-même les « meurtrières » en réservant une fin radicale à quelques-uns de ses personnages masculins : Chéri et Michel se suicident, et Renaud meurt de maladie[2]. On connaît par ailleurs la fascination de Colette pour les grands assassins, dont elle fit souvent le compte rendu des procès dans les divers journaux où elle travailla. Chez ces Landru et autre Mahon, Colette comprend « le plaisir de tuer, la charité de donner la mort comme une caresse, de la mêler à des jeux qui sont ceux des

---

[1] G. BACHELARD, *op. cit.*, p. 157.
[2] A propos de ce dernier, Colette avoue d'ailleurs que sa mort lui procura « l'avant-goût des plaisirs que s'autorise la mante religieuse » (EV, III, 651).

fauves distingués : tous les chats, tous les tigres étreignent leur proie et la lèchent tout autant qu'ils la meurtrissent » (AQ, II, 447). Etrange aveu, en vérité, que cette conception voluptueuse du meurtre, mais dans laquelle culmine peut-être l'ambiguïté du désir amoureux colettien. Chez Colette, la relation amoureuse ne tarde pas à se révéler le terrain d'un incessant rapport de forces, dans lequel l'homme et la femme se disputent en fin de compte le pouvoir d'exister : « Si je ne la mange pas, celle-là, elle me mangera » déclare X. dans *Le Pur et l'Impur* (Pur, II, 891). Manger ou être mangé, il n'y a, semble-t-il, point d'autre issue. Faut-il y voir la manifestation d'un conflit archaïque qui opposerait l'homme et la femme, et qui les empêcherait à tout jamais de s'entendre ? Ce serait peut-être réduire la relation amoureuse chez Colette à une problématique un peu simpliste... Il serait sans doute plus juste d'y voir la volonté de se libérer de ce sentiment d'aliénation, qui accompagne toujours la relation amoureuse chez Colette. L'amour, en effet, rend difficile, voire impossible, cette aspiration au narcissisme qui est l'une des composantes fondamentales de son être. Le désir de détruire l'être aimé peut alors se concevoir comme une tentative de ressusciter cette part de narcissisme engloutie par la présence de l'autre : tuer symboliquement l'aimé pour que puisse s'épanouir l'amour de soi. Si l'image de « l'homme alimentaire » constituait déjà une tentative de préserver le plaisir narcissique au sein de la relation amoureuse en s'adjoignant la protection affectueuse et matérielle d'un homme, l'image de la femme dévoratrice apparaît comme une expression supplémentaire de cette impossibilité à jouir pleinement et simultanément de ces deux aspirations essentielles que sont l'amour de soi et l'amour de l'autre. Seul le renoncement à l'amour permettra à Colette de sortir de cette contradiction – c'est tout le thème de *La Naissance du jour*, livre dans lequel on notera par ailleurs qu'elle formule avec le plus de clarté sa tentation du végétarisme : « Quand certain cannibalisme meurt, tous les autres déménagent d'eux-mêmes, comme les puces d'un hérisson mort » (NJ, II, 595). Plus que l'expression d'une quelconque féminité nuisible, l'image de la femme dévoreuse peut donc se lire comme une étape sur la voie du renoncement à l'amour, qui libérera Colette de ce « maître » (*ibid.*, 582) que l'homme fut si longtemps pour elle.

L'art de la dégustation

A présent, intéressons-nous plus spécifiquement au corps du mangeur colettien et au rapport qu'il entretient avec la nourriture. Comme nous avons pu l'observer jusqu'ici, l'aliment chez Colette n'est pas une donnée figée, statique, un objet purement esthétique, comme le serait par exemple un fruit dans une nature morte. Bien au contraire, l'aliment est constamment présenté dans sa relation avec le corps, qui l'appréhende, l'évalue, le convoite (ou le rejette), le consomme, le digère, l'expulse. Chez Colette, l'aliment est présenté dans une constante interaction avec le corps du mangeur. L'acte alimentaire ne se réduit pas à un moment, à un point fixe dans le temps. Il s'inscrit au contraire dans la durée, ainsi que dans l'espace – il est le fait d'un corps non pas inerte, mais agissant, lui-même inscrit dans la durée et l'espace. Pour rendre compte de la réalité dynamique de ce corps mangeant, notre réflexion s'articulera donc elle-même sur l'idée de mouvement, en suivant pas à pas le cheminement de l'aliment à travers le corps.

Le plaisir de l'anticipation

L'acte alimentaire chez Colette débute avant l'ingestion proprement dite. En schématisant volontairement, on constate en effet que l'art colettien de la dégustation s'articule en deux temps. Le désir de manger s'inscrit certes à part entière dans l'enchaînement d'activités sensorielles qui caractérisent l'acte alimentaire, mais il constitue en même temps une expérience en soi qui mérite d'être appréciée pour elle-même. Il existe en effet chez Colette un plaisir esthétique de l'anticipation, qui, loin de sacrifier à la tension douloureuse du désir impatient vers son objet, possède au contraire des vertus régulatrices, bénéfiques à plus d'un titre. Préparée par cette première approche de l'aliment, l'ingestion peut alors se ressentir comme un moment de pur bonheur physique.

Le plaisir de l'anticipation naît d'abord de la simple représentation imaginaire des aliments. La chère comestible, nous avons eu maintes occasions de le souligner, se fait volontiers matière à rêver, et l'évocation de la nourriture par l'imaginaire constitue un prélude au bonheur de manger. Rêver l'aliment délectable permet de laisser libre cours au désir. Imaginer, à grand renfort de détails et de nuances, l'aspect, l'odeur, la texture et bien sûr le goût d'un mets revient ainsi à nourrir son propre désir, à le combler sur le mode du fantasme, tout en l'aiguisant davantage. Comme l'écrit Isabelle Joudrain, « ce qui se laisse pressentir dans l'objet aliment, c'est sa capacité future de satisfaire de tout son corps, de toute sa matérialité, l'envie qu'il éveille d'abord à distance »[1]. Même absent, l'aliment est donc déjà nourriture, plaisir en puissance. Cette force suggestive de l'aliment est étroitement liée à son énonciation. Dire l'aliment est une autre manière de le mettre en bouche, d'éprouver sa matérialité à travers son signifiant. Comme le fait d'ailleurs remarquer Isabelle Joudrain, une bouche silencieuse, à l'image par exemple de celle de Voussard ou de la sœur au longs cheveux, est souvent « une bouche qui refuse la nourriture »[2]. Inversement, il paraît évident qu'une bouche gourmande manifeste un goût sensuel pour les mots

---

[1] I. JOUDRAIN, « Les mets et les mots dans *La Maison de Claudine* », *op. cit.*, p. 69.
[2] *Ibid.*, p. 68.

et la langue¹. A travers le plaisir d'énonciation, la bouche anticipe le mets en dégustant le mot. Aussi tangible à la conscience qu'un aliment véritable, le mot seul suffit à faire saliver, au sens propre du terme :

> Quand nous avions des oranges... Les nommer, depuis qu'elles nous manquent, c'est assez pour susciter, sur nos muqueuses sevrées, la claire salive qui salue le citron frais coupé, l'oseille crue, la mordante pimprenelle (« Flore et Pomone », Gi, 458).

Qu'il soit « nommé » de vive voix ou simplement écrit (c'est-à-dire nommé à travers la parole silencieuse de l'écriture), l'aliment colettien attise le désir jusqu'à susciter la réponse immédiate du corps ; relayée par le mot, la puissance évocatrice de la rêverie alimentaire permet d'accéder de plain-pied à l'univers du senti. Mais, en même temps, comme l'écrit Christiane Milner, le mot introduit une distanciation salutaire : il « fait naître le désir, donc le détache, introduit une coupure féconde, une transformation symbolique dans le besoin [...]. Colette possède l'intelligence de cette opération transformatrice, le travail même de l'écriture : garder aux mots dont elle nous communique la saveur ce qu'il faut de jouissance pulsionnelle mais en ouvrant en eux, par la loi du langage, le manque hallucinatoire »². Ainsi Christiane Milner oppose la jouissance orale de Colette à la dérive boulimique de l'anorexique, qui « nie par un phénomène d'engloutissement réciproque entre l'aliment et lui le rôle cognitif et intégratif de la bouche »³. Grâce à l'écriture,

---

¹ On ne peut s'empêcher de penser ici au gouleyant accent bourguignon de Colette elle-même, qu'il nous est encore possible d'entendre aujourd'hui grâce aux archives sonores.
² C. MILNER, « L'oralité de Colette, une image inversée de l'anorexie », in *Colette, nouvelles approches critiques*, Paris, Nizet, 1986, p. 48.
³ *Ibid.*, p. 47.

Colette entretient donc un rapport distancié avec la nourriture, qui, aussi gourmande soit-elle, l'empêche de tomber dans la boulimie. Pour Colette, le langage créateur constitue sans nul doute la plus sûre protection contre toutes les formes de dérive alimentaire.

Et, en effet, elle excelle dans cet art de jouer et d'utiliser, tel un cuisinier des lettres, la saveur des mets à travers les mots. Elle n'hésite jamais à introduire dans son récit le nom des nourritures consommées par ses personnages, en décrivant par exemple le menu de leur repas, ou même, en précisant les ingrédients qui les composent. Le plaisir d'énoncer les aliments se traduit aussi, au niveau du texte écrit, par des effets de mise en page ou de calligraphie. Dans les « Notes marocaines », les plats du dîner chez le chambellan du sultan sont énumérés sur une colonne, comme dans un menu (cf. PrP, II, 1039). Et lorsqu'elle évoque l'authentique « lièvre à la royale », Colette souligne par des italiques les « *soixante* gousses d'ail » nécessaires à sa préparation (*ibid.*, 1005)...

La jouissance immédiate inhérente à l'énonciation se définit dans une double perspective, en ce sens qu'elle est en même temps issue du passé et tournée vers l'avenir ; elle se fonde à la fois sur la remémoration et l'anticipation. Elle naît d'abord du souvenir concret, précis, heureux d'une expérience alimentaire passée et pour ainsi dire « re-sentie » à travers l'écriture. Ainsi s'explique, par exemple, la fréquence des évocations du « pudding » de Sido, dont chacune des description apparaît comme une tentative de rendre au plus près la réalité du souvenir gustatif. A travers le plaisir de l'énonciation, l'écriture permet de recréer le bonheur de l'enfance qui consistait à retrouver chaque année, selon le même processus, la saveur du gâteau de l'année précédente : « Dans le gâteau annuel, tavelé de raisins, ne recherchais-je pas autrefois, d'une langue experte, la saveur exacte du gâteau de l'an passé ? » (VE, II, 149). La « langue experte » de l'écrivain reproduit ainsi, au niveau du langage, la recherche passionnée de la petite fille.

Cependant, la jouissance liée au fait de dire l'aliment se fonde également sur la promesse d'une satisfaction à venir. Si le plaisir de l'anticipation se « nourrit » de la mémoire, toujours prompte à raviver maints détails succulents, c'est aussi pour éprouver avec d'autant plus de réjouissance la perspective du plaisir de manger : dans *La Naissance du jour*, au terme d'une longue et pénible conversation nocturne avec Vial, la narratrice se remémore soudain « le lait bouillant, le café noir, le beurre reposé au fond du puits ». Elle sait que, « quelques instants plus tard », ils rempliront « leur office de panacée » (NJ, II, 634). L'évocation de la matière alimentaire émane donc toujours d'une sensualité heureuse, qui fut comblée dans le passé et qui se plaît à cultiver le désir non comme un manque, mais comme une promesse.

L'anticipation se révèle aussi source de jouissance en ce qu'elle convie l'ensemble des sens dans la perception et l'appréciation de la chère alimentaire, bien avant que n'ait lieu l'ingestion proprement dite. Riche en sollicitations multiples, l'aliment colettien, même à l'état brut, a le pouvoir d'attiser voire de combler d'autres sens avant le goût. Chaque sens y trouve son compte : l'œil, avant la bouche, est attiré par la couleur des framboises de montagne « d'un rouge clair sous leur impalpable buée bleuâtre » (CH, II, 1444) et goûte du regard « le parfait beurre salé qui, sous le couteau, crache des perles de petit-lait » (EPC, III, 994), le nez hume « l'apéritive odeur de la miche fraîche » (VE, II, 149) et « l'arôme vanillé du chocolat » qui « s'est glissé dans la chambre » (Il, I, 695), la main « éprouve du doigt l'élasticité du pont-l'évêque » (CE, II, 124). L'oreille même peut être sollicitée par l'objet alimentaire : à la Treille Muscate, le seul tintement des « bouteilles qu'on reporte au puits » (NJ, II, 580) éveille l'attention sensuelle et suscite une rêverie gourmande en évoquant l'image appétissante du dîner du soir. Chez Colette, chaque sens peut ainsi constituer une voie d'accès, une porte d'entrée à l'expérience de la matière alimentaire. Les combinaisons d'aliments, en conjuguant à l'infini des propriétés variées, multiplient les sollicitations et deviennent par là même de véritables « manipulations de désir »[1] : la vue, l'odorat, le toucher s'unissent et interagissent lorsque Claudine « devin[e] sur la table le pain de quatre heures, la miche encore tiède dont [elle] romp[t] la croûte embaumée pour la vider de sa mie molle et y verser la gelée de framboise » (RS, I, 577). L'expérience sensuelle qui précède la consommation se distingue alors par son exceptionnelle richesse : l'aliment y est appréhendé par tous les sens en éveil. Il arrive d'ailleurs que le plaisir de l'anticipation s'avère si intense qu'il se suffise à lui-même et rende la consommation de l'aliment accessoire ou superflue : le seul arôme du café frais « vous transporte aux îles bienheureuses ... » (FinC, II, 562). La distance introduite par l'anticipation permet de susciter et de cultiver une émotion d'ordre esthétique. Devant une « somptueuse Alimentation générale », Colette admire, telle une toile naïve, « l'orange entre le riz en vrac et le café suant, la pomme rouge et le vert pois cassé » (CH, II, 1492). Ce n'est certes pas le désir de se nourrir qui anime ici Colette, mais plutôt l'envie clairement formulée de s'approprier ce tableau coloré, en achetant « un banc de denrées, à partir des laitues précoces jusqu'aux paquets de semoule bleus » de la même manière « qu'à Nice on convoite le marché aux fleurs en bloc » (*ibid.*, 1492).

Opération culinaire fondamentale, la cuisson possède le pouvoir d'exacerber l'expérience sensuelle de l'anticipation. Le processus de cuisson implique en effet une transformation de l'aliment, de son aspect, de sa consistance, de son odeur et bien sûr de sa saveur. En servant ainsi de

---

[1] I. JOUDRAIN, *op. cit.*, p. 69.

révélateur, la cuisson génère à elle seule d'innombrables sollicitations sensorielles : le nez devine une pomme cachée sous la cendre brûlante « que son arôme acide dénonce » et l'œil contemple la poire « qui se confit au bord des braises en versant un pleur caramélisé » (EPC, III, 866). Au contact de la flamme, le chocolat « mollit, noircit, crépite et se boursoufle » (ClP, I, 223) et « sent un peu la fumée, beaucoup la praline » (ClV, I, 431). Bien qu'elle soit avant tout un plaisir pour la vue et l'odorat, la cuisson constitue aussi la phase de l'expérience alimentaire qui sollicite le plus l'oreille. A la chaleur du feu, le chocolat « crépite », le coquemar « grésille » (VE, II, 154) et cette grosse crêpe « brune et rissolée » qu'est la flognarde « rit encore à petits éclats en sautant du four » (DMF, III, 221). Outre le plaisir sensuel qu'elle procure, la cuisson constitue un aspect essentiel de l'anticipation en ce qu'elle « parle » à l'imaginaire et se prête donc volontiers à la rêverie alimentaire. A l'épreuve du feu, la matière culinaire se transforme en profondeur et, par là même, entretient la fascination que provoque toute métamorphose : « Tout est mystère, magie, sortilège, tout ce qui s'accomplit entre le moment de poser sur le feu la cocotte, le coquemar, la marmite et leur contenu, et le moment plein de douce anxiété, de voluptueux espoir, où vous décoiffez sur la table le plat fumant » (PrP, II, 1014). A côté d'une première forme de cuisson, ouverte au grand jour et dont les transformations s'offrent à la perception de tous les sens, il existe donc une autre cuisson plus mystérieuse, plus intime, celle des plats « qui cuisent longuement, étouffés, sans évaporation, repliés, si j'ose écrire, sur eux-mêmes » (*ibid.*, 1007). A l'opposé de la première, cette seconde cuisson s'élabore dans le secret et relève de l'inexplicable par son caractère occulte, magique : « C'est affaire d'expérience, de divination. Si vous n'êtes pas capable d'un peu de sorcellerie, ce n'est pas la peine de vous mêler de cuisine » (PrP, II, 991). Référence est faite ici au modèle alchimique de la cuisson, qui, par l'intermédiaire du feu divin, a marqué l'imaginaire culinaire depuis l'Antiquité[1]. Néanmoins, qu'elle soit transformation tangible ou transmutation mystérieuse, qu'elle émeuve les sens ou nourrisse la rêverie, la cuisson de l'aliment demeure l'un des agents privilégiés de l'anticipation, parce qu'elle cultive le désir et comporte en soi la perspective du bonheur de manger...

Enfin, on ne saurait clore sur ce thème de l'anticipation sans évoquer la dimension dynamique qui la caractérise ou qui caractérise plutôt l'appétit. L'anticipation telle que nous venons de l'exposer représente pourrait-on dire la composante « esthétique » de l'appétit – l'appétit qui lui est désir physique et implique l'idée de tension vers un objet, de mouvement. Entretenu par le plaisir de l'anticipation, l'appétit se distingue par sa force et par son intensité : il est manifestation d'énergie, élan de l'être hors de lui-même. Comme le rappelle Frédéric Lange, le mot appétit « vient du latin *petere* qui signifie voler sur, se précipiter vers »[2]. Avoir faim signifie donc aussi « sentir trop loin le monde, désirer s'en rapprocher »[3]. Contrairement à l'acte de manger proprement dit qui, chez Colette, marque une pause, un arrêt dans le temps et l'espace, l'appétit lui n'est jamais immobile. Il s'inscrit dans une dynamique, dans un mouvement : « Il faut se lever, courir vers le soleil qui perce les rideaux, demander le chocolat fumant et velouté » (IL, I, 807). Le

---

[1] Comme le rappelle Noëlle Châtelet, « le feu a gardé quelque chose de sa sacralité légendaire, restes fragiles d'une grande folie prométhéenne. Pour le cuisinier qui connaît son langage, la magie du feu réside dans sa faculté surprenante de transmutation. Du cru au cuit la distance est alchimique, la différence est de nature » (N. CHÂTELET, *Le Corps à corps culinaire, op. cit.*, p. 28.)
[2] F. LANGE, *Manger ou les jeux et les creux du Plat, op. cit.*, p. 15.
[3] *Ibid.*, p. 15

matin, qui chez les personnages colettiens est souvent vécu comme un réveil au monde, favorise cette exaltation du corps, ce mouvement de joie, qu'exprime aussi l'appétit : « Le matin ramène à mon être bien portant une allégresse remuante, l'appétit joyeux de m'attabler devant une journée à peine entamée » (RS, I, 549). Le retour à la vie éveillée passe par le plaisir de retrouver cette réalité sensible et matérielle qu'incarne l'aliment. L'appétit constitue ainsi une expérience heureuse de l'être. Son absence est signe de maladie ou de « mal-être » : « Je viens de perdre, en deux heures de malaise, l'habitude, le dessein, l'envie et le besoin de manger » (PrP, II, 1008). La manifestation de l'appétit, au contraire, est toujours associée à des valeurs éminemment positives : joie, enthousiasme, énergie, santé... Après sa « longue maladie » due à son installation à Paris, Claudine « repr[end] goût à la vie, petit à petit » :

> Je me suis aperçue un matin, quand on a pu m'asseoir sur mon lit, que le soleil levant entrait dans ma chambre, que le papier pékiné blanc et rouge égayait les murs, et j'ai commencé à songer aux pommes de terre frites.
> – Mélie, j'ai faim. Mélie, qu'est-ce que ça sent dans ta cuisine ?
> (ClP, I, 182).

L'envie de manger est ici synonyme de guérison, de forces recouvrées. Elle exprime l'heureuse victoire du corps qui reprend ses droits sur la maladie. Car il y a chez Colette un véritable bonheur, à la fois physique et moral, de retrouver la santé. Même affaibli, le corps qui a faim est un corps qui tourne le dos à la maladie et à la mort pour manifester son adhérence à la vie. Qu'on en veuille pour exemple l'appétit dont témoignent les grands blessés de la guerre 14-18, dans le récit *Les Heures longues* :

> Assis et flairant le parfum du café, le pauvre monstre à la tête éclatée et pourpre clignera vers moi son œil unique, et me dira de sa demi-bouche malicieuse :

— Avouez que j'ai vraiment ce qu'on peut appeler une trogne rubiconde !
Et il réclamera sa double ration de petit déjeuner, alléguant que le liquide, ça ne lui tient pas au corps (« Blessés », HL, I, 1208).

Devant les horribles blessures qu'elle observe et qu'elle décrit dans cette œuvre, Colette fait preuve d'une sorte d'instinct de survie et nous laisse percevoir son extraordinaire force morale, en refusant les lamentations et en prenant délibérément le parti de la vie[1]. Face à ces corps mutilés, elle recueille le moindre signe positif, la moindre expression de vie. Ainsi s'explique peut-être sa volonté de leur prêter, presque systématiquement, un appétit d'hommes en pleine santé : un blessé « soupire caninement au passage des escalopes odorantes et des pommes de terre frites : son gros appétit de campagnard méprise la nourriture liquide, la seule que lui permette son affreuse blessure », tandis qu'un autre, qui a « le bras droit scié », « rit de sa maladresse à manger de la main gauche » (*ibid.*, 1208-1209). Chez ses grands mutilés, comme chez Colette elle-même, l'appétit ne signifie certes pas la guérison, mais traduit un ardent vouloir-vivre, lequel équivaut déjà à une victoire sur le malheur ou la mort.

A l'issue d'une épreuve, qu'elle soit morale ou physique, l'appétit est donc le signe d'un retour à la vie. Après avoir découvert la trahison de Renaud, Claudine se réfugie à Montigny « pour songer, pour pleurer, pour détester » (ClM, I, 400). Mais, à son réveil, la jeune femme « meur[t] de faim » : dans l'univers apaisant de son village natal, sa reconstruction a déjà commencé. La faim, en effet, parce qu'elle est désir et donc projection de l'être hors de soi,

---

[1] D'aucuns diront qu'il s'agit là d'un optimisme de bon aloi, très en vogue dans ces années-là, parce qu'inséparable du patriotisme ambiant.

rétablit le lien, momentanément coupé par la maladie ou le chagrin, entre l'individu et son environnement : « Des pêches, oubliées dans une coupe, se rappelèrent à moi par leur parfum suri ; l'une d'elles où je mordis, rouvrit à ma faim et à ma soif le monde matériel, sphérique, bondé de saveurs » (NJ, II, 634). Ainsi un corps qui recouvre l'appétit est un corps à nouveau disposé à partir à la rencontre du monde sensible pour en goûter les richesses, ne serait-ce qu'alimentaires.

Ingestion : le goût de l'harmonie

Si l'appétit se définit comme un mouvement, un élan dynamique vers le monde, l'acte de manger lui-même, en revanche, se caractérise par son immobilité, voire par un certain repli sur soi. Il « donne au mangeur la sensation d'être soi, là, fixe dans le monde. Etre fixe voulant dire à la fois être stable dans l'espace et inchangé dans le temps »[1]. Synonyme de détente, l'acte de manger marque donc une pause, une arrêt dans le temps et l'espace. A ce titre, il voisine souvent avec le sommeil auquel il mène tout naturellement. Manger et dormir constituent en effet les deux modalités du repos colettien – le repos passe par le retour à une vie presque organique, où tous les besoins du corps sont satisfaits. Dans une lettre à sa fille, Sido écrit : « Voyons, dis-moi quand tu vas pouvoir prendre un peu de repos, mais là du vrai repos : manger, dormir ». Et comme en écho, Léa propose à Chéri : « Je t'emmène, si tu veux, on ne fera que manger, boire, dormir. (C, II, 22). Car manger et dormir, est-il nécessaire de le préciser, représentent aussi l'activité principale des vacances, durant lesquelles « les heures sont

---

[1] F. LANGE, *Manger ou les jeux et les creux du Plat, op. cit.*, p. 17.

extensibles, les caprices permis à l'appétit, au sommeil » (BS, III, 525)...

Chez Colette, la consommation de nourriture représente donc un moment de bien-être, une halte bienheureuse pour le corps et l'esprit : « Car le repas appartient au soleil tamisé, à l'apaisement qu'apporte et prolonge le bain frais » (NJ, II, 621). En ingérant de la nourriture, le corps se décontracte, éprouve une saine détente : « Julie respira plus à l'aise, et s'accorda de boire prudemment. Sa raideur la quitta, elle rayonna toute dorée sous la lampe » (JC, III, 155). Même dans le malheur, l'acte de manger marque une pause, un répit, une sorte de trêve. Comme le souligne Yannick Resch, l'acte de manger « chasse le désarroi, redonne l'optimisme, et ramène le corps à la vie en lui rendant l'équilibre qu'il était sur le point de perdre. Tout un vocabulaire de la cuisine vient donc s'allier à celui du corps pour évoquer le système de protection par lequel l'être récupère son énergie »[1]. En reprenant ses droits, en occupant le premier plan l'espace de quelques instants, le corps qui se nourrit parvient à distraire l'être tout entier de son malaise ou de sa douleur. Dans *Le Toutounier*, après le suicide de son mari Michel, Alice goûte un moment de réconfort en partageant un bon repas avec ses sœurs et parvient à chasser le souvenir du défunt qui revient la hanter : « Un instant, Michel... Laisse-nous... Tu sais bien que c'est notre délassement, à nous autres les filles Eudes, ces petits repas où nous ne voulons pas de convives » (Tou, II, 1390). L'acte de manger suscite une réaction immédiate du corps qui se traduit par une sensation de bien-être. Plaisir régressif ? Souvenir lointain du nourrisson chez qui la volupté du remplissage se mêlait à celle de la succion ? Inconsciemment, la consommation de nourriture replace d'emblée le mangeur

---

[1] Y. RESCH, *Corps féminin, corps textuel, Essai sur le personnage féminin dans l'œuvre de Colette*, Paris, Klincksieck, 1973, p. 28.

dans l'état voluptueux du petit enfant tétant le sein maternel. Le philosophe Michel Onfray le rappelle très justement : « Derrière chaque gourmand, gourmet ou gastronome, il y a presque toujours un enfant qui cherche à calmer les primitives angoisses, une âme défaite dont, souvent à son corps défendant, le besoin de consolation est abyssal »[1]. Cette idée que manger possède des vertus consolatrices est incontestablement très présente chez Colette. Dans *Le Fanal Bleu*, elle raconte qu'à une époque où elle avait « grand besoin de secours moral », elle trouva réconfort auprès de Marguerite Moreno... et de sa tarte au prunes : « Prends une assiette, Macolette. – Je n'ai pas faim. – Si, tu as faim, prends une assiette. Ce que tu as, ça se soigne par la nourriture. Assieds-toi. Je vais te raconter ma vie et mes miracles » (FB, III, 787).

Cependant, au-delà de cet aspect consolateur, l'acte alimentaire a également le pouvoir de raviver instantanément cette sensualité toujours réceptive sur laquelle repose tout l'équilibre moral du tempérament colettien. Chez Colette, manger met tout simplement de bonne humeur : on mange « avec joie » (JC, II, 100), « avec soin et plaisir » (En, I, 1104), en « ri[ant] d'emplir son assiette et de vider de pleins verres de bière mousseuse » (HL, I, 1269). Le simple fait de manger exerce un pouvoir euphorisant, presque galvanisant : « Une tartine poudrée de poivre et de sel » suffit à rendre « presque tout son optimisme » à Julie de Carneilhan (JC, III, 123), tandis que la « petite timbale de truffes » que Claudine déguste chez Tante Cœur « consolerait une veuve de la veille » (ClP, I, 199). Mais c'est en cherchant du côté des bêtes, et en l'occurrence de Kiki-la-Doucette, que l'on trouve peut-être la meilleure illustration de cette allégresse physique, de ce moment de pur bien-être qui réside dans l'acte de

---

[1] M. ONFRAY, *La Raison gourmande*, op. cit., p. 172.

manger : « Après mon déjeuner de foie rose et de lait, une joie puérile et sans cause me restitue quotidiennement l'âme d'un chaton encore vêtu de duvet fou » (DB, II, 848).

Car, même confronté à une épreuve, le corps colettien n'est jamais prêt à renoncer au plaisir qui s'offre à lui : « La première bouchée, la première gorgée chaude lui rendirent un peu de contentement animal, qu'il dissimula en fronçant les sourcils » (Duo, II, 1154). A la moindre sollicitation, donc, et comme malgré elle, cette sensualité pure, « animale », rejaillit et replace l'individu au cœur du monde sensible et de ses jouissances immédiates – dans cette dernière citation, les sensations gustatives semblent d'ailleurs d'autant plus intenses qu'elles sont les premières de la journée. Mais libre à chacun, cependant, d'acquiescer ou non à cette invitation des sens. Incapable de surmonter l'aventure adultère de sa femme, Michel, lui, refuse délibérément d'écouter son propre corps l'encourager à oublier son malheur et à savourer les premiers plaisirs que lui offre la journée. Le plaisir oral de la cigarette n'a pas plus de prise sur lui que celui de la nourriture : « Il laissa retomber, molle, sa main qui venait de porter à ses lèvres la première, la meilleure cigarette, et ferma les yeux : "Si je me laissais faire, soupira-t-il, ah ! que je pourrais être encore heureux..." » (*ibid.*, 1155). Orgueil, faiblesse ou simple caprice ? Les ressorts profonds de l'attitude de Michel – attitude qui le mènera jusqu'au suicide –, de même que l'ampleur réelle de sa blessure, ne sont pas formellement décrits par Colette, mais tout juste suggérés. En revanche, on perçoit très clairement cette forme de secours qui se présente à lui par le biais de son corps : la possibilité d'un bonheur « malgré tout » qui existe en lui, mais auquel sa volonté s'oppose. Ici transparaît l'idée, très fréquente chez Colette, que la véritable sagesse se trouve du côté du corps et non de l'esprit, lequel s'avère trop souvent marqué par l'orgueil ou la faiblesse. Le corps, en effet, se caractérise par son infini « bon sens ». Pour Colette, la perversité (ou ce que l'on pourrait aussi appeler le « mal ») n'est jamais le fait du corps, mais de la pensée – c'est-à-dire de l'usage que l'on fait de son corps[1]. Pour autant, il ne faut pas croire non plus que notre faculté à être heureux résiderait purement et simplement dans cette part « animale » qui gît en chacun de nous. Chez Colette, les animaux, qui n'ont pas moins de défauts que les êtres humains, peuvent faire preuve d'autant d'orgueil. Dans les *Douze Dialogues de bêtes*, Kiki-la-Doucette, encore lui, manifeste d'ailleurs une attitude très comparable à la réaction butée de Michel[2]...

Pour en revenir à l'ingestion proprement dite, et à la réaction positive qu'elle suscite sur le corps, remarquons aussi qu'elle s'inscrit dans une gestuelle spécifique, à savoir l'ensemble des gestes et mouvements qui accompagnent l'acte de manger – une gestuelle qui, chez Colette, peut se révéler elle-même dispensatrice de bien-être. De manière générale, la gestualité du mangeur colettien est empreinte de tranquillité et d'harmonie. Dénuée de toute précipitation, elle est le produit d'un corps détendu, au repos : « Elle mangeait en gourmande, à petits coups de fourchette, et offrait à la lumière chagrine et douce ses cheveux lisses qui miraient le ciel cotonneux, ses yeux mi-fermés et pâles » (Duo, II, 1169-1170). Pas de mouvements brusques ou maladroits, mais au contraire une succession de gestes mesurés, réguliers et posés, comme chez ce petit crabe observé par Colette, qui donne une « leçon de bonnes manières » en « consomm[ant] un minuscule poisson mort qu'il tient, d'une pince, comme

---

[1] C'est, en substance, le thème de son livre *Le Pur et l'Impur*.
[2] Fort contrarié d'être obligé de prendre le train, Kiki-La-Doucette s'empêche de manger avec plaisir quand vient l'heure du déjeuner : « C'est du blanc de poulet. Frrrr... Allons, bon ! je fais ronron sans m'en apercevoir ! Il ne faut pas. Ils croiraient que je me résigne à ce voyage... Mangeons lentement, farouche et désabusé, mangeons uniquement pour ne mourir point... » (DB, II, 824).

un pain flûte ; de l'autre pince, il détache de menus fragments qu'il porte à sa bouche, sans hâte, distingué, un peu affecté » (AB, III, 834). Le mangeur colettien donne l'impression d'agir avec aisance et sérénité dans un environnement qui lui est familier. Ses gestes ne rencontrent ni obstacles, ni accrocs, mais s'enchaînent comme les notes d'une partition bien réglée : « Il s'installe, beurre des rôties, mange, emplit sa tasse, tourne sa cuillère le petit doigt levé, laisse aveugler ses yeux grands ouverts, éblouis et heureux... » (RS, I, 550). En s'adonnant à l'acte de manger, l'individu est en prise directe avec le monde, qu'il manipule et apprivoise à sa guise – à travers la précision et l'harmonie de ses gestes de mangeur, il agit sur le monde en l'organisant, il l'ordonne. Les anthropologues ont montré comment les manières de table, au sens large du terme, organisent et régulent les relations du mangeur avec le monde en les médiatisant[1]. L'activité du

---

[1] Comme l'écrit M-C Mahias, d'une manière générale, « la sélection des aliments, qu'elle soit détermination de ressources comestibles ou effets d'interdits, se fonde sur des classifications liées à une mise en ordre du monde, à une cosmologie reliant la personne, la société et l'univers et assignant à l'homme sa place et sa conduite » (M.-C. MAHIAS, article « Cuisine », in *Dictionnaire de l'ethnologie et de l'anthropologie*, Paris, PUF, 1991, p. 187). Claude Lévi-Strauss souligne lui aussi cette fonction de régulation qu'ont les manières de table, relayées notamment par les ustensiles de table : « Régimes alimentaires, bonnes manières, ustensiles de table ou d'hygiène, tous ces moyens de la médiation remplissent donc une double fonction. Comme Frazer l'a compris, ils jouent le rôle d'isolants ou de transformateurs [...]. Mais ils servent aussi d'étalons de mesure. [...] ils modèrent nos échanges avec le monde, leur imposent un rythme assagi, paisible et domestiqué ». Cl. LEVI-STRAUSS, *L'Origine des manières de table*, Paris, Plon, 1968, p. 421). Quant à Frédéric Lange, il pousse encore plus loin cette idée de mise en ordre du monde par le biais des ustensiles de table : « Parce qu'ils divisent en portions, en rations, en parts – une assiettée, un verre, une cuillerée, une soupière

mangeur colettien participe, elle aussi, de cette idée de mise en ordre du monde : à travers l'ordonnancement rigoureux de ses gestes, le mangeur organise son rapport avec le monde immédiat, matériel. Les notions d'ordre et de maîtrise liées à l'acte alimentaire nous apparaissent tout à fait essentielles chez Colette, pour laquelle une vraie gourmande comme Léa « aim[e] l'ordre, le beau linge, les vins mûris, la cuisine réfléchie » (C, II, 11).

Le mangeur colettien, en effet, ne se nourrit pas n'importe comment : au-delà du simple respect des « bonnes » manières, l'ordre et la maîtrise sont une condition nécessaire à son plaisir et à son bien-être[1], un gage d'harmonie dans le rapport intime qu'il entretient avec le monde. Pour Renée, « le plaisir de déjeuner tranquillement », c'est de « creus[er] le pot de miel et la motte de beurre avec une gourmandise *méthodique* » (En, II, 1064). La cuisine elle-même, qui organise la matière comestible brute en la transformant, se doit de refléter cette notion d'ordre pour atteindre à la perfection. Pour Colette, elle est affaire « de modération et de classicisme », de « noble retenue » (PrP, II, 1005). Toute forme de désordre ou de perte de contrôle dans le cadre de l'acte alimentaire – manger n'importe quoi, n'importe quand, n'importe comment – devient donc un facteur perturbateur, qui peut remettre en cause le statut même de mangeur. Ainsi, note Colette, il est rare de « bâfrer sans déchoir » (MA, II, 1206). Rompre l'ordre par le biais de l'excès ou de la démesure constitue une porte ouverte à

– les ustensiles de table servent à mesurer, à ordonner le monde. Comme l'ordre strict de présentation des plats et les horaires des repas, les ustensiles de table fixent le monde ; ce sont des outils de géomètre ». F. LANGE, *op. cit.*, p. 26.
[1] Dans le célèbre vers de « L'Invitation au voyage », Baudelaire associe aussi les notions d'ordre et de plaisir sensuel : « Là, tout n'est qu'ordre et beauté, luxe, calme et volupté. »

l'animalité, comme le montrent ces « curiosités gargantuesques » que sont Bouilloux et Labbé (MCl, II, 240-241). On mesure ici combien l'ordre attaché à l'acte de manger chez Colette constitue une sorte de voie balisée dans le rapport à la nourriture, qui permet de se prémunir contre les dérèglements ou les dérives.

La notion d'ordre du mangeur colettien s'inscrit également dans une perspective temporelle. Chez Colette, toute forme d'agitation, de précipitation dans la consommation de nourriture est montrée sous un jour défavorable. Le caractère rituel, presque cérémonieux, du repas apparaît comme un garde-fou contre tout risque d'emballement : en mangeant « pieusement » (RS, I, 549), en étant « recueilli devant la nourriture » (C, II, 90), on prend forcément son temps. Qu'elle soit ritualisée ou non, la notion d'ordre liée au mangeur se décline sur le mode temporel à travers l'idée, particulièrement positive, de lenteur. A ce titre, la fameuse anecdote de l'araignée de Sido, qui constitue une véritable apologie de la lenteur, nous donne peut-être à voir le modèle idéal du mangeur selon Colette : « Elle descendait, lente, balancée mollement comme une grosse perle, empoignait de ses huit pattes le bord de la tasse, se penchait tête première, et buvait jusqu'à satiété. Puis elle remontait, lourde de chocolat crémeux, avec les haltes, les méditations qu'impose un ventre trop chargé, et reprenait sa place au centre de son gréement de soie » (MCl, II, 233). La lenteur chez Colette se présente comme une manière d'être, un art de vivre propre au mangeur, dans un monde qui, selon elle, n'a de cesse de louer la vitesse[1].

---

[1] L'éloge de la lenteur – ou la critique de la vitesse – sont des motifs qui reviennent souvent sous la plume de Colette. Outre les nombreuses allusions qui apparaissent au fil de l'œuvre, ce sont les thèmes principaux de « Voyages » (VE, II, 160-162), « Moi, je suis gourmande » (EPC, III, 969-971), etc.

A travers le repas, le mangeur va donc pouvoir imposer au monde son propre rythme, un rythme « à sa mesure », qui, comme le pas humain dans la promenade (cf. *ibid.*, 971), est fondé sur la lenteur et le sens de l'oisiveté — le repas étant d'ailleurs lui-même comparé à une promenade, sur le mode gustatif : « Savez-vous seulement ce que méritent un estomac, un palais comme le mien ? Ils méritent d'avoir le temps de réfléchir, le loisir humain de flâner » (*ibid.*, 970). « La lenteur réfléchie, la mesure » (PrP, II, 1001) reviennent comme des leitmotivs quand Colette évoque l'art de déguster. C'est ce rapport au temps fondé sur la lenteur qui, selon elle, donne tout son prix à l'acte alimentaire. Et, réciproquement, l'acte alimentaire permet de goûter à ce « luxe » qu'est la lenteur et de « gaspiller, sagement, le temps » (EPC, III, 969). Ce constat esthétique en forme d'éloge de la lenteur s'applique non seulement à la consommation mais aussi à la préparation culinaire des aliments, qui repose sur de « discrètes combinaisons lentes, réfléchies » (PrP, II, 1005). Posée en termes de temporalité, la cuisson, surtout, restitue cette idée d'excellence inhérente à la lenteur, car « les meilleurs plats du monde [...] cuisent lentement » (*ibid.*, 1007)[1].

---

[1] On touche ici à cette idée, souvent avancée par les théoriciens de la gastronomie, que la cuisine peut être considérée comme un art du temps. Comme l'écrit joliment Michel Onfray, le cuisinier est un « artiste qui sculpte le temps » : « La cuisson, dans la cuisine, la température idéale, dans l'assiette, montre qu'il en va du cuisinier comme du démiurge, familier du *kaïros*, de l'instant propice : avant ou après, trop tôt ou trop tard, et l'œuvre est ratée, manquée, à écarter » (M. ONFRAY, *La Raison gourmande, op. cit.*, p. 166). Colette ne dit pas autre chose lorsqu'elle montre à l'œuvre « l'homme du Dom, l'homme de qui on ne voit que l'ombre sur le feu », image archétypale du cuisiner magicien : « Pendant combien de temps [la cuisson dure-t-

De toutes les nourritures, le vin est peut-être celle qui permet le mieux au mangeur colettien d'accéder à cet idéal de lenteur auquel il aspire. Le vin, en effet, entretient avec le temps un rapport particulier puisque c'est dans la durée qu'il se bonifie. Colette, qui dit avoir été « bien élevée », a « tari le plus fin de la cave paternelle, godet à godet, délicatement » (PrP, II, 987). Car le vin, en effet, « n'aime ni la hâte, ni la brutalité » (*ibid.*, 1001) et doit se déguster « mesuré dans des verres étroits, absorbé à gorgées espacées, réfléchies » (*ibid.*, 987)[1]. Ainsi, associée à la dégustation du vin, l'idée de lenteur atteint un tel degré de perfection qu'elle donne l'impression d'agir sur l'écoulement même du temps, puisqu'au « chevet du vin cloîtré, le temps s'endort, et peut-être que nous cessons, un moment, de vieillir ? » (*ibid.*, 1001). Comme le constate Jean-Paul Kauffmann, « le vin déjoue la mort » car « est préservé de l'altération, transcendé, ce qui devrait normalement se gâter »[2]. A celui qui le déguste, le vin permet de déjouer à son tour l'écoulement du temps, de goûter un instant d'éternité. Mais n'est-ce pas là justement la finalité, peut-être inconsciente, peut-être inavouée, de toute dégustation ? La lenteur à laquelle tend le mangeur en « savour[ant] à la Claudine [...] la grâce de la minute présente » (RS, I, 567) aurait donc pour ressort ultime d'arrêter le temps. Goûter l'instant, le fixer comme un tout qui se suffit à lui-même, c'est se dresser contre le déroulement implacable du temps qui passe. Le mangeur colettien a cette faculté de jouer avec la perception linéaire

---

elle]? L'homme noir le sait. Il ne mesure rien, il ne consulte pas de montre, il ne goûte pas, il sait » (PrP, II, 990-991).
[1] De par son procédé de fabrication qui s'inscrit dans la durée et la continuité, le vin ne représente-t-il pas lui-même un modèle de lenteur?
[2] J-P. KAUFFMANN, « Le liège du temps », *Autrement*, n°149, novembre 1994, p. 106.

du temps, de la rendre plus élastique, en éprouvant grâce à la dégustation la densité du moment présent. Chez Colette, la sensation gustative a le pouvoir de conférer à l'instant une dimension d'éternité.

Cette forme d'acmé que représente la dégustation coïncide bien sûr avec le plaisir sensuel qui l'accompagne. En étudiant, plus haut dans ce chapitre, les différents aspects de l'anticipation alimentaire, nous avions déjà remarqué combien celle-ci pouvait faire appel à plusieurs sens à la fois. L'expérience de la dégustation intensifie cette participation de tous les sens réunis vers une seule fin, ainsi que nous le montre par exemple le « bœuf à l'ancienne » de Mme Yvon. Riche en ingrédients et en textures, il a le pouvoir de combler « au moins trois sens sur cinq – car outre sa saveur sombre et veloutée, sa consistance mi-fondante, il brillait d'une sauce caramelline, mordorée, cernée sur ses bords d'une graisse légère, couleur d'or » (PrP, II, 1005). La dégustation prend ainsi la forme d'une expérience sensorielle « totale », où les sens s'appellent et se répondent les uns aux autres, finissant par s'unir intimement au point de se confondre. De la vue, du toucher et du goût, lequel préside à la dégustation de ce bœuf à l'ancienne ? Chronologiquement, on peut « reconstituer » l'expérience en imaginant que l'œil perçoit d'abord la sauce colorée et enveloppante, puis devine la « consistance mi-fondante », que vient lui confirmer la bouche lorsqu'elle incorpore et mâche une première bouchée, avant que le goût lui-même ne se révèle aux papilles[1]. Pourtant, l'expérience telle qu'elle est décrite par Colette débute sur la note gustative « sombre et veloutée », évalue ensuite la consistance « mi-fondante », avant de

---

[1] Cette description permet de rappeler l'importance fondamentale que revêt le toucher dans la sensation gustative : c'est ce sens en effet qui permet d'apprécier la consistance et la texture des aliments.

s'ouvrir sur la brillance visuelle de la « sauce caramelline, mordorée » qui culmine avec la graisse « couleur d'or ». L'œil serait-il, en fin de compte, le plus comblé ? Certainement pas. Car les sens n'opèrent pas ici de manière isolée, mais concourent au contraire à l'accomplissement d'une expérience commune, où ils se révèlent à l'unisson. La « saveur sombre et veloutée » n'apparaît-elle pas, à elle seule, comme le résultat de l'intervention conjuguée de la vue, du toucher et du goût ? Ce que nous révèle le bœuf à l'ancienne de Mme Yvon, c'est que la perception de l'aliment procéderait d'une « synesthésie », déterminant des correspondances entre les différents sens pour tenter de cerner au plus près la réalité si riche et si complexe de l'expérience alimentaire. La recherche scientifique est d'ailleurs venue confirmer ce que Colette instinctivement a su si bien observer. Ce que nous appelons communément le « goût » représente bien davantage que la sensation gustative. Le goût, en effet, « résulte de la convergence de toutes les modalités sensorielles. Il dépend non seulement de la gustation mais surtout de l'olfaction en plus de la vision, de la somesthésie (le tact et le sens des volumes) et même de l'appareil auditif »[1].

Mais encore faut-il que le mangeur se montre ouvert et accessible à cette quantité impressionnante d'informations qui s'offrent à lui. La dégustation requiert en effet une concentration toute particulière. En mangeant un « cassoulet divin, servi dans de petites marmites en argent », Claudine n'a « l'âme pleine que de haricots rouges et de petits lardons fumés » (ClM, I, 338). Déguster signifie se consacrer totalement à ce que l'on mange, solliciter toutes les fonctions de son cerveau vers cette seule fin. Chez Colette, la

---

[1] S. NICOLAIDIS, « A quoi sert le goût », conférence donnée à l'occasion du colloque pluridisciplinaire sur « Le Goût », organisé par l'Université de Bourgogne les 12 et 13 septembre 1996.

consommation de nourriture mobilise l'être tout entier, au point parfois de le couper du reste du monde : « Une admirable glace à la mandarine me détache d'ailleurs de toute autre préoccupation » (ClP, I, 200). Dans notre première partie, nous avons déjà remarqué combien, à travers l'expérience enfantine de la cueillette, se dégage, chez Colette, un parti pris pour l'expérience gastronomique solitaire. En se soustrayant à son entourage, le mangeur se trouve dans un état de disponibilité absolue, de totale réceptivité à la sensation – un état que permet d'autant mieux l'exigence de lenteur, soulignée plus haut. Ainsi s'explique cette impression de plénitude, cette « jouissance pleine » (ClM, I, 410), si souvent associée à l'expérience alimentaire chez Colette. Le plaisir gastronomique nécessite une part sinon de solitude, du moins de repli sur soi, pour que le mangeur puisse s'adonner « corps et âme » à la jouissance qu'il ressent.

Sur cette question de la jouissance alimentaire, Roland Barthes, estime pour sa part que « le plaisir de table ne comporte ni ravissements, ni transports, ni extases – ni agressions ; la jouissance, s'il en est, n'y est pas paroxystique »[1]. Ce constat n'apparaît pas avec une telle évidence chez Colette. Certes, toute consommation alimentaire n'implique pas forcément chez elle des transports « paroxystiques »... Mais il n'en reste pas moins que le plaisir alimentaire, de par la sensation de plénitude qu'il engendre, peut parfois atteindre des sommets et s'apparenter à l'extase. « Coup de soleil, choc voluptueux, illumination des papilles neuves ! » (PrP, II, 987) : tel fut l'éblouissement sensuel que ressentit Colette lorsqu'elle goûta pour la première fois le muscat de Frontignan. Le visage de Caroline Otero, que Colette a décrit lorsqu'elle mange, laisse lui aussi percevoir

---

[1] BRILLAT-SAVARIN, *Physiologie du goût*, précédé d'une « Lecture de Brillat-Savarin » par Roland Barthes, Paris, Hermann, 1975, p. 29.

un état de plaisir comparable sinon identique à l'extase : « Sa majesté fondait, remplacée par une expression de volupté douce et d'innocence » (MA, II, 1207)...

Mais, plus que de chercher à mesurer le degré d'intensité du plaisir alimentaire chez Colette, il importe surtout de souligner que ce plaisir se manifeste sur un double plan, à savoir qu'il allie la sensation brute au raffinement le plus extrême. Claudine Nast-Verguet s'est attachée à montrer que, face aux personnages types du gourmet et du gastronome, l'œuvre de Colette fait apparaître un troisième personnage, le glouton, qui est l'expression des énergies les plus primitives de l'être humain[1]. Une fois de plus, la dimension purement physique de l'être est loin d'être occultée par Colette. Tout mangeur est d'abord un corps – un corps capable de s'abandonner à la joie élémentaire de se nourrir :

> Affamée, la pensée endormie, je mange comme un bûcheron, mon panier au creux des genoux. Jouissance pleine de se sentir une brute vivace, accessible seulement à la saveur du pain qui craque, de la pomme farineuse ! (ClM, I, 410)

Ce que la « brute vivace » qu'est Claudine nous rappelle ici, c'est qu'à la base de tout plaisir alimentaire, il y a une jouissance purement physique, animale, une jouissance d'avant la pensée, faisant appel à la part la plus primitive et la plus naturelle qui se trouve en nous – une jouissance dont l'origine se situe aux racines mêmes de l'être, au niveau de la sensation pure. Tout plaisir gastronomique, aussi raffiné soit-

---

[1] Cf. C. NAST-VERGUET, « Trois aspects de la gourmandise chez Colette », revue *Europe* n°631-632, novembre-décembre 1981, p. 106-115. Cette figure du glouton dévorateur n'est pas sans présenter quelques similitudes avec les images de l'ogre et de l'ogresse, amateurs de chair fraîche, que nous avons étudiées dans le chapitre précédent.

il, repose donc d'abord sur une « gourmandise un peu brutale et préhistorique » (PrP, II, 1008).

Cependant, une fois ce constat établi, il faut également reconnaître que, chez Colette, l'expérience de la sensation, et en particulier l'expérience de la sensation gustative, fait l'objet d'une connaissance et d'un approfondissement extrêmement poussés. Ici intervient le personnage du gourmet défini par Claudine Nast-Verguet, cet être hautement culturel, dont la gourmandise est le résultat d'un long apprentissage. Car, en effet, si Colette ne cherche jamais à éluder ou à réduire l'aspect primitif et animal de la perception sensorielle, elle met aussi l'accent sur la notion d'apprentissage liée à la sensualité : « Un exercice constant, répété pendant des années, affine seul ainsi les sens humains » (*ibid.*, 1003). Pour Colette, seul le perfectionnement continuel permet d'accéder à cette forme de savoir et de culture qu'est l'art de la dégustation. Sur ce plan, il faut noter que l'éducation joue un rôle primordial selon elle. Elle raconte ainsi que sa propre initiation au vin fut l'objet d'un « véritable programme éducatif » (PrP, II, 986), qu'elle décrit comme un apprentissage apparenté à celui de la lecture, où les gorgées de vin « s'épellent, goutte à goutte » (*ibid.*, 986), comme des mots. Ainsi, au terme de ces « bonnes études » (*ibid.*, 986), Colette dit avoir acquis une connaissance familière du vin.

Mais si les parents ont un rôle d'initiateurs, il n'en reste pas moins que le perfectionnement dans l'art de la dégustation relève aussi d'un processus individuel. C'est à l'individu en effet d'apprendre à « traiter » la sensation qu'il perçoit, à la décomposer et à l'analyser, pour susciter en lui le plaisir gastronomique, autrement dit une émotion d'ordre esthétique. Ainsi s'explique cette notion de « réflexion », si souvent associée à l'expérience alimentaire chez Colette, à travers des expressions comme « la lenteur réfléchie » (*ibid.*, 1001) ou les « combinaisons, lentes, réfléchies » (*ibid.*, 1005). L'art de la dégustation exige de la part du mangeur qu'il se concentre sur ce qu'il ressent et qu'il se livre à une analyse en profondeur de toutes les sensations qu'il perçoit : « Elle vida son verre de fine d'une lampée. C'était pourtant une très vieille eau-de-vie qui méritait réflexion, une fine adoucie et coulante » (JC, III, 150). Prendre « le temps de réfléchir » (EPC, III, 970), analyser, « lire »[1] les plats que l'on déguste, tel est, selon Colette, le principe fondamental sur lequel repose le véritable plaisir gastronomique.

Les pages de Colette sont ainsi truffées de descriptions d'expériences alimentaires, où chaque sensation perçue fait l'objet d'une « réflexion », c'est-à-dire d'une analyse approfondie, d'un décodage attentif, afin d'en révéler les nuances les plus subtiles :

> [Le déjeuner] comportait les fondants jambonneaux de cochon cuits en pot-au-feu, habillés de leur lard rosé et de leur couenne, mouillés de leur bouillon qui fleurait un peu le céleri, un peu la noix muscade, un peu le raifort et tous les sains légumes, serviteurs aromatiques de la maîtresse viande » (EV, II, 591).

Le sensation gustative se présente ainsi comme un champ d'exploration infini à travers la recherche du mot susceptible de saisir et de traduire une saveur dans sa plus parfaite exactitude. A la manière d'un kaléidoscope, chaque saveur se décompose en une multitude d'autres saveurs qu'il convient d'identifier et de nommer. Dans cet exercice aussi ardu que subtil, le recours à la comparaison apparaît comme le procédé le plus approprié : le chocolat grillé a un « goût exquis, qui participe de l'amande grillée et du gratin à la vanille » (ClP, I, 223), le champignon cru « sent la truffe et la

---

[1] Cette expression, rapportée par l'abbé Mugnier, serait de Colette elle-même, qui, à l'occasion d'un dîner, analysa les plats et identifia chacun de leurs ingrédients (Cf. L'abbé MUGNIER, *Journal (1879-1939)*, Paris, Mercure de France, 1985, p. 503).

terre » (RS, I, 554), le « poisson au coup de pied » « se souvient de la mer et des baumes sylvestres » (PrP, II, 991). Cet art de la comparaison, Colette l'affectionne autant qu'elle s'en méfie. A ses yeux, il constitue une sorte de piège d'écrivain – un engrenage auquel elle-même échappe difficilement comme elle le reconnaît non sans malice : « La pivoine sent la pivoine. Ne pouvez-vous me croire sur parole, au lieu de chercher toujours des comparaisons, prêter au beurre fin le goût de la noisette, à l'ananas celui de la fraise blanche, et à la fraise blanche, l'apéritive et douce saveur de la fourmi écrasée ? La pivoine sent la pivoine, c'est-à-dire le hanneton » (PH, III, 701). Il n'empêche qu'à force de comparer, il existe un risque de surenchère : trop de sophistication met en péril la perception même de la sensation gustative. Aussi la recherche de la comparaison pour la comparaison (comme on parle de l'art pour l'art) relève-t-elle pour Colette d'une douce perversion : « Il est en nous un démon qui compare, baptise, détourne à leurs fins, dénature les dons les plus simples de l'univers tangible. Nous aimons que la rouelle de veau ait « un goût de noisette » ; nous louons, dans la pintade, une saveur de perdreau » (PrP, II, 1015). En suscitant ainsi la comparaison à tout prix, on aboutit à une rhétorique gastronomique stérile qui n'a plus grand-chose en commun avec le plaisir de manger. Cette dérive rhétoricienne, qui guette tout gastronome, menace en premier lieu l'écrivain, lequel risque, dans sa démarche littéraire, de perdre toute authenticité. C'est dans cette perspective qu'il faut lire la condamnation sans appel que Colette prononce à l'encontre de ces « écrivains qui, lestés d'une biscotte ou d'un légume, voire d'une tasse de thé aggravé d'un rond de citron, vous troussent des pages charmantes à la gloire du jambon en croûte et de la « caille endimanchée ». Il arrive que l'excès de leur science, ou quelque pataquès, les dénoncent. La gourmandise est plus modeste, plus profonde aussi » (EPC, III, 970). Certes, cette critique en règle a pour objet la « littérature gastronomique », qui pour Colette est « la pupille bâtarde de la gastronomie [...] lorsqu'elle n'est dictée que par l'art d'écrire » (*ibid.*, 970). Il n'en reste pas moins qu'elle traduit aussi, de manière plus globale, cette préoccupation nécessaire et permanente de l'écrivain, qui doit ne pas perdre de vue la réalité de sa perception et rester en phase avec le monde sensible où il puise son inspiration.

L'art de la dégustation tel que Colette le conçoit se situe donc dans un équilibre harmonieux entre désir et plaisir, énergie et lenteur, sensualité et réflexion, conjuguant l'immédiateté de la sensation au recul de l'analyse. Alliant l'appétit du glouton au raffinement du gastronome, le mangeur idéal de Colette se révèle ni tout à fait l'un ni tout à fait l'autre, ou plutôt les deux en même temps, un peu à l'image de Léon de Carneilhan, le frère de Julie, qui « mangeait avec des mains de paysan et des gestes d'homme du monde » (JC, III, 153). L'art colettien de la dégustation apparaît donc comme l'expression d'une réconciliation possible entre les aspirations les plus opposées et les plus contradictoires qui animent l'être humain. La gourmandise selon Colette participe ainsi de cette « sorte de gentilhommerie du monde bas » (C, II, 28) que cultive Léa et qui caractérise tant d'autres de ses personnages – une « gentilhommerie du monde bas » qui, plus largement, serait la marque de toute une esthétique des sens chez Colette...

La cuisine du corps

Reprenons à présent notre parcours de l'aliment là où nous nous étions arrêtés, c'est-à-dire au moment de l'ingestion, lorsque l'aliment pénètre et séjourne dans la bouche, et poursuivons son cheminement à travers le corps du mangeur. Nous voilà projetés dans l'univers secret de l'intérieur du corps, confrontés à l'étonnante machinerie qui relie ces deux ouvertures sur l'extérieur que sont l'orifice buccal et l'orifice anal. Partant de la bouche, l'aliment va traverser le corps pour parvenir à l'autre bout sous forme d'excrément. Entre-temps, il aura subi un long processus de transformation à travers l'œsophage, l'estomac, les intestins. Ce passage de la nourriture à travers le corps ne constitue pas un fait anodin. Chez Colette, il nous entraîne dans un espace de l'intimité où corps réel et corps imaginé se mêlent inextricablement.

Digestion et excrétion

« Après déjeuner, mets-toi une couverture sur les genoux, ne fais pas une digestion à froid. Mets-toi quelque chose sur les jambes, sur le ventre, sur les genoux surtout et digère paisiblement » : voilà le conseil, plutôt inattendu, que la grande Colette donnait à un autre écrivain, son amie Germaine

Beaumont[1]. Après l'ingestion, la digestion perpétue donc cette image du mangeur détendu, au repos : « Deux heures. L'heure du café, des journaux illustrés, de la cigarette blonde à l'âme bleue... On se sent indulgent et mou » (RS, I, 572). C'est un moment, nous l'avons déjà dit, où le mangeur s'abandonne volontiers au sommeil, comme Fanny, qui en sortant de table est « matée par le sommeil brusque des gourmandes » (Sec, II, 661). Mais, derrière le calme apparent du sommeil, le corps lui redouble d'activité et entame sa mystérieuse cuisine interne. Ainsi, « au rythme de son cœur agité, Fanny enfant[e] un rêve, banal et inintelligible » (*ibid.*, 661). A l'heure de la sieste, Toby-Chien, en revanche, n'arrive pas à dormir : « Quelque chose fait boule dans [s]on estomac. Cela va descendre, mais lentement » (DB, II, 813). Pour peu qu'il soit troublé, le processus compliqué de la digestion peut donc aussi venir déranger le repos du mangeur.

Considéré d'un point de vue physiologique, un processus tel que la digestion fait appel à une vision mécanique du corps : un corps machine toujours en marche, inscrit dans le flux ininterrompu d'une triple opération, ingestion-digestion-excrétion. Dans l'œuvre de Colette, cette conception « matérialiste » du corps est illustrée par un personnage comme celui de l'oncle Paul, dans *L'Ingénue libertine*. L'oncle Paul, qui exerce la profession de médecin, n'envisage la consommation alimentaire que sous l'angle de la digestion. Seul importe le parcours souterrain de la nourriture, plus ou moins bénéfique pour le corps selon la nature de l'aliment. Contre la fièvre de Minne, par exemple, l'oncle Paul « prescrit bouillon, poulet, vin tonique et léger » (IL, I, 703) ; des aliments peu consistants, peu nourrissants, mais énergisants, qui n'alourdissent pas le corps déjà affaibli par la maladie. Car, aux yeux de l'oncle Paul, la

---

[1] Interview de Germaine Beaumont réalisée en 1973 sur France Inter et retranscrit par Foulques de Jouvenel, in *Cahiers Colette* n°14, 1992, p. 13.

nourriture est surtout source de pesanteur, ce qui entrave le processus de digestion :

> – Ce melon a du mal à descendre, soupire l'oncle Paul, affalé dans un fauteuil de canne.
> – C'est l'estomac que vous avez faible, décrète le père Luzeau. Moi, je prends du Combier avant et après mes repas, et je peux manger autant de melon et de haricots rouges que ça me convient (*ibid.*, 709).

Pour l'oncle Paul, la nourriture n'a de fonction *que* digestive. Il y a les aliments qui « ne passent pas », qui bloquent, détraquent, empêchent le bon fonctionnement de l'organisme : le melon qui « a du mal à descendre » (*ibid.*, 709), les « salaisons » qui donnent des « boutons » (*ibid.*, 698). Et puis il y a les aliments qui rétablissent l'équilibre, libèrent le circuit digestif : la mirabelle qui « purge », la gentiane qui lutte contre la « congestion » et fait « passer [l]es boutons » (*ibid.*, 709). Soumis à ces variations contradictoires, le corps n'est plus qu'une machine organique, une machine à digérer, dont des « pannes » diverses viennent entraver la bonne marche. Dans son rapport à l'aliment et à sa consommation, l'oncle Paul se révèle presque caricatural, obsédé qu'il est par le processus digestif. Ses propos portent à peu près tous sur des questions de digestion. Son apparence elle-même est marquée par cette fonction de l'organisme : il est décrit à plusieurs reprises comme étant « tout jaune », ayant rapporté de ses missions « un foie congestionné dont la bile verdit son visage » (*ibid.*, 698). Son approche purement organique voire digestive du corps se complaît dans une forme de trivialité – approche caractéristique du malade « hypocondriaque » qu'il est (*ibid.*, 698), mais aussi du médecin qu'il incarne. Car, à travers le personnage de l'oncle Paul, on sent que Colette critique aussi une certaine conception du corps, propre à la médecine. Ainsi Renaud, dans *La Retraite sentimentale*, cède lui aussi « à ce touchant travers des malades très soignés qui s'intéressent tardivement au jeu de leurs viscères, se découvrent un foie, un estomac, et s'enthousiasment pour des définitions qui n'expliquent rien » (RS, I, 534). Triviale à force d'être fonctionnelle, l'approche médicale du corps finit parfois par ignorer toute pudeur, toute dignité. Lorsque l'oncle Paul parle des mirabelles censées purger son fils Antoine, celui-ci « rougit violemment et sort comme si son père l'avait maudit » (*ibid.*, 705). Par ailleurs, la vision médicale de l'aliment, dont la perspective est exclusivement physiologique, impose un diktat dans le rapport à la nourriture, qui exclut les notions de désir et de plaisir si chères à Colette. De gourmandise il n'est plus guère question : « Antoine reprendrait bien du jambon et de la salade, mais il n'ose pas » car il « craint le petit sifflement désapprobateur de son père » (*ibid.*, 698). L'acte alimentaire n'est plus dicté par le désir individuel, mais par la toute-puissante loi médicale. L'image du corps mangeant véhiculée par l'oncle Paul est avant tout celle d'un corps digérant, qui plus est *mal* digérant ; un corps triste, obnubilé par son fonctionnement organique et fermé à toute forme de sensualité.

Cette conception fonctionnelle du corps mangeant se retrouve aussi chez Léa, qui manifeste une attention toute particulière au fonctionnement du corps de Chéri. Son rôle de « mère nourricière » ne s'arrête pas à la consommation alimentaire, mais se préoccupe également du parcours interne de la nourriture puisque Léa va jusqu'à menacer Chéri de lui « coller deux pastilles de rhubarbe » (*ibid.*, 90) lorsqu'il n'a plus faim – autrement dit de le vidanger pour le remplir encore de nourriture... Preuve d'amour que d'aimer un corps jusque dans ses fonctions organiques ; preuve de possessivité aussi, car en s'immisçant à ce point dans l'intimité de son amant, elle met en cause son altérité, et par-là même son individualité. Léa est la maîtresse de Chéri, au double sens du terme : elle est à la fois son amante et celle qui règne en maître sur son corps, exerçant son emprise jusque dans ses fonctions les plus intimes. Dans *La Fin de Chéri*, alors que l'amour aura disparu de sa vie, Léa ne gardera plus que cette vision strictement mécanique du corps, du sien propre, mais aussi de celui de son ancien amant auquel elle conseille de « faire analyser [s]es urines » en raison de sa « couleur de teint » (FinC, II, 530). Sa conception de l'existence se résume alors en une prosaïque « philosophie culinaire » :

> Le romantisme, la neurasthénie, le dégoût de la vie : estomac. Tout ça, estomac. Et même l'amour ! Si on voulait être sincère, on avouerait qu'il y a l'amour bien nourri et l'amour mal nourri. Et le reste, c'est de la littérature (*ibid.*, 533).

Dans *La Fin de Chéri*, à travers le personnage de Léa bouffie et enlaidie, Colette met en scène sa vision cruelle et sans pitié de la vieillesse : l'image d'un corps qui, dès lors qu'il a perdu sa jeunesse, sa beauté et sa capacité d'aimer, devient synonyme d'indécence...

Léa, tout comme l'oncle Paul, manifeste une attitude très complaisante vis-à-vis de la digestion et de ce qui touche à l'intérieur de la machine organique. Cette attitude se retrouve également chez les personnages d'animaux, mais elle est utilisée cette fois à des fins comiques : les petits soucis digestifs occupent ainsi une grande place dans la vie de Toby-Chien et de Kiki-la-Doucette, lequel a « l'indigestion mouvementée » (DB, II, 828). Mais, chez Colette, le corps et son cortège de « bruits d'étable humaine » (En, I, 1042) peuvent aussi susciter une réaction opposée, allant du rejet au dégoût. Maints indices témoignent sans cesse que le corps abrite un ventre, un monde du « dedans ». Régurgitations, flatulences, déjections : ces indices, surtout lorsqu'ils proviennent du corps d'autrui, sont bien souvent sources de gêne ou de répugnance. A commencer par l'haleine qui, exhalée par la bouche, semble provenir d'une intimité plus obscure. Bien qu'invisible, elle donne à celui qui la respire un accès presque immédiat aux profondeurs du « dedans » d'autrui. A son odeur, il est possible de deviner ce qu'une personne a consommé : Minne est incommodée par celle de son professeur de patinage qui sent « le cervelas et le whisky » (Il, I, 773). L'alcool en particulier marque l'haleine de son odeur : c'est parce qu'elle tenait à tout prix à cacher son alcoolisme que Renée Vivien se gargarisait, après avoir bu, d'une « eau laiteuse, troublée de parfum » (Pur, II, 917). D'ailleurs, l'alcool n'imprègne pas seulement l'haleine, mais le corps tout entier. L'alcoolique notoire qu'est Maugis traîne avec lui une persistante odeur de whisky : il « sent le bar » et « sue l'alcool » (CIV, I, 454). Dans *La Vagabonde*, Masseau exhale une « haleine d'homme qui ne mange pas » (*ibid.*, 1125), suggérant l'idée d'un ventre qui tourne à vide, d'une digestion sans nourriture, laquelle imprégnerait désagréablement l'haleine – comme si la nourriture ingérée permettait de masquer les effluves nauséabondes du dedans. En revanche, dans la relation amoureuse, les mauvaises odeurs disparaissent. L'haleine devient elle-même nourriture : « boire sur [s]es lèvres » (V, I, 905) l'haleine de l'être aimé fait partie des délices de l'amour. L'intérieur du corps amoureux n'est plus perçu comme une source de dégoût.

Imaginer le ventre intérieur, se représenter le parcours souterrain de l'aliment à travers les organes de digestion, voilà qui a le pouvoir de susciter l'aversion. L'univers du dedans digestif est une *terra incognita* qui inquiète l'imagination. Nous sommes loin de l'image rassurante du ventre maternel enveloppant et protecteur. Le ventre digestif se présente comme un monde clos, renfermant un ensemble obscur et compliqué de tubes et de poches, dont l'évocation trop précise ou prolongée provoque le dégoût. C'est sur cet effet de répugnance que mise « l'homme au poisson », dont le numéro de prestidigitation consiste à avaler des poissons rouges pour les recracher vivants « après les avoir conservés une demi-heure dans [s]on estomac » (PB, I, 1180) – une sorte de mythe de Jonas inversé, en somme. Si le séjour interne des poissons présente un caractère mystérieux et énigmatique (la « faculté de médecine » a d'ores et déjà « acheté » l'estomac de l'homme en question), il s'accompagne également d'une impression de souillure, laquelle proviendrait de l'intérieur de l'organisme. Les poissons, en effet, ressortent intacts et vivants, mais l'eau qui les contient, elle, est « trouble », comme entachée de son passage au dedans. C'est ce même phénomène qui explique le dégoût provoqué par le rejet des nourritures ingérées. Vomir, c'est mettre au jour ce qui devrait être caché. Les vomissures sont considérées comme une déjection de l'organisme, marquées à ce titre du sceau de l'impur. En effectuant le trajet inverse de l'ingestion, l'aliment perd toutes ses propriétés comestibles. Qu'il soit identifiable (la chatte Mitsou, après avoir mangé un rat, « vomit un peu de peau » (DMF, III, 243)) ou au contraire noyé dans une mixtion informe (Jean déteste les salades de fruits parce qu'elles lui font l'effet d'un « dessert rejeté par un estomac intolérant » (En, I, 1101)) : l'aliment rejeté perd son statut d'aliment. En revanche, selon le point de vue, l'action de vomir peut être source de malaise... ou de plaisir. Pour Kiki-la-Doucette, la nausée se manifeste par des spasmes d'une telle violence que « toute la maison s'en émeut » (DB, II, 828) :

> C'est qu'aux premiers affres de la nausée, une grande détresse s'empare de moi, car la terre mollit sous mes pas. Les yeux dilatés, j'avale précipitamment une salive abondante et salée, tandis que m'échappent d'involontaires cris de ventriloque... Et puis voici que mes flancs houlent, autant et mieux que ceux de la chatte en gésine, et puis... (*ibid.*, 828)

Dans cet exemple, le vomissement est présenté comme un trouble qui soumet le corps à rude épreuve : le parcours inverse de la nourriture est « anti-naturel » au sens où il représente un dysfonctionnement inhabituel et involontaire du corps. Pour Antoinette Haume, au contraire, le vomissement paraît couler de source, si l'on peut dire, comme si la nourriture était faite pour indifféremment rentrer et sortir du corps :

> – Quand on veut rendre, professa-t-elle, on se fourre une doigt dans le gosier, au lieu de toucher à des produits qu'on ne connaît pas. C'est pourtant simple, de rendre ! Je fais ça, moi, avec une maestria ! Je sors deux minutes, je reviens, personne ne se doute que je suis allée rendre !

Elle insistait sur le mot et c'est moi qui avais mal, comme on dit, au cœur. (CH, II, 1463)

On notera qu'ici, une fois encore, une différence de perception s'impose entre le corps d'autrui et son propre corps, entre le non-soi et le soi – ce que Claude Fischler appelle la perception des « frontières du self » et qui joue « un rôle décisif dans le rapport que nous avons avec les productions du corps, celles des autres comme les nôtres »[1]. Si Antoinette se vante de maîtriser à la perfection « l'art » du vomissement et semble presque éprouver une jouissance à se vider de la sorte, l'évocation de cet acte est insupportable à celle qui l'écoute. L'action de vomir, lorsqu'elle émane de soi, suscite ce « bien-être un peu fourbu » que l'on a quand on vient de « rejeter une nourriture indigeste » (EPC, III, 953). En revanche, quand elle est le fait d'autrui, elle devient source de répulsion et d'écœurement[2]. En matière de digestion, l'altérité se fait toujours perturbante.

D'une manière générale, plus on descend dans le ventre digestif, pour pénétrer dans les entrailles du corps mangeant, plus les images que l'on associe au processus digestif s'investissent d'une connotation impure. Les fonctions intestinales, c'est le bas corporel, le degré zéro de l'organique ; c'est ce qui fait de nous des créatures imparfaites, proches de l'animal. Heureusement, la table existe : elle dissimule les parties inférieures, nous fait oublier l'espace de quelques instants que les aliments que nous mangeons ne sont que des excréments en puissance... Mais, comme le rappelle, à sa manière, Frédéric

---

[1] C. FISCHLER, L'Homnivore, op. cit., p. 127.
[2] Au passage, notons ici, à la suite de Colette, qu'avoir « mal au cœur » signifie en fait que l'on souffre de nausées ou d'indigestion. La langue dit « cœur » là où elle pense « ventre » ou « estomac » (d'où le verbe « écœurer »), comme si l'évocation de l'intimité digestive constituait une indécence.

Lange, la table est aussi un « seuil », qui « sépare l'inconscient du conscient, l'animalité de l'humanité et aménage un passage entre eux. Le propre, séparé du sale, communique avec lui ; la culture, séparée de la nature, copule avec elle »[1]. Toute ingestion implique une digestion, et, parce qu'elle parle si volontiers de nourriture, Colette n'élude pas le thème de l'excrétion.

Dans son œuvre, la reconnaissance de cette fonction naturelle passe d'abord par la description du lieu qui lui est consacré. Il ne déplaît pas à Colette de faire allusion voire de décrire les lieux d'aisances, dans la mesure ou ceux-ci se montrent souvent très « parlants ». Les « water-closets », pour employer le mot de Claudine, sont en effet révélateurs du monde auquel ils appartiennent. Ceux du nouveau bâtiment de l'école de Montigny, « à six cabines, trois pour les grandes, trois pour les petites » (ClE, I, 131) présentent toutes les caractéristiques de la modernité, mais témoignent aussi de l'uniformité et de la rigueur qui prévalent dans l'Instruction publique – l'uniformité n'excluant pas le sens de la hiérarchie puisque les « petites » sont séparées des « grandes ». Mais l'Ecole publique, toute laïque soit-elle, se doit aussi d'être garante de la moralité, ainsi, « par une touchante et pudique attention, les cabines des grandes ont des portes pleines, celles des petites des demi-portes » (*ibid.*, 131) – on perçoit déjà ici, de manière sous-jacente, le lien entre sexualité et excrétion. Beaucoup plus élémentaire, en revanche, est la fosse d'aisances décrite dans le Bérillon, un ouvrage d'économie agricole destiné aux jeunes filles, qu'étudient les écolières de Montigny :

> La bonne ménagère a amené son mari à lui construire, ou elle a construit elle-même, au nord du jardin, dans un coin retiré, au moyen de quelques perches, de quelques planches et de quelques poignées de gui ou de genêt, une sorte de cabane qui sert de lieu d'aisances (ClP, I, 209).

---

[1] F. LANGE, *Manger ou les jeux et les creux du Plat, op. cit.*, p. 145.

Nous sommes loin ici des commodités qu'offre la ville. A la campagne, la fosse d'aisances est reléguée tout au fond du jardin, à l'extérieur de la maison – on notera en passant que, dans la citation, le terme lui-même est relégué « tout au fond » de la phrase. Mais, si la fonction d'excrétion est ainsi bannie parce que taboue, l'excrément lui-même, en revanche, revêt une grande valeur. Dans le monde rural, l'excrément est destiné à des fins utilitaires ; comme le précise le Bérillon, « les déjections de cinq ou six personnes, pendant un an, sont bien suffisantes pour fumer un hectare de terrain, et rien [...] en matière d'engrais ne doit être perdu » (*ibid.*, 209). Cette vision positive de la matière organique comme symbole de fertilité et de renouveau n'a certainement pas manqué de frapper l'imagination de la petite villageoise qu'était Colette.

A l'extrême opposé de la « cabane » d'aisances et de cette conception utilitaire de l'excrément, Colette décrit aussi le cabinet de toilette du citadin bourgeois : « Dallé de faïence, paroissé de faïence, [il] étincelle, telle Venise, de mille feux (et davantage) » (*ibid.*, 245). La cuvette des WC, quant à elle, dissimule sa fonction taboue sous un clinquant décor d'opérette :

> Luce se rue sur un bizarre petit banc, soulève, comme un dessus de boîte, le capitonnage bouton d'or qui le couvre, et dit avec simplicité, m'exhibant la cuvette oblongue :
> – Il est en argent massif.
> – Pouah ! Les bords doivent faire froid aux cuisses. Est-ce que tes armes sont gravées au fond ?(*ibid.*, 245)

Ici la trivialité de l'excrétion est masquée sous la profusion bourgeoise, dont Claudine ne manque pas de remarquer combien elle ignore le sens du ridicule. Déployer des trésors de richesse comme s'il s'agissait de théâtraliser l'analité : tel semble avoir été le dessein inconscient du propriétaire des lieux. De toutes les fonctions naturelles, l'excrétion est peut-être, avec la sexualité, celle qui nous rappelle le plus notre nature animale, qui nous rapproche le plus de la bête. Dans l'exemple présent, travestir, maquiller l'excrétion permet sans doute de conjurer une animalité dérangeante[1]. Ainsi, comme le suggère Colette, du « vieux tonneau hors service » (*ibid.*, 209) qui sert de fosse d'aisances à la cuvette « en argent massif », chacun a les latrines qu'il mérite !

Car, il faut en effet le souligner, tirer un parti comique de la scatologie n'est pas la dernière des motivations de Colette. L'une des plaisanteries favorites de Claudine et ses amies consiste à réciter, en les tournant en dérision, les passages du fameux Bérillon évoquant les fonctions naturelles ou la luxure : le contraste entre le prosaïsme du sujet et le style fleuri de l'auteur ne lasse pas d'amuser les jeunes filles. Dans ses *Notes de tournées*, Colette ouvre une « petite parenthèse scatologique » donnant un aperçu pittoresque des différents « petits endroits » qu'elle rencontra au cours de ses tournées :

> J'ai lu, sur un bateau qui va de Dieppe à Newhaven, au seuil du « petit endroit » des *premières*, l'inscription – émail bleu sur blanc – qui me priait en termes courtois de « ne point jeter dans les cabinets *autre chose* que du papier ». Dans un hôtel lyonnais, la défense, plus sévère, de « jeter *quoi que ce soit* dans les cabinets »... Depuis, j'ai, si je puis dire, goûté sur ma route la restriction pudique et bon enfant des w.-c. de Salon (Bouches-du-Rhône) qui s'intitulent : *Cabinets que pour pipi* ! Que Jean Lorrain eût goûté cette gentillesse méridionale ! J'ai admiré dans *ceux* de Lorient la verve ordurière et picturale qui les décora – comment dire ?... – en... cacamaïeu : gerbes florales, mosquées et palmeraies ; motifs en fusée rappelant le feu d'artifice et le jet d'eau : un boudoir pour le roi Ubu... Mentionnerai-je aussi *ceux* du théâtre des Folies X... ? *Ils* sont constitués, pour toute la troupe, hommes et femmes, par *un* seau sans couvercle. Parlerai-je de *ceux* où l'on n'entrerait pas

---

[1] Une animalité que le propriétaire en question peine cependant à refouler, comme le raconte Luce, sa nièce et maîtresse : « Des fois, il me fait mettre à quatre pattes, et courir comme ça dans la chambre. L'air d'un bouloustre avec son gros ventre, il court après moi, aussi à quatre pattes, et se jette sur moi en criant : « Je suis le fauve !... Sauve-toi ! Je suis le taureau ! » (ClP, I, 251).

pour tout au monde, les réduits noirs, suffocants, qui basculent le cœur, trahissent le pied, qui s'ouvrent en abîmes béants et noirs, plus affreux qu'une oubliette, et qui décourageraient un acrobate ? Dirai-je l'*in pace* dont il fallait traverser sans lumière la largeur pour aller sur... une barre de fer, au-dessous de laquelle rugissait un torrent invisible ? (NT, 212)

Ce texte, publié en 1909, aborde sans détour le thème de l'excrétion. Et comme le note malicieusement Evelyne Reymond, « il n'y a pas là de constipation de termes et le rire épais éclate librement »[1]. Pour créer l'effet comique, Colette use des procédés classiques de l'humour scatologique : style recherché qui crée un décalage avec le sujet traité, effets de litote qui donnent à penser le terme sans le nommer, ou au contraire recours au terme scatologique pour provoquer le contraste – et bien sûr calembours en quantité. Le comique scatologique, comme le comique grivois d'ailleurs, repose en effet sur l'emploi du double sens, lequel a le pouvoir de créer une escalade dans le rire. Chaque mot, même le plus anodin, devient prétexte à des sous-entendus : ainsi, par exemple, « w.-c. de Salon (Bouches-du-Rhône) ».

Colette apprécie donc le rire scatologique, et ne s'en prive pas[2]. Ses écrits « animaliers » constituent une occasion idéale pour s'adonner à ce type d'humour, dont il faut tout de même souligner la caractère ouvertement transgressif. Certes, à première vue, la scatologie lorsqu'elle est appliquée à des personnages d'animaux perd un peu de son pouvoir subversif ;

---

[1] E. REYMOND, *Le Rire de Colette*, Paris, Nizet, 1988, p. 16.
[2] Mentionnons ici cette « savoureuse » lettre qu'écrivit Colette au ministre Edouard Herriot pour se plaindre des opérations de vidange d'un café du Palais-Royal, la Rotonde, qui ne possédait pas de tout-à-l'égout : « Quel flux a, cette semaine, obligé la Rotonde à vider, trois jours au lieu d'un, ses résidus humains ? [...] Ce que nous endurons, aucun étranger ne voudrait le croire. Quand finit le privilège de la m... alencontreuse rotonde ? Mourrai-je, avant, de cette m... alaria ? M... isère ! » (LSP, 328).

grâce à la distanciation instaurée avec le lecteur, le sujet apparaît comme plus innocent, donc plus consensuel. Mais des personnages comme Kiki-la-Doucette et Toby-Chien sont des animaux bien particuliers ne serait-ce que parce qu'ils sont doués de la parole : ils revêtent, dans leur comportement et leurs préoccupations, une dimension incontestablement humaine. Les exemples de comique scatologique foisonnent dans les *Douze dialogues de bêtes*, les fonctions naturelles étant, nous l'avons dit, l'un des sujets favoris de Kiki-la-Doucette et de Toby-Chien, lequel n'a « que des pensées excrémentielles » (DB, II, 826). Pour Colette, imaginer à grand renfort de détails les différences de perception de l'excrément entre humains et animaux (et entre animaux eux-mêmes !) constitue une source de comique intarissable :

> TOBY-CHIEN, *froissé* : Dis donc, je ne mange pas du poisson gâté, moi !
> KIKI-LA-DOUCETTE : Tu lèches des choses bien plus dégoûtantes.
> TOBY-CHIEN : Quoi, par exemple ?
> KIKI-LA-DOUCETTE : Des choses… sur la route… Pouah !
> TOBY-CHIEN : Je comprends. Ça s'appelle des « sales ».
> KIKI-LA-DOUCETTE : Tu dois te tromper.
> TOBY-CHIEN : Non. Quand j'en flaire *un*, un superbe et bien roulé, un sans défaut, Elle se précipite, l'ombrelle en l'air, et crie : « Sale ! »
> KIKI-LA-DOUCETTE : Tu n'as pas honte ?
> TOBY-CHIEN : Pourquoi ? Ces fleurs de la route plaisent à mon nez, à ma langue gourmande (*ibid.*, 826)

Décrire le comportement « animal », on le voit ici, permet donc à Colette d'aborder ce sujet « tabou » qu'est la défécation – à ce titre, l'animal représente chez elle un vaste champ d'investigation de l'en-soi corporel. Au-delà de la motivation purement comique, Colette explore ainsi divers aspects de ce thème, suggérant en tout premier lieu la notion de plaisir anal. Il ne serait d'ailleurs pas audacieux de penser que la scatologie bon enfant des deux héros des *Dialogues de bêtes* met au jour certains mécanismes profonds du passé infantile de leur auteur. Dans l'exemple ci-dessus, l'excrément se révèle une source de volupté intense pour Toby-Chien. Cette forme d'auto-érotisme liée à l'excrétion se retrouve aussi chez Kiki-la-Doucette, qui « connaît les longues contentions » (*ibid.*, 839)... De même, Fanchette, dans son plat de sciure, « piétine, cherche la bonne place et pendant trois minutes, l'œil fixe et sorti, semble songer âprement. Car elle est volontiers un peu constipée » (ClP, I, 183). Cette reconnaissance et cette prise en compte de l'analité ne s'appliquent d'ailleurs pas seulement aux bêtes, mais aussi aux enfants. Les joies du plein air paraissent en effet inciter ceux-ci à ne pas considérer les jardins du Palais-Royal comme une aire de seuls jeux − à moins que le jeu ne réside justement dans ces « neuf empreintes humides » attestant que « neuf enfants avaient, l'après-midi, séjourné, dormi, goûté et... expulsé » (FB, III, 742). Colette ne manque pas de noter le naturel dont font preuve « deux grands garçons, douze ans environ » : « Pendant l'opération, ils causent, amicalement, sans arrogance, comme sans honte. Ils sont aussi loin de la pudeur que de l'impudeur » alors que « les passants, eux, se détournent » (*ibid.*, 742). Car il faut souligner que, dans ce domaine, la notion de tabou apparaît et croît avec l'âge. Chez le petit enfant, l'acte de défécation possède une valeur positive ; l'excrément constitue le premier « cadeau » que le nourrisson offre (ou n'offre pas) à son entourage. Contrairement à celui de l'adulte, l'excrément du nourrisson et de l'enfant n'est pas perçu comme sale et impur, et son degré de nuisance apparaît bien moindre − ce que laisse entendre Colette elle-même, en parlant des « déjections humaines, disons enfantines pour atténuer un peu » (*ibid.*, 741). Certes, comme nous l'avons déjà souligné, dans le cas particulier du monde agricole, l'excrément est indistinctement considéré comme une matière précieuse puisqu'il sert d'engrais. Mais, aux yeux du citadin, la première place sur l'échelle du dégoût revient à l'excrément humain adulte, bien avant les déjections enfantines ou animales. En abordant le thème de l'excrétion par le biais de l'enfance ou de la vie animale, Colette s'en tient donc à l'admissible, ou du moins au tolérable.

Mais, outre l'idée de volupté, Colette suggère également les notions de perte ou de mort liées à l'excrétion : après s'être soulagée dans son « plat »[1], Fanchette « recouvre le cadavre, de l'air pénétré qui convient à cette funèbre opération » (ClP, I, 184). L'excrétion et la mort : deux notions que la pensée ne peut manquer d'associer... Tout d'abord parce que l'excrément, c'est ce qui reste de l'aliment « vivant », après avoir été absorbé, assimilé, transformé par le ventre intestinal – c'est l'aliment à l'état de pourriture, une dépouille en somme... A quoi viennent s'ajouter bien sûr toutes les représentations de destruction et de mort que l'imaginaire associe à la cavité ventrale, notamment à travers le thème de la dévoration. Enfin, comme le signale Noëlle Châtelet, vis-à-vis de l'individu lui-même, « l'excrétion apparaît comme une perte, une destruction provisoire de l'intégrité »[2]. A différents niveaux de la pensée, donc, l'excrétion révèle ses corrélations avec la mort, symbolisant le passage, la transition du vivant à l'inerte. Cependant, de la même manière que l'excrément fertilise la terre, la mort implique aussi la vie : « Le ventre maternel et le sarcophage, écrit Bachelard, sont les deux temps d'une même image »[3]. Aussi, chez Colette, le ventre intestinal voisine-t-il avec le ventre maternel : après avoir produit un « cadavre », la chatte Fanchette se retrouve « enceinte » (*ibid.*, 204) quelques pages plus loin[4]...

---

[1] On ne peut ici s'empêcher de relever la polysémie significative du mot « plat », à la fois ustensile de nutrition et récipient de déjection (pour les chats), qui crée une sorte de raccourci symbolique entre l'ingestion et l'excrétion, lequel souligne encore une fois le lien entre oralité et analité.
[2] N. CHÂTELET, *op. cit.*, p. 45.
[3] G. BACHELARD, *La Terre et les rêveries du repos, op. cit.*, p. 162.
[4] On notera également, à ce sujet, que selon Freud les premières théories infantiles de la sexualité assimilent la naissance à l'excrétion :

Finalement, en évoquant ainsi les thèmes de la digestion et de l'excrétion, Colette ne limite pas l'image du corps mangeant à la seule ingestion. Son approche de l'acte alimentaire ne se veut pas purement gastronomique, mais s'inscrit dans une vision beaucoup plus large de la sensualité et du rapport au corps. En faisant appel à la scatologie, Colette laisse libre cours à son goût de la truculence, de la paillardise. Mais, chez elle, le rire scatologique émane d'un corps joyeux ; il n'est jamais honteux, jamais malsain. Ainsi, au-delà du rire, Colette nous propose surtout une approche déculpabilisée du corps et de ses fonctions dites basses. Pourquoi en effet faire tant de cas de ce qui pourrait être si simple ? Telle est la question que se pose Mitsou, dont l'ingénuité désarmante cache néanmoins un solide bon sens. En quelques mots, Mitsou résume tout le problème de la réconciliation entre corps mangeant et corps excrétant : « Ça vous contrarie que je vous montre les vatères ? Mon Dieu, que vous êtes compliqué ! Vous ne vous gênez pas pour demander à boire, et vous ne voulez pas parler de ce qu'on a besoin quand on a bu... » (M, I, 1375). L'écrivain qui parle de nourriture doit-il, sous peine d'être taxé de trivialité, éluder ce qui vient *après* l'acte alimentaire ? En abordant le thème du corps mangeant dans sa globalité, Colette refuse l'image désincarnée d'un corps dont les aspirations esthétiques ignoreraient la nécessité – un corps qui serait muni d'une bouche, mais privé de ventre. Finalement, à l'instar de Mitsou, ce que Colette revendique, c'est un corps unifié et non plus coupé en deux, partagé entre un haut valorisant et un bas avilissant.

« On obtient les enfants en mangeant quelque chose de précis (comme dans les contes) et ils sont mis au monde par l'intestin de la même manière que sont évacuées les selles » (FREUD, *Trois essais sur la théorie sexuelle, op. cit.*, p. 125-126).

Aliment intime et nourritures affectives

Dès lors qu'il franchit le seuil de la bouche pour s'engager dans l'engrenage du processus ingestion-digestion-excrétion, l'aliment entame pourrait-on dire une nouvelle vie, au plus profond de notre intimité. Aussi sera-t-il question ici de l'aliment intime (du latin *intimus*, superlatif de *interior*), dont les répercussions jouent un rôle essentiel sur le plan imaginaire et symbolique. L'aliment, en effet, renferme des propriétés, censées influencer le corps de « l'intérieur ». Comme le rappelle Claude Fischler, « il s'agit bien, avec l'aliment, d'une substance que nous laisserons pénétrer au plus profond de notre intimité corporelle, se mêler à nous, *devenir* nous »[1]. Ainsi l'aliment intime a-t-il la capacité d'*agir* non seulement sur le corps, mais également sur l'être tout entier.

Que l'aliment produise un « effet » sur le corps, Colette n'a pas manqué de le souligner en déclinant avec tant de brio la palette infinie et complexe des sensations liées à la dégustation. Mais, au-delà de la sensation, la nourriture marque aussi le corps, en produisant un effet immédiat qui peut se lire sur la personne. L'oreille « rosit » (IL, I, 755), la bouche devient « rouge » (RS, I, 584), de même que les pommettes et les ailes du nez (Tou, II, 1390) ; les yeux, les lèvres, les dents brillent d'un « éclat » de « jeune fille » (MA, II, 1207). Ces colorations et ces brillances, comme ces « luisances » que Roland Barthes relève chez Brillat-Savarin, sont la traduction des propriétés échauffantes et euphorisantes de la nourriture. L'ingestion de nourriture, nous l'avons vu, s'inscrit comme une parenthèse dans le temps, synonyme de détente, de répit, de bien-être pour le corps. Mais, au-delà de ce moment qu'est l'ingestion, la nourriture elle-même agit directement sur le corps, qui tire « bénéfice [...] du bon repas, du vin abondant » (JC, III, 126).

---

[1] Cl. FISCHLER, « Editorial: Magie, charmes et aliments », in *Manger magique*, revue *Autrement*, n°149, novembre 1994, p. 10.

Chaleur et détente, mais aussi énergie et stimulation, tels sont donc les effets tangibles et immédiats procurés par la nourriture et plus particulièrement par certains aliments, comme l'alcool, les épices, le sucre ou encore les boissons chaudes. Dans le monde du music-hall, par exemple, le café chaud fournit chaleur et énergie aux artistes et autres « gagne-petit » qui ne mangent pas toujours à leur faim. Quant à l'alcool, et au vin en particulier, ils ont le pouvoir de réchauffer le corps et de détendre les nerfs. A la faveur du vin de chavignole, « Alice respir[e] plus profondément, desserr[e] la contracture nerveuse de ses côtes » (Tou, II, 1389) ; Julie voit « sa raideur la quitt[er] » et « sen[t] la chaleur de l'alcool monter à ses tempes » (JC, III, 155). Convaincue des vertus bénéfiques de l'alcool, Colette n'hésite pas à donner à ses lecteurs la recette du « vin d'oranges », à base d'armagnac, pour les réchauffer « à la fin d'un dur après-midi d'hiver ou de faux printemps » (PrP, II, 1011). Dans *L'Etoile vesper*, Colette réitère avec la recette de la « brasillante eau de feu » (EV, III, 621), qui mêle eau-de-vie, poivre de Cayenne et sucre de canne blanc : ici ce sont les propriétés conjuguées de l'alcool et du piment qui sont censées guérir de la fièvre. L'aliment fort, dont l'image s'associe à celle du feu, est investi des mêmes vertus purifiantes et guérissantes que celui-ci : « [...] le poivre, le vrai poivre, l'incendie gai, salutaire aux reins, fiez-vous à lui sans crainte » (*ibid.*, 622). L'alcool « sec » est aussi « clément » à Julie de Carneilhan, « lui éclairciss[ant] le teint et les idées » en lui laissant « la langue et le gosier net » (JC, III, 104). Si les alcools forts revêtent des propriétés énergisantes et purifiantes, les alcools doux, quant à eux, procurent un bien-être plus paisible, une sorte d'engourdissement bienheureux... Le mélange d'alcool et de sucre plonge le buveur dans une douce torpeur presque régressive : après avoir consommé « un grog faible et très sucré » ainsi qu'un « paquet de bonbons » préparés par Pauline, « Léo Colette, âgé de soixante-treize ans, réchauffé, comblé de douceurs, souriait à sa vie passée » (JR, III, 11). Combiné au sucre, l'alcool perd ainsi ses vertus stimulantes pour plonger le buveur dans un état de détente, d'abandon bienheureux. L'ivresse est ainsi atténuée, édulcorée, par la présence du sucre.

Car, s'il est un effet particulièrement perceptible de la nourriture sur le corps, c'est bien sûr celui de l'ivresse. Jusqu'ici, nous avons décrit l'effet surtout échauffant et euphorisant de l'alcool, mais nous n'avons guère abordé le cas plus spécifique de l'ébriété véritable. L'ivresse est en effet plutôt rare chez Colette et, en règle générale, confine davantage à la griserie. La série des *Claudine* nous fournit deux scènes où la narratrice se trouve sous l'emprise de l'alcool : dans *Claudine à Paris* et dans *La Retraite sentimentale*. Les effets de l'alcool sur le corps et l'état qui en résulte y sont décrits avec précision. Dans cette description, nous retrouvons d'abord la sensation d'échauffement, les effets de coloration et de brillance que nous avons déjà mentionnés plus haut. Sans entrer dans les détails, nous noterons simplement que l'ivresse se distingue de la simple euphorie dans la mesure où elle brouille la perception de la narratrice en créant chez elle un effet de dédoublement. En effet, Claudine se sent à chaque fois « dédoublée » (ClP, I, 280 ; RS, I, 584) et possède une vision très précise, réelle ou fantasmée, de cette « autre Claudine, celle qui est "hors d'état" comme on dit chez nous » (ClP, I, 280). « Hors d'état » : l'expression suggère bien que la narratrice se trouve en dehors de son propre être, comme à l'extérieur d'elle-même. Dans *Claudine à Paris*, Claudine aperçoit son image dans un miroir du restaurant. Dans *La Retraite sentimentale*, le phénomène de dédoublement permet à Claudine, par une inversion de perspective, de se visualiser elle-même, de l'extérieur. Cette figure du double enivré de Claudine ne se limite pas seulement à une apparence physique. Elle diffère aussi par son comportement. Elle présente des qualités que ne possède pas l'originale. Elle ignore la timidité et le manque d'assurance, fait fi des inhibitions et des réflexes d'autocensure qui caractérisent l'individu dans son état normal : « Je parlais, je parlais, profitant de ma félicité physique et de ma dualité passagère pour jeter hors de moi toutes les faciles drôleries qu'à jeun je retiens par paresse et par pudeur » (RS, I, 584). Mais le double de Claudine ne sombre pas pour autant dans un délire incohérent, il manifeste au contraire une grande lucidité et une rare clairvoyance qui lui permettent d'« entr[er] jusque dans l[es] âmes » (*ibid.*, 584) et de suivre « sa voie, avec l'infaillibilité des fous et des aveugles » (ClP, 281). Ainsi « la folle Claudine » réussit là où « la sage Claudine » aurait certainement échoué[1]. Car c'est à l'effet du vin et du plat épicé que Claudine attribue l'aveu de son amour à Renaud : « Bénis soient l'asti et le poivre des écrevisses ! Sans eux j'aurais certainement manqué de courage » (ClP, 284). Il est donc des moments où l'ivresse peut se révéler salutaire...

De ces deux scènes d'ivresse, nous retiendrons surtout la vision positive, désinhibante et somme toute joyeuse de l'alcool. Pour Colette, l'alcool ne fait certes pas le bonheur, mais il peut se révéler source de plaisir : « L'alcool qu'il n'aimait pas lui donnait ce soir du plaisir, de la facilité à sourire, effaçait sous ses doigts l'âpreté des surfaces non polies et des étoffes » (FinC, II, 540). L'alcool, tout comme la nourriture, a donc le pouvoir de lisser les surfaces rugueuses, de gommer les aspérités, d'arrondir les angles. Il assouplit, adoucit le rapport au monde et aux personnes. Dans le jeu social, il peut même sauver la mise en créant, le temps d'un repas, un lien entre les individus, ainsi que le constate Renée, dans *La Vagabonde* : « S'attabler, s'exciter un peu à boire et à manger, n'est-ce pas le seul plaisir

---

[1] Le dédoublement provoqué par l'alcool retrouve ici l'une des fonctions que revêt chez Colette le thème du miroir. Comme le note Catherine Rahmani-Malle dans son article « Colette en son miroir », le reflet du personnage devient lui-même un personnage : « Le double dans le miroir est chargé de mener le personnage à la lucidité, il est sa conscience incarnée » (C. RAHMANI-MALLE, « Colette en son miroir », *Cahiers Colette*, n°15, p. 72).

que peuvent prendre ensemble les gens qui n'ont rien à se dire ? » (V, I, 1068).

Certes, nous n'irons pas jusqu'à dire que Colette fait l'apologie de l'ébriété. Le problème de l'alcoolisme, qu'elle aborde également, équivaut pour elle à une forme de perversion ou alors à un naufrage de l'individu[1]. L'ivresse dont nous parlons ici évoque davantage la griserie, ce que Michel Onfray appelle « l'ivreté » et qu'un être aussi bon vivant que Colette ne peut qu'apprécier : une exaltation contrôlée, plus créatrice que dévastatrice. Car, comme l'écrit Michel Onfray, « l'ivreté est libération de l'esprit, dépassement des bornes ou limites qui le contiennent et l'asservissent par les opérations de l'entendement, le travail du jugement, les rigueurs de la logique et du raisonnement, les affres de l'analyse »[2]. C'est précisément à cet état de douce euphorie que Colette fait référence lorsqu'elle souligne les vertus créatrices de ce qu'elle nomme la congestion : « Je me garde jusqu'ici de médire de la congestion. Une page difficile, une fin de roman se trouvent bien d'un repas un peu chaud en épices, d'un verre exceptionnellement rempli. Congestion devient alors synonyme d'inspiration » (EV, III, 619). L'échauffement de la congestion s'apparente ici à celui de la fièvre, qui fait de l'écrivain « un écrivain amélioré » (JR, III, 31). Enfiévrée, congestionnée, mais pas éméchée : telle pourrait être la devise de notre auteur à l'égard de l'alcool.

---

[1] On pense ici au personnage de Maugis, dans les *Claudine*, ou à celui, plus tragique, de Renée Vivien.
[2] M. ONFRAY, *La Raison gourmande, op. cit.*, p. 89. Le terme d'ivreté mentionné dans le Littré et remis au goût du jour par Michel Onfray est un état qui « suppose l'esprit *troublé* par les vapeurs de l'alcool et non effondré pour cause de doses excessives » et qui « exige qu'on maîtrise son corps avec assez de précision et de dextérité qu'on puisse lui demander de seulement frôler des univers dans lesquels on pourrait périr corps et âme, tous biens confondus, si le doigté, le sens de la délicatesse faisaient défaut » (*Ibid.*, p. 86).

L'important est de ne jamais perdre le contrôle... Et si tant d'écrivains contemporains de Colette n'ont pas hésité à recourir aux « paradis artificiels » pour pallier leur inspiration défaillante, Colette, en bonne gastronome qui se respecte, semble avoir trouvé dans la bonne chère bien arrosée cette stimulation bienfaisante du corps et de l'esprit propice au travail de création[1]...

C'est donc surtout l'effet énergisant et galvanisant de la nourriture et de l'alcool dont Colette fait l'éloge. Pour elle, l'aliment constitue en effet une extraordinaire ressource d'énergie, qui « restaure » le mangeur, c'est-à-dire étymologiquement qui le « remet debout », en lui procurant force et vigueur. Car l'aliment colettien se révèle un formidable dispensateur d'énergie. Si, comme nous l'avons signalé précédemment, l'appétit est la manifestation première du corps en voie de guérison, la nourriture quant à elle détient bel et bien le pouvoir de guérir. Mais rien à voir bien sûr avec le discours dogmatique de la médecine, tel que l'incarne l'Oncle Paul par exemple. La diététique colettienne se fonde avant tout sur le plaisir individuel. La chère riche et succulente servie dans l'auberge de *Bella-Vista*, par exemple, ferait frémir n'importe quel diététicien d'aujourd'hui. La narratrice la considère pourtant comme le meilleur remède pour « réparer les dégâts de deux bronchites » (BV, II, 1236).

Chez Colette, la nourriture exerce ainsi une influence indéniable sur la santé. Véritable élixir de jouvence et de beauté, elle « enlèv[e] dix ans » à Marcel (RS, I, 551) et « ren[d] Bastienne magnifique » (EMH, I, 988). Derrière cette idée que la nourriture agit sur le corps en le soignant ou en l'embellissant se trouve un principe fondamental et universel de

---

[1] Au sujet des « paradis artificiels », on sait que Colette a compté parmi ses amis des opiomanes notoires (entre autres, Marcel Schwob et Paul-Jean Toulet) et qu'elle a elle-même fréquenté les fumeries d'opium, bien que n'étant pas opiomane elle-même (cf. Pur, II, 878).

la pensée humaine, à savoir que l'aliment que nous ingérons devient notre propre chair. Claude Fischler, qui a scruté les comportements des mangeurs que nous sommes, résume avec clarté ce phénomène qu'il nomme principe d'incorporation :

> Incorporer un aliment, c'est, sur un plan réel comme sur un plan imaginaire, incorporer tout ou partie de ses propriétés [...]. La formule allemande « *Man ist, was man isst* » est vraie au sens littéral, biologique : les aliments que nous absorbons fournissent non seulement l'énergie que consomme notre corps, mais encore la substance même de ce corps, au sens où ils contribuent à maintenir la composition biochimique de l'organisme. Elle est vraie aussi pour notre imaginaire. L'aliment absorbé nous modifie de l'intérieur.[1]

Comme le constate en outre Paul Rozin, ce principe crée « un lien affectif très fort entre les individus et leur alimentation. C'est un exemple de "processus primaire", d'un type de cognition plus affectif que rationnel »[2]. Dès lors, on conçoit que, en dehors des critères gustatifs, ce principe introduise une autre manière de penser l'aliment. Il est à noter d'ailleurs que l'abondance des nourritures dans l'œuvre de Colette n'est probablement pas à mettre au seul compte de sa gourmandise légendaire ; si Colette intègre volontiers l'aliment dans son récit, c'est aussi parce que le principe d'incorporation est particulièrement prégnant chez elle. Parce que la nourriture devient chair, le mangeur se présente en quelque sorte comme le produit, le résultat des aliments qu'il consomme. Chez Colette, il existe un lien incontestable entre la beauté du corps et la nourriture. Ainsi en témoigne la description de la *Vénus de Cyrène* à Rome qui, soit dit en passant, fournit un aperçu de ce que pourrait être l'idéal de beauté colettien :

---

[1] Cl. FISCHLER, *L'Homnivore : Le goût, la cuisine et le corps*, nouvelle édition corrigée, Paris, Odile Jacob, coll. « Points », 1990, p. 66.
[2] P. ROZIN, « La magie sympathique », in *Manger Magique*, revue *Autrement*, n°149, novembre 1994, p. 25.

> A la limite de l'embonpoint comme toutes les déesses grecques, bien au chaud dans sa propre chair, elle fut le fidèle portrait de quelque fille superbe de dix-huit ans, qui trempait son pain compact dans l'huile d'olive pure de l'Helliade : rien de tel pour lustrer les bêtes et engraisser les gens. On devine que Vénus faisait la sieste, et mangeait force amandes. Point de muscles visibles, mais partout une rassurante épaisseur, çà et là l'indication d'un pli qui sera plus tard douillet (BS, III, 571).

Pain, huile d'olive, amandes et sieste (laquelle n'est autre qu'une digestion au repos) : c'est à ce régime, et à lui seul, que Vénus semble devoir sa beauté. Du « pain compact » à la « rassurante épaisseur » de la chair, le rapport est à la fois de causalité (c'est le pain qui crée l'épaisseur) et d'équivalence (le pain et la chair présente les mêmes qualités de densité). L'aliment façonne ainsi le corps féminin, tout en lui fournissant sa substance, sa matière première en quelque sorte. Il modèle le corps, lui confère sa beauté plastique, privilégiant l'arrondi au détriment de la ligne : « La ligne ! quelle ligne ? Celle qu'on définit : le plus court chemin d'un point à un autre ? Elle vous mène, toute droite, à votre perte »[1]. Ainsi, dans un article inédit intitulé « La Folie des minceurs », Colette loue les vertus de la rondeur, des bras « veloutés et pleins », de la gorge qui « gonfle, fière, sa prison de lin ». Pour elle, la diète ou le corset déforment, ou pire encore, rendent informe. La nourriture au contraire exalte et magnifie les formes du corps féminin. Comme nous l'avons déjà remarqué, la femme chez Colette est rarement maigre : de Claudine à Renée, de Léa à Julie, les héroïnes colettiennes sont à l'image de la Vénus de Cyrène – bien que la mode du corps mince et musclé ait commencé à s'imposer dès les années 1900[2]. Chez Colette, le corps sans

---

[1] COLETTE, « La Folie des minceurs », in *Cahiers Colette* n°14, p.104-108. Les citations suivantes sont extraites de cet article.
[2] Cf. D. PAQUET, *Une Histoire de la beauté*, Paris, Gallimard, coll. « Découvertes », 1997, p. 76-79.

chair, maigre, est avant tout un signe extérieur de pauvreté (dans le monde du music-hall par exemple), mais il peut également refléter une certaine sécheresse de caractère, voire de la méchanceté, ainsi qu'on peut le constater chez des « maigres » telles qu'Anaïs dans *Claudine à l'école* ou Irène Chaulieu dans *L'Ingénue libertine*. Quoi qu'il en soit, la maigreur ne constitue en aucun cas un attribut de féminité, elle est même considérée comme un défaut physique : Mitsou n'a « d'autre défaut qu'un peu de maigreur au-dessus du genou » (Mi, I, 1335). On remarquera donc qu'il existe une réelle cohérence chez Colette entre le discours alimentaire et la représentation du corps féminin : à l'abondance et à la richesse des nourritures présentes dans l'œuvre correspond la vision d'un corps épanoui et sensuel, « aux courbes, aux creux délicats et pleins d'ombre douillette »[1].

En fournissant au corps sa matière première, l'aliment incorporé dispense donc santé et beauté. Cependant, il ne s'agit pas là de n'importe quel aliment. Il y a chez Colette de bons et de mauvais aliments, lesquels sont à la base d'une véritable « diététique ». Hormis les sollicitations sensorielles qu'il suscite, l'aliment colettien est en effet investi de toute une série de propriétés, réelles ou imaginaires, qui se transmettent au corps du mangeur. Dans ses *Impressions d'Italie*, Colette note que « des farines et des vins sans fraude dotent leurs femmes d'un sein plus riche, leurs enfants d'un estomac, d'une dentition plus robustes ; sauf cela, ils nous ressemblent » (HL, I, 1243). Dans cet exemple, comme dans celui de la Vénus de Cyrène, c'est l'idée de pureté qui valorise l'aliment : « l'huile d'olive *pure* », les « farines et des vins *sans fraude* ». La qualité des aliments consommés possède ainsi une influence directe sur la constitution des individus – dont les répercussions vont même

---

[1] COLETTE, « La Folie des minceurs », *op. cit.*, p. 106.

se mesurer jusqu'à l'échelle d'un peuple tout entier[1]. C'est également à cette notion de pureté qu'il faut attribuer la prédilection de Colette pour le cru, déjà soulignée dans notre première partie. L'aliment cru, c'est l'aliment qu'aucune manipulation n'est venue altérer, l'aliment pur donc, qui transmet au corps l'essentiel de ses propriétés. L'apprêt culinaire, dès lors qu'il risque de dénaturer l'aliment, suscite la plus grande méfiance de la part de Colette. Le fromage râpé, par exemple, « sert à masquer, indifféremment les œufs au plat, le merlan, la tomate, les nouilles, les épinards et cent autres petits plats qu'il banalise, qu'il empâte et qu'il dépouille de leur originelle saveur » (PrP, II, 1004). Masquer : telle est l'impardonnable faute qui guette le cuisinier. La cuisine, qui relève du domaine de l'artifice, expose sans cesse à la tentation du travestissement : « Et je te farcis n'importe quoi de Dieu sait quelle farce ; et je t'insinue une pécheresse essence, et je te salpiconne, et je te nappe, et même je te chemise » (*ibid.*, 1005). Toutes ces manipulations culinaires privilégient l'extérieur au détriment de l'intérieur, la forme au détriment du fond. La « caille endimanchée », les « perdreaux farcis » ou les « soles déguisées » (EPC, III, 970) dénoncés par Colette symbolisent bien ce culte de l'apparat qui prévaut dans la cuisine dite bourgeoise. Faut-il y voir le reflet de la pédanterie et de l'hypocrisie bourgeoises ? Dans une œuvre comme *Chambre d'hôtel*, il est en tout cas intéressant de constater combien la nourriture consommée est emblématique des deux mondes qui s'y côtoient : affectation et faux-semblant du côté des Haume, ce couple de bourgeois si soucieux des apparences, avec un « blême cabillaud déguisé en barbue » (CH, II, 1477) ; en

---

[1] Rappelons que ce texte, à l'origine un article pour *Le Matin*, fut publié pendant la première guerre mondiale. Derrière ce constat sur la bonne santé apparente des Italiens en raison de leur nourriture, il y a aussi l'idée que les Français ont davantage souffert des conséquences de la guerre...

revanche une cuisine authentique et franche pour la brave Lucette et son amant Luigi, avec « une salade de tomates, une côte de veau épaisse comme mes deux mains, un grand bol de framboises et un fromage de chèvre » (*ibid.*, 1469).

Mais la notion de pureté, à laquelle se rattachent bien sûr celles d'authenticité ou de simplicité, ne constitue pas le critère unique du bon aliment. Dans notre chapitre sur la mère nourricière, à propos du goûter, nous avions déjà commenté cette opposition entre les bons aliments d'un côté et les mauvais de l'autre, les uns solides, nourrissants et goûteux, les autres mous, pauvres et fades. Les « biscottes grillées », la « nouille – honnie soit-elle » ou la « soupe phosphatée » si décriées par Colette (PrP, II, 1012) traduisent bien cette absence de saveur, de densité, de couleur qui caractérise le mauvais aliment. La fadeur sous toutes ses formes, autrement dit l'absence de toute sollicitation sensorielle, constitue en somme le pire défaut en matière de gastronomie – le champignon de couche, « créature insipide, née de l'ombre, couvée par l'humidité » que Colette consigne « à la porte de sa cuisine » (*ibid.*, 1004) en représente la plus parfaite illustration...

Ces sentences gastronomiques, on le voit bien, vont au-delà d'une critique d'ordre alimentaire. En effet, si Colette accorde autant de crédit à ce qu'elle nomme la « puériculture alimentaire », c'est que le principe *on est ce qu'on mange* paraît d'autant plus opérant chez cet être en devenir qu'est l'enfant – la diversité alimentaire prônée par Colette rejoint ici le souci pédagogique de Sido, qui encourageait sa fille à lire tous les livres de la bibliothèque et non pas ceux destinés aux enfants (cf. MCl, II, 223)[1]. Un peu comme la lecture, la nourriture va

---

[1] En faisant l'éloge de la diversité alimentaire, Colette pressent déjà intuitivement ce que psychanalystes et psychologues établiront plus tard : le lien entre la diversité alimentaire de l'enfant et la richesse de son langage. La psychanalyste Gisèle Harrus-Révidi écrit à ce sujet : « Petit à petit, l'enfant, par une nourriture variée induisant une

peser sur le développement de l'enfant en lui transmettant ses propriétés nutritionnelles mais aussi symboliques : à nourriture triste et fade, enfant morne et sans caractère. Inversement, l'enfant qui aura une alimentation riche, variée et haute en goût développera des qualités en conséquence... Les répercussions de l'incorporation se manifestent donc non seulement sur le plan physique, mais aussi sur le plan affectif et moral — ce qui explique la puissance connotative de certains aliments. Chez Colette, les jugements gastronomiques s'assortissent en général d'une tonalité morale. De la diététique on passe alors à ce que l'on pourrait appeler une « diététhique » colettienne : les aliments eux-mêmes sont investis d'une valeur morale. Les enjeux du bien manger dépassent le simple discours gastronomique. Chez Colette, le « mauvais » mangeur est, dans une certaine mesure, un être frappé d'indignité... Le manque de gourmandise, nous l'avons déjà remarqué, n'est pas loin d'être un défaut : il l'est chez Camille, aux yeux d'Alain en tout cas (Cha, II, 1062). Rien de plus suspect, non plus, que les maisons où l'on mange mal : on ne s'étonnera donc pas des repas immangeables servis chez Madame Chaulieu qui est « la plus méchante femme de Paris » (IL, II, 748)... Dans « La Treille Muscate », Colette, qui apprécie tant les saveurs de la cuisine provençale, dépeint comme un être borné le touriste qui, partout, « réclame son bifteck aux pommes, tendre à point, ses œufs au bacon, ses épinards en branches et son café spécial » (PrP, II, 989). Inversement, le « bon » mangeur ne saurait être un individu totalement mauvais. Ainsi ce couple de « nouveaux

---

diversification sensorielle, apprendra la diversité des mots et, par le plaisir ou le déplaisir du goût, fera l'acquisition du goût, voire du dégoût des mots. Là gît, entres autres, l'importance de la richesse alimentaire, et il est pensable qu'une forme de pauvreté langagière puisse être induite par les petits pots pour bébés et la nourriture monotone ». G. HARRUS-REVIDI, *Psychanalyse de la gourmandise, op. cit.*, p. 31.

riches » qui, malgré leur absence de manières et leur mauvais goût ostentatoire, trouvent grâce aux yeux de Colette car ils « savent pourtant manger » (CE, II, 123).

Cependant, les propriétés gastronomiques ne constituent pas l'unique critère qui distingue le « bon » du « mauvais » aliment colettien. Là où « le pudding saucé d'un brûlant velours de rhum et de confitures » (MC, II, 209) aura valeur de gâteau idéal, la « tarte au chocolat secrètement imbibée de kirsch » (PrP, II, 1004) suscitera le pire mépris. Dans un même texte, Colette fustige la pratique culinaire qui « charge » (*ibid.*, 1004) les plats d'épices et d'assaisonnements superflus, mais loue la perfection du « lièvre à la royale » relevé de « soixante gousses d'ail ». Les principes diététiques ou gastronomiques ne suffisent donc pas forcément à établir la valeur morale d'un aliment. On constate ainsi que, chez Colette, la distinction entre « bonnes » et « mauvaises » nourritures correspond bien souvent à celle qui oppose nourritures affectives et nourritures anonymes. Par nourritures affectives, nous entendons les aliments qui, indépendamment de leurs propriétés gastronomiques, revêtent une valeur affective pour le mangeur[1]. Derrière de nombreux aliments évoqués chez Colette se trouve en effet l'empreinte affective d'un être. Qu'il ait lui-même cuisiné cet aliment ou qu'il en soit le simple pourvoyeur, l'aliment se trouve « amélioré » par cette entremise[2] : les « mains magnifiques »

---

[1] L'expression « nourriture affective » est empruntée à Boris Cyrulnik qui lui prête cependant une acception beaucoup plus vaste, à savoir l'ensemble des perceptions sensorielles qui nourrissent l'affectivité – la nourriture n'y jouant qu'un rôle parmi d'autres (Cf. B. CYRULNIK, *Les Nourritures affectives*, Paris, Odile Jacob, 1993).

[2] Il s'agit là, appliquée à la nourriture, de l'une des formes de la « loi de contagion » magique décrite par l'anthropologue Frazer au siècle dernier. Comme l'écrit Paul Rozin, « la forme la plus répandue de la contagion est interpersonnelle : par le contact avec un aliment (que ce soit en le cultivant, en le touchant ou surtout en le cuisinant), un

d'Annie de Pène, qui « touchaient toutes choses avec assurance » ont « rendu plus savoureux le fruit, le légume » (AQ, II, 477). L'aliment est identifié à la personne et, ce faisant, perd son caractère anonyme. Le pudding cité plus haut est « meilleur » que la tarte au chocolat parce qu'il est avant tout l'œuvre de Sido. Les nourritures maternelles, bien sûr, représentent l'archétype des nourritures affectives. Mais d'autres nourritures colettiennes sont investies d'une valeur affective : le chocolat grillé de Claudine, les cœurs à la crème de Léa, le puchero de Caroline Otero, le ragoût de mouton ou le veau à la casserole d'Annie de Pène, le bœuf à l'ancienne de Mme Yvon, la tarte aux prunes de Marguerite Moreno... Des nourritures toutes inégalables car elles portent la marque d'une personne en particulier. Cette empreinte affective, ce « supplément d'âme » véhiculé par l'aliment, peut même l'emporter sur l'aspect gastronomique. Dans *Gigi*, Gaston Lachaille, qui doit dîner de « filets de sole aux moules » et d'une « selle d'agneau aux truffes » dans un célèbre restaurant parisien, s'en va « en regrettant le cassoulet réchauffé » de Madame Alvarez (Gi, III, 414). Dans le contexte de la relation amoureuse, cette charge affective de l'aliment est telle que celui-ci, nous l'avons vu, va jusqu'à se substituer à la personne aimée.

Les nourritures « affectives », cependant, ne sont pas forcément liées à une personne, mais peuvent également se rapporter à un lieu, un pays, un terroir. Dans l'univers natal, les faines ou les fraises des bois ramassées par Minet-Chéri constituent elles aussi des nourritures affectives, au même titre

---

individu peut faire pénétrer son essence (propriétés, intentions) dans cet aliment ». Les exemples de nourriture « améliorée » par un contact personnel se retrouvent dans toutes les cultures : le pain béni des chrétiens en est une illustration. Le prestige de la « cuisine de grand-mère », que l'industrie agro-alimentaire ne cesse d'exploiter aujourd'hui, participe du même phénomène (Cf. P. ROZIN, « La magie sympathique », *op. cit.*, p. 26).

que la cuisine de Sido. La valeur affective n'est plus ici le fait d'une personne, mais d'un lieu, le pays natal, qui marque l'aliment de son sceau. Les exemples de nourritures dont la charge affective est ainsi attachée à un lieu géographique abondent dans l'œuvre de Colette. Le véritable culte que Colette voue à la cuisine et aux produits provençaux en est une parfaite illustration. En prônant « l'excellence de quelque vieux plat provençal, les vertus de l'ail, la transcendance de l'huile d'olive, et [s]a fidélité aux trois légumes inséparables, vernissés, hauts en couleur comme en goût : l'aubergine, la tomate et le poivron doux » (PrP, II, 989, 990), Colette n'attribue-t-elle pas à la nourriture provençale toutes les vertus positives de ce pays qui lui est particulièrement cher ? En Bretagne, elle ne fait pas autre chose en louant la perfection du « cidre mousseux, et des crêpes brûlantes, dorées, et le parfait beurre salé qui, sous le couteau, crache des perles de petit-lait » (EPC, III, 994). Lors de ses voyages, que ce soit en France, en Italie, en Suisse, en Algérie ou au Maroc, elle ne manque jamais de décrire les nourritures qu'elle déguste, comme autant de témoins du pays qu'elle découvre. Pour Colette, goûter les produits alimentaires d'un pays ne répond pas seulement à une curiosité culinaire mais représente un moyen unique de s'imprégner de ce pays, d'assimiler ce qui est étranger. Manger une nourriture spécifique à un lieu, c'est, comme avec une personne, établir un lien privilégié avec ce lieu. La nourriture a cette capacité extraordinaire de transmettre ce qui fait l'originalité d'un pays ou d'une région.

Chez Colette, il existe un lien très fort entre l'aliment et la terre dont il est le produit : sa provenance lui confère sa singularité. Dans « Flore et Pomone », elle consacre plusieurs pages à ce fruit apparemment banal qu'est l'orange :

> Une orange... mais pas n'importe quelle orange. L'éducation des Occidentaux est encore à faire. Les entendiez-vous demander, au restaurant : « Vous me donnerez une orange », comme s'il n'y avait au monde qu'une

espèce, qu'un cru, qu'un arbre, qu'une multitude indistinctes d'oranges... (Gi, III, 459).

Suit une description très détaillée des différents « crus » d'oranges, dont le goût varie en fonction de leur origine, de leur saison, de leur exposition... Ce lien entre l'aliment et son lieu d'origine correspond à ce que les œnologues appellent le terroir, à savoir la « saveur particulière que le sol sur lequel on cultive la vigne confère au vin »[1]. Cette notion de terroir est très ancrée chez Colette, la Bourguignonne, pour qui la saveur transmise par la terre relève d'une mystérieuse alchimie, d'une sorte de magie tellurique :

> La vigne, le vin sont de grands mystères. Seule, dans le règne végétal, la vigne nous rend intelligible ce qu'est la véritable saveur de la terre. Quelle fidélité dans la traduction ! Elle ressent, exprime par la grappe les secrets du sol. Le silex, par elle, nous fait connaître qu'il est vivant, fusible, nourricier. La craie ingrate pleure, en vin, des larmes d'or (« La Treille Muscate », PrP, II, 987).

Pour Colette, le vin, mais aussi les autres aliments, se présentent donc avant tout comme les produits uniques résultant d'une terre unique. Ce lien d'appartenance, de parenté même, entre la terre et l'aliment confère à celui-ci une identité – à l'opposé même d'une nourriture anonyme, qui est dépourvue de toute charge affective. La notion de terroir va donc plus loin chez Colette puisqu'elle revêt une valeur d'ordre affectif : elle témoigne du souci constant de rattacher les aliments à la terre et de leur prêter une identité. En conseillant à ses lecteurs de « goûter le vin chez lui, dans un paysage qu'il enrichit » (*ibid.*, 988) ou de manger la figue seconde « sous l'arbre » (Gi, 460), Colette ne fait que renforcer l'idée de lien, de rattachement de l'aliment avec la terre. C'est cette même idée

---

[1] A. Lichine, *Encyclopédie des vins et des alcools*, Paris, Laffont, coll. « Bouquins », 1988, p. 725.

qui imprègne par ailleurs toute la correspondance avec les « Petites Fermières ». Avant que la guerre n'éclate et que les colis ne deviennent une source de ravitaillement régulière, les provisions envoyées par Yvonne Brochard et Thérèse Sourisse vont d'abord permettre à Colette de rétablir, même à distance, un contact avec la terre, qui répond, comme le note Marie-Thérèse Colléaux-Chaurang, « au besoin de sérénité et d'authenticité d'un auteur de plus en plus immobilisé et handicapé, privé du contact avec la nature inspiratrice »[1]. Colette s'émerveille à chaque fois de la fraîcheur des denrées reçues, de leur qualité unique, qui les distingue des produits qu'elle trouve à Paris. Elle évoque avec familiarité les « œufs *des* poules », le « lait de *la* chèvre », la crème du « lait *de* Finette [la vache] », et déclare n'aimer que « le cochon des Petites » (LPF, 21, 175). Toute cette affectivité véhiculée par les nourritures des Petites Fermières contribue à maintenir un lien avec la terre nourricière et prodigue – une terre certes plus imaginaire que réelle, une « Terre-Mère » mythique dont l'image reste indissociable des cueillettes enfantines. En participant à l'évocation d'un mode de vie campagnard, fondé sur la simplicité et la tradition, la symbolique du terroir chez Colette s'inscrit donc plus largement dans le culte nostalgique du pays natal, dont elle ne constitue finalement qu'une des multiples expressions[2].

---

[1] M.-T. COLLÉAUX-CHAURANG, *Préface* des *Lettres aux petites fermières*, *op. cit.*, p. 13.
[2] Le critique culinaire, héros du roman de Muriel Barbery, *Une Gourmandise*, exprime un sentiment analogue lorsqu'il évoque sa vision du terroir : « Je sais aujourd'hui qu'il n'y a de terroir que par la mythologie qu'est notre enfance, et que si nous inventons ce monde de traditions enracinées dans la terre et l'identité d'une contrée, c'est parce que nous voulons solidifier, objectiver ces années magiques et à jamais révolues qui ont précédé l'horreur de devenir adulte. » (M. BARBERY, *Une Gourmandise*, Paris, Gallimard, 2000, p. 53).

A l'opposé, la réfrigération et la congélation décrites dans *Prisons et Paradis* (PrP, II, 1015-1018) symbolisent la modernité, qui coupe l'homme de son lien vital avec la terre. C'est d'ailleurs loin de la terre ferme, à bord d'un yacht, que Colette mange du saumon « de quatre semaines », des salades et des légumes qui « ne sont pas plus jeunes », ainsi que du beurre qui « date de six semaines ». Certes, la valeur gastronomique des aliments demeurent a priori inchangée, ainsi ce « tendre gigot d'agneau, dont le sang rose, sous le couteau, coule » : « notre hygiène, notre gourmandise » ont par conséquent tout à y gagner... Cependant, le « froid discipliné » suscite la méfiance de Colette car il introduit une perturbation dans le rapport à la nourriture. En allongeant considérablement la durée de vie de l'aliment entre sa récolte et sa consommation, il supprime cette idée d'immédiateté qui entretient l'illusion d'un rapport presque direct avec la terre. Le froid, bien sûr, est aussi associé à la mort – mais une mort faussée, suspecte, comme en témoigne l'image de ce « poisson roidi, ouïes pourprées, dans la posture d'une agonie qui remonte à plusieurs mois ». Comme le remarque la psychanalyste Gisèle Harrus-Révidi, « le froid conserve, contre-vérité sur un certain mode, car il garde en état mais arrête les mouvements de vie »[1]. Or les mouvements de vie de l'aliment, du vivant au comestible, du comestible au pourri, « forcent l'identification à un objet lié aux mêmes rythmes vitaux de la naissance et de la mort, du développement et de la dégradation, de la fuite du temps »[2]. Le froid annule la notion de temporalité en plaçant l'aliment hors de celle-ci. Ainsi disparaissent, comme le note Gisèle Harrus-Révidi, « temps cyclique et temps fini, temps déterminé à l'avance ». Qu'en est-il alors du désir du mangeur, qui, procédant de l'attente, s'inscrit nécessairement dans la temporalité ? « Confusion fastueuse des saisons, défi

---

[1] G. HARRUS-REVIDI, *Psychanalyse de la gourmandise, op. cit.*, p. 107.
[2] *Ibid.*, p. 106.

porté au soleil », ce que Colette appelle le « conte de fées du Froid industriel » suggère la vision d'un monde glacial où l'homme, privé de repères, « prétend croquer ensemble la cerise et la nèfle, et emplir sa tasse, au petit matin, d'un consommé qui affiche sa date de naissance comme un bordeaux, ou d'un lait pris aux trayons des lointaines chamelles » – un monde où le mangeur cède désormais la place au consommateur.

Nécessité n'est pas gourmandise

Pour peu que l'on y prête attention, il est frappant d'observer quelle importance un auteur réputé bon vivant et gourmand comme Colette accorde à la faim. Entendons-nous bien, ce n'est plus de la faim au sens d'appétit dont il est question ici, mais de la « vraie » faim, celle qui naît du manque, de la misère ou de la malnutrition. Epargnés par les grandes vagues de disette et de famine, nous ne percevons aujourd'hui la sensation de faim que comme la manifestation du désir de manger et nous oublions qu'à travers elle se révèle en premier lieu la lutte permanente et instinctive du corps pour sa survie. Est-ce le lien ténu reliant la faim quotidienne et passagère à la conscience de notre propre mort qui pousse Colette à évoquer le manque de nourriture comme elle le fait ? Comme Maurice Goudeket le rapporte dans *Près de Colette*, celle-ci semblait supporter difficilement la sensation de faim : « La faim était chez elle quelque chose d'incroyablement impérieux. S'il fallait par hasard qu'elle attendît, son visage prenait une expression tragique. Elle se mettait à gronder comme une bête, en grande partie par jeu, bien sûr, mais ce jeu l'aidait à se contenir »[1]. L'expression tragique du visage et le grondement de la bête : dans cette image de Colette, la mort et l'animalité sont présents, comme pour nous rappeler que, face au manque de nourriture,

---

[1] M. GOUDEKET, *Près de Colette*, op. cit., p. 170.

l'homme et l'animal partagent le même sort. Comme Julie de Carneilhan, son « estomac ne s'offensait de rien, sinon du vide » (JC, III, 23).

La présence du thème de la faim dans l'œuvre de Colette est révélatrice d'une angoisse, l'angoisse du « vide » justement, l'angoisse de manquer. Colette avoue ainsi : « Il y avait cette vieille angoisse, cette peur de manquer : de manquer de choses à manger, de manquer de savon pour se laver, de manquer de sécurité, non pas seulement pour moi, mais pour un être qui était encore très petit – ma fille »[1]. Manquer de nourriture, manquer de protection, autrement dit aussi manquer d'amour. L'angoisse de ne pas avoir assez à manger porte toujours en elle l'angoisse primitive du manque d'affection. De surcroît, ici, on sent très bien l'ambiguïté que cette angoisse revêt chez Colette devenue mère : d'un côté, la peur de manquer pour elle-même, et, de l'autre, la peur de faire elle-même défaut pour son enfant... Dans les textes qui dépeignent la lutte quotidienne contre la faim, Colette esquisse souvent des mères que taraude le souci de nourrir leurs petits. Images furtives, où se décèle une fois encore l'image emblématique de la mère nourricière – Sido elle-même ne dit-elle pas : « Je ne suis jamais en repos quand je crois qu'un enfant ou un animal ont faim » (NJ, III, 625) ?

L'angoisse de manquer du strict nécessaire, et en premier lieu de nourriture, transparaît donc en filigrane tout au long de l'œuvre. Néanmoins, il est intéressant de noter que cette peur de manquer se manifeste avec davantage d'acuité dans deux catégories d'œuvres de Colette : celles qui se déroulent dans le milieu du music-hall et celles qui ont la guerre pour toile de fond. Dans le premier cas, l'expression du manque coïncide avec l'époque où Colette, séparée de Willy, commença elle-même à gagner sa vie. Dans le second,

---

[1] COLETTE, *Mes Vérités, Entretiens avec André Parinaud*, Ecriture, 1996, p. 124.

le manque traduit une angoisse plus diffuse car « partagée » par une population entière.

Les « mal nourris » du music-hall

Arrêtons-nous pour commencer sur le thème de la faim dans le contexte du music-hall. Celui-ci apparaît dans des œuvres telles que *Les Vrilles de la vigne*, *La Vagabonde*, *L'Entrave* ou *Mitsou*, et occupe le premier plan des récits que sont *Gribiche*, *Notes de tournée*[1] et bien sûr *L'Envers du music-hall*. Dans ce dernier surtout, Colette adopte une perspective d'observatrice, dont le souci est de décrire un milieu dans sa réalité quotidienne, en « peign[ant] le monde qui est de l'autre côté de la rampe », comme elle le précisait dans la préface de l'édition Guillot en 1937[2]. Ces précisions nous semblent importantes dans la mesure où elles nous permettent de situer le point de vue de l'auteur, notamment dans le rapport qu'elle entretient avec la misère et la faim qu'elle côtoie. Il s'agit en effet d'un témoignage de l'intérieur, mais d'une perspective qui demeure extérieure. Colette partage le sort de tous ces artistes, « vagabonds » (V, I, 834) comme elle, mais elle reste une bourgeoise, une « intellectuelle », issue d'un autre monde[3] – ce que Brague ne manque pas de rappeler à Renée dans *La Vagabonde* : « Tout le monde n'est pas Vanderbilt ou Renée Néré, pour se coller des chambres à cent sous et des cafés au lait servis dans la taule » (*ibid.*, 917). Colette connaît certes les dures réalités du métier, jouant « sous l'empire de l'ahurissement, de la faim et de la

---

[1] Pléiade, II, 199-219.
[2] Cf. Pléiade, II, 324.
[3] Ce point de vue à la fois proche et distant n'est pas nouveau chez Colette. Elle l'adopte déjà dans les *Claudine* – et elle continuera de le faire par la suite – quand elle décrit l'univers villageois de son pays natal.

fatigue »[1], mais elle se sait à l'abri de la misère qui frappe certains de ceux qu'elle fréquente et qu'elle décrit[2]. La faim qu'elle éprouve elle-même est liée aux contraintes d'un métier souvent harassant et sans horaires, elle n'est pas la conséquence directe du manque d'argent – même si, nous l'avons dit, le souci de gagner sa vie de manière indépendante reste constant dans les œuvres de cette période. Le ton adopté par Colette lorsqu'elle décrit ses compagnons de travail est marqué par l'admiration et le respect, que suggère aussi son effort pour se faire accepter, mais il témoigne également d'une solidarité et d'une compassion profondes, que justifie sa position d'observatrice privilégiée.

C'est de cette volonté de dépeindre une réalité d'un point de vue extérieur mais solidaire que procèdent toutes les allusions au thème de la faim. *L'Envers du music-hall* inaugure d'ailleurs une nouvelle forme de récit chez Colette, qui, non seulement par sa forme, mais aussi par son style, obéit aux exigences de la chronique journalistique[3]. Plus que de dénoncer le fléau de la faim en tant que tel, Colette, en témoin respectueux, préfère décrire l'attitude résignée mais aussi courageuse avec laquelle « les inconnus, les peu payés, les mal nourris »[4] affrontent le manque d'argent et de nourriture. Faire preuve de misérabilisme reviendrait à les

---

[1] SIDO, *Lettres à sa fille*, Paris, Librairie des femmes, 1984, p. 314.

[2] Sur ce point de vue à la fois extérieur et intérieur, Jacques Dupont, dans sa notice à *L'Envers du music-hall*, mentionne les hésitations entre le « je » et le « nous » que révèle le manuscrit (Pléiade, III, 1353).

[3] Les textes qui composent le recueil *L'Envers du music-hall* ont d'abord été publiés dans *Le Matin*, auquel Colette a collaboré à partir de la fin de l'année 1910. Il est incontestable que, à cette époque de la vie de Colette, ses activités d'écrivain et de journaliste, menées d'ailleurs en parallèle à son métier de mime, se sont mutuellement influencées et enrichies.

[4] *Notes de tournée* (Pléiade, II, 202).

trahir – et introduirait du même coup une distance infranchissable entre la narratrice et les personnages. En décrivant un monde dont la faim et la pauvreté font partie intégrante, le témoignage de Colette se veut plutôt la chronique d'un héroïsme ordinaire, à l'image de Maud, « une petite "caf' conc'" comme beaucoup d'autres, surmenée, sans méchanceté, sans coquetterie, qui s'en va d'hôtel en wagon, de gare en music-hall, tourmentée par la faim, le sommeil, l'inquiétude du lendemain... » (EMH, I, 973). Le fait de travailler n'empêche pas la misère, les artistes étant payés « des prix de famine » (*ibid.*, 980) ou « loué[s] pour un morceau de pain » (*ibid.*, 1004). Ainsi s'explique peut-être la frontière fluctuante et parfois très floue qui sépare le monde du music-hall de celui de la prostitution : de la « mendicité innocente » de Bastienne et sa compagne de chambre qui se font offrir un repas par « un généreux donateur qu'elles accueillent, taquinent, remercient et plantent là » (EMH, 986) aux « petites figurantes, blanches d'anémie » que l'on sollicite « dans les rues désertes après minuit » (*ibid.*, 1011), la tentation de la prostitution se justifie souvent par la nécessité de manger. La protection d'un « ami » (VrV, I, 680, EMH, I, 970) constitue une véritable aubaine pour celles qui tentent d'échapper à cette dure réalité : plus qu'à son grade de « première vedette », Mitsou doit sa relative aisance à la générosité de l'Homme Bien.

Si la faim constitue donc l'un des problèmes majeurs de la condition de « sans-grade » du music-hall, elle n'en demeure pas moins difficile à saisir pour l'observatrice qu'est Colette. En effet, rares sont les confidences et les épanchements chez ces hommes et ces femmes que gouverne une « pudeur obstinée » (V, I, 833), doublée d'une « vanité héroïque » (*ibid.*, 854) : la misère se cache davantage qu'elle ne s'expose et la faim qui se montre au grand jour demeure une exception. Durant ses années de vaches maigres,

Bastienne préférait passer pour une jeune fille aux mœurs dissolues plutôt que d'avouer qu'elle avait faim :

> Quand j'étais toute gosse, quinze, seize ans, je tombais faible le matin, à la leçon de danse, parce que je ne mangeais pas assez. La maîtresse de ballet me demandait si j'étais malade, mais je crânais et je lui répondais : « C'est mon amant, madame, qui m'a fatiguée ! » Un amant ! Comme si j'avais su ce que c'était ! Elle levait les bras au ciel : « Ah ! vous ne le garderez pas longtemps, mon enfant, votre port de reine ! Mais qu'est-ce que vous avez toutes dans le corps ? » Ce que je n'y avais pas, c'était une bonne assiettée de soupe chaude, oui !... (EMH, I, 955)

Dans ce texte, « Le Mauvais matin », c'est parce qu'elle appartient à un passé révolu que Bastienne, Palestrier et Brague évoquent tour à tour leur condition d'anciens affamés, à la faveur d'un abandon passager. La narratrice opte alors pour l'effacement – l'emploi du discours direct contribuant à entretenir l'illusion du témoignage à l'état brut :

> – [...] A cette époque-là, pourvu que je bouffe, j'aurais tondu des chiens et coupé les chats... [...]
> – C'est comme moi, dit soudain Brague. [...] Je me souviens d'un moment où j'avais encore crédit chez le bistrot, mais plus moyen d'avoir du bricheton... Quand j'avalais mon verre de vin rouge, j'aurais pleuré rien qu'à l'idée d'un petit croûton frais pour tremper dedans... (*ibid.*, 955).

A travers la bouche de ceux qui l'ont vécue, la réalité de la faim s'exprime par des souvenirs très précis, des détails très concrets (le désir d'« un petit croûton frais », d'« une bonne assiettée de soupe chaude »). Le ton est banal, presque anodin, d'une badinerie que vient renforcer le pittoresque de la langue faubourienne. La tonalité dramatique est introduite par la narratrice, ses quelques descriptions de la scène qui entrecoupent les dialogues, puis sa tentative d'imaginer ce qu'est, pour celui qui l'endure, l'épreuve de la faim. Pour elle, « la faim, la soif... ce doit être un *supplice* simple et complet, qui occupe toutes les heures, qui ne laisse pas de place à d'autres *tourments* » (*ibid.*, 956). Comparée aux témoignages de ses compagnons, la description de la narratrice prend une dimension plus psychologique. La souffrance de la faim, telle qu'elle l'envisage, a la valeur d'une souffrance morale – et l'on retrouve ici l'expression de cette angoisse du « vide », du manque affectif, dont la faim est l'une des représentations. Pour Colette, la faim est un mal absolu, qui prime sur tous les autres maux, « il empêche de penser, il substitue à toute autre image celle d'un mets odorant et chaud ; l'espoir, grâce à lui, ce n'est rien d'autre qu'un pain rond, dans une gloire de rayons » (*ibid.*, 956). Cette différence de registre montre bien le fossé qui sépare son angoisse de celle de ses compagnons. Certes, le souci d'objectivité de la narratrice est manifeste ; son ton refuse la dramatisation excessive et demeure descriptif, factuel. Mais l'évocation d'un pain auréolé comme une image pieuse prêterait presque à sourire... Elle trahit cependant aussi le malaise profond de Colette narratrice face à cette réalité de la faim qu'il lui est donné d'approcher de si près, mais qu'elle n'a jamais éprouvée[1]. Parce que, comme le dit Brague, « bouffer... les gens qui ont toujours eu de quoi ne se figurent pas ce que c'est » (remarque qui vise aussi bien la narratrice que le lecteur), sa vision de la faim demeure forcément lacunaire, voire inexacte. Aussi, par souci d'authenticité, se doit-elle de laisser, sur ce point, la parole aux personnages, ce qu'elle fait d'ailleurs avec Gonzalez, dans « L'Affamé » (*ibid.*, 964-967). Pour amener Gonzalez à se confier, Colette entame le texte par une longue entrée en matière où le lecteur découvre le dénuement du personnage à

---

[1] A certains endroits, en effet, Colette ne peut s'empêcher d'exprimer le malaise que suscitent chez elle le spectacle de la misère et le sentiment d'impuissance qui l'accompagne : « La misère, encore une fois, quand aurai-je fini de la rencontrer ? » (EMH, I, 965), « Ah ! que tout cela n'est pas gai, et que c'est donc insupportable, la misère de tant de gens ! » (V, I, 832), etc.

travers les yeux de la narratrice, ainsi que la complicité naissante qui s'installe entre eux. Voisin du « troglodyte » de *La Vagabonde* et brièvement esquissé dans les *Notes de tournée*, Gonzalez est, entre tous les personnages, celui à travers lequel Colette tente d'exprimer toute la réalité tragique de la faim inhérente à la condition d'anonyme du music-hall. Pour manger « le mois qui vient et celui d'après », il doit rapporter « deux cent vingt francs » de sa tournée. Outre la difficulté d'y faire face dans un métier aussi épuisant que celui de danseur ou d'acteur, la faim est montrée dans le rapport irrémédiable qui l'unit à la mort : le corps affamé est un corps en sursis. C'est en effet la faim sous son aspect physique, physiologique, qui est exposée par la bouche de Gonzalez, avec ses répercussions irréversibles sur la santé : « Je ne peux plus recommencer ce que j'ai supporté, je n'ai plus la santé qu'il faut. [...] Il faut un estomac que je n'ai plus ». La pauvreté, dans sa manifestation physique, s'apparente à la maladie, à laquelle elle est d'ailleurs comparée (« La purée, c'est une sacrée maladie »), révélant ainsi la frontière ténue, voire inexistante, qui sépare le corps mal nourri du corps malade, si présent lui aussi dans le monde du music-hall. Sur l'épreuve physique elle-même que constitue la faim, peu de mots de la part de Gonzalez : « C'est crevant, je n'en sais plus rien. Je ne me souviens pas bien. Ça m'a laissé comme un trou. » Mais, c'est justement l'absence de description qui revêt une valeur dramatique : l'amnésie provoquée par la faim participe du néant de la mort. Cette expérience voisine de la mort conduit d'ailleurs Gonzalez à envisager sa fin prochaine avec une sorte de détachement, de tranquillité résignée et presque souriante : « Je ne me vois pas faisant de vieux os ! » A la fin de sa confession, c'est d'ailleurs précisément le visage de la mort, tel un crâne de squelette, que la narratrice voit se dessiner sur la figure de Gonzalez : « Le portant lumineux qu'on vient d'allumer dessine sa tête sans chair, ses pommettes dures, ses orbites noires et sa bouche trop fendue, où le rire avale les lèvres ». Son corps également, par sa maigreur aérienne, n'a plus la matérialité d'un être de chair. Il présente l'apparence funèbre d'un spectre avec « sa grâce chorégraphique et macabre de jeune squelette danseur ».

A l'image du corps de Gonzalez, la maigreur apparaît comme un signe distinctif de tous ces artistes du music-hall. En effet, comme s'il s'agissait de pallier la difficulté de recueillir des témoignages et d'exprimer la faim en paroles, Colette choisit de faire parler les corps. En s'inspirant cette fois de son métier de mime, son travail d'écriture touche à l'essence même de l'univers du spectacle qu'elle décrit, lequel utilise le corps comme principal moyen d'expression. Les mots de l'écrivain et le corps de l'artiste se rejoignent ici dans une même démarche qui écarte « la parole, l'obstacle grossier qui nous sépare du silence, du silence parfait, rythmé, limpide, orgueilleux *de tout exprimer* » (*ibid.*, 956). Ainsi le corps du music-hall exprime mieux que quiconque le manque, l'indicible vide consécutif à la faim. La maigreur, partout rencontrée, suggère l'insuffisance de nourriture et l'épreuve endurée de la faim : les treize danseuses anglaises, « des enfants maigres et gaies, nourries de sandwiches et de pastilles de menthe (VrV, I, 679), Bouty, « tout maigre dans son flottant vêtement à carreaux » (V, I, 832), Jadin, à la « maigreur efflanquée et jeune » (*ibid.*, 842), le « troglodyte », « efflanqué minable » (*ibid.*, 916) à la « jeune figure affamée, aux yeux bleus caves » (*ibid.*, 878), la petite Garcin, « plate comme une chatte maigre » (EMH, I, 960), ou encore Maud, à la « minceur anguleuse de fillette » (*ibid.*, 972). Les œuvres décrivant le music-hall regorgent ainsi de tout un lexique de la maigreur : « maigriote », « maigrelette », « chétif », « fluet », « famélique », « débile », « hâve », « osseux », « anémique », « décharné », « rachitique » – à quoi vient s'ajouter l'emploi extrêmement fréquent de l'adjectif « petit » (le « petit Bouty », la « petite Wilson », la « petite danseuse », les « petites figurantes », etc.) qui, outre l'indication de jeunesse et la connotation affective qu'il comporte, entretient l'impression que ces personnages sont tous de faible constitution. On est ainsi bien loin de la densité, de l'épaisseur charnelle typique du corps colettien. Le corps du music-hall semble dépourvu de chair. Il a la dureté du squelette, comme ces danseuses aux « corps grêles et durs » (VrV, 679), « à la nudité sèche » (EMH, 969), ou prend au contraire l'aspect d'une enveloppe creuse, tel ce contorsionniste au « long corps qui semble à moitié vide » (*ibid.*, 978). Par sa maigreur excessive, le corps du music-hall confine à l'immatérialité, à l'image de Bouty, « presque transparent de minceur » (V, I, 834). Il semble évoluer en état d'apesanteur : Gonzalez ne marche pas, mais « s'envole vers sa loge, avec sa légèreté de feuille sèche » (EMH, I, 967). Même la caissière des Folies-Gobelins, parquée depuis vingt-quatre ans derrière son petit bureau, paraît s'être dépossédée de sa substance charnelle : « Si on la piquait à la joue, en jaillirait-il, au lieu de sang, une pâle gouttelette de ce jus anémique qui baigne les cerises à l'eau de vie ? » (*ibid.*, 993).

Derrière ces silhouettes graciles et dépourvues de chair se cache la réalité d'un corps qui travaille. Dans le monde du music-hall, le corps perd sa fonction de récepteur sensitif, sa valeur de creuset tout entier consacré à la perception des richesses du monde sensible. Le corps du music-hall porte en lui la notion de corps contrarié. C'est l'instrument de travail, l'outil de production de cette véritable main-d'œuvre du spectacle que forment les danseurs, mimes, acrobates et autres artistes. Jacques Dupont remarque « l'équivalence établie dans "On arrive, on répète" avec une "usine", des "employés" ou des "ouvriers" »[1] – équivalence que l'on retrouve d'ailleurs également dans « La travailleuse ». Aussi

---

[1] J. DUPONT, Notice à *L'Envers du music-hall* (Pléiade, II, 1352).

qualifie-t-il de « quasi prolétarienne » la condition de ces « sans-grade » du spectacle. Il n'est certes pas exagéré de percevoir une dimension aliénante dans le travail d'artiste de music-hall tel que Colette le décrit. Outre les allusions fréquentes aux contraintes d'un métier épuisant, l'accent est mis sur une forme de « mécanisation » du corps repoussant sans cesse les limites de l'effort. La danse, par sa rythmique machinale, entraîne le corps dans un mouvement d'automate. Maud, par exemple, « est si fatiguée déjà qu'elle valse sans s'en apercevoir » (EMH, I, 973). La danse reproduit ainsi le processus impérieux et sans fin de l'engrenage : « Si je valsais très longtemps, cette nuit, songe confusément Maud, je finirais par ne plus penser du tout... » Le régime de la tournée soumet également le corps à une activité répétitive, qui n'est pas sans rappeler le déroulement saccadé du travail à la chaîne — sur le plan syntaxique, cela se traduit par des phrases de plus en plus brèves, proches du style télégraphique : « Nous tournons. Je mange. Je dors, je marche, je mime et je danse » (V, I, 916). Le corps est entraîné dans l'enchaînement des villes qui défilent, des représentations qui se succèdent : « Nîmes, Montpellier, Carcassonne, Toulouse... [...] On arrive, on se lave, on mange et on danse [...], on se couche — est-ce la peine ? — et on repart » (*ibid.*, 930). Dans le music-hall, le corps de l'artiste apparaît donc comme un corps machine. Il est destiné à produire un « numéro » de spectacle, et, par métonymie, l'artiste lui-même devient « numéro » : « Nous sommes là une quinzaine de "numéros", ahuris, découragés d'avance » (EMH, I, 953).

Le destinataire de cette production, le consommateur du spectacle, c'est bien sûr le public ; un public que justement il ne faut pas laisser « avoir faim » (V, I, 821) trop longtemps entre deux numéros, sans quoi « les hurlements, les bouts de mégots, les peaux d'oranges partiront tout seuls » (*ibid.*, 821), comme sous l'effet d'une gigantesque éructation. Faut-il aller jusqu'à voir dans cette « salle noire, que les projecteurs ne suffisent pas à éclairer » et qui exhale « l'affreuse odeur du tabac froid et du cigare à deux ronds » (*ibid.*, 817) la métaphore d'une cavité buccale, d'une immense gueule prête à dévorer ? La représentation colettienne du public, qui mériterait certainement de faire l'objet d'une analyse plus approfondie, fait apparaître plusieurs aspects intéressants sur l'attitude voyeuriste du spectateur, et notamment le lien entre voyeurisme et cannibalisme. On retrouve ici, sous une forme plus perverse, cette notion d'incorporation associée au regard[1]. Mention est aussi faite de l'animalité du spectateur, qualifié de « bête dangereuse » (*ibid.*, 842), ainsi que d'une primitivité, à travers les « sauvages » du public d'été, « des tribus étonnantes dont le rauque murmure étranger, pendant l'entracte, inquiète » (EMH, I, 1011). Tel un monstre anthropophage, le public a le goût du sang, comme en témoigne « sa joie perverse » d'assister à « des numéros tragiques et macabres » (*ibid.*, 978). Voyeurisme et cannibalisme se confondent aussi dans son désir de nudité, qui n'est pas sans évoquer l'appétit de l'ogre amateur de chair fraîche. Ainsi ce spectateur qui crie : « Elle me montre qu'un nichon, je veux y voir les deux ! J'ai payé deux linvés, un par nichon ! » (V, I, 841). Renvoyé par la directrice de l'Empyrée-Clichy pour son mauvais comportement, ledit spectateur affiche la déception d'un « gosse qu'on a privé de dessert » (*ibid.*, 842)...

Après cette brève incursion du côté de la « faim » symbolique du public, revenons-en à la faim, plus tangible celle-là, de l'artiste. Après avoir souligné le processus de mécanisation dont le corps du music-hall fait l'objet, il faut nous interroger sur les répercussions éventuelles de cette mécanisation dans le rapport à la nourriture. Dans *La*

---

[1] Cf. *supra*, p. 39.

Vagabonde, par exemple, Renée aperçoit le « troglodyte » « mord[ant] dans un pain d'une livre » et note « le vorace mouvement de ses mâchoires » (V, I, 916). L'ingestion est présentée ici dans une perspective mécanique. Morsure, mastication : l'acte de manger est lui-même mouvement machinal. Face à la nourriture, le corps du « sans- grade » demeure un corps machine : à table, il « ne parle pas, il ne pense qu'à manger » (*ibid.*, 919). Toutefois, c'est plutôt dans le renoncement à la nourriture, dans l'aptitude à se passer de manger, que le corps du music-hall révèle, plus manifestement encore, sa réalité de corps machine. Poussée à l'extrême, la notion de corps mécanisé suggère en effet l'idée d'un corps ignorant la faim, d'un corps qui peut se passer de nourriture. Or, on constate souvent que, dans l'impossibilité qu'il a de manger à sa faim, l'artiste repousse toujours plus loin, en l'ajournant, la nécessité de se nourrir. La gestion de la faim chez les anonymes du music-hall passe par le reniement, la négation de celle-ci. Bastienne, par exemple, « se couche quelquefois sans avoir dîné ni soupé, en gardant son corset toute la nuit, "pour couper la faim" » (EMH, I, 984). « Couper la faim », telle semble être la recette de cette sorte d'économie de la faim pratiquée par les plus démunis, qui « rempla[cent] la côtelette par une tasse de café noir, et le sandwich par un bout de chocolat »[1]. Ce procédé qui consiste à couper la faim pour mieux l'ignorer est aussi mis en application par Maud, la danseuse automate :

> Elle avait très faim en arrivant ; un grand verre de bière, avalé au vestiaire des artistes, vient de lui couper l'appétit.
> « Tant mieux, songe-t-elle ; il ne faut pas que j'engraisse... » (*ibid.*, 972).

---

[1] *Notes de tournées* (Pléiade, II, 209).

Avec cet exemple de Maud, on assiste à l'émergence d'un nouveau rapport à la nourriture, qui repose sur un renversement des valeurs alimentaires observées jusqu'ici. Chez les artistes du music-hall, ne pas manger constitue en quelque sorte la norme, tandis que manger revient à rompre avec cette norme. Le fait de se nourrir est investi d'une valeur suspecte : manger implique ici le risque d'« engraisser ». Force est de constater, donc, le caractère ambivalent que revêtent la faim et la maigreur qui touchent le corps du music-hall. Certes, le corps affamé est en premier lieu le reflet du manque de nourriture inhérent à la réalité sociale du monde du music-hall ; mais, par sa maigreur intrinsèque, il est également un modèle de légèreté, voire d'immatérialité, auquel tendent le danseur, l'acrobate ou le mime, qui sont par essence des artistes du mouvement. L'acte alimentaire, qui enracine le corps dans sa matérialité, constitue alors une menace potentielle à ce désir d'immatérialité.

Dans le monde du music-hall, on remarque en effet que le rapport à la nourriture, quand nourriture il y a, n'est jamais un rapport serein. Contrairement au reste de l'œuvre, on ne trouve guère dans l'acte de manger cet état de jouissance du corps recevant sa subsistance et y puisant des vertus positives d'énergie ou d'apaisement. La « gourmandise » du corps, si elle existe, se transfère sur d'autres activités que l'acte alimentaire, comme le bavardage ou la couture[1]. Dans les œuvres ayant trait au music-hall,

---

[1] On peut noter ainsi que les petites danseuses « bavardent comme on mange, avec fièvre, avec gloutonnerie » (VrV, I, 679). L'une d'elles « se met à coudre, juchée sur un tabouret de paille, avec une attention gourmande » (EMH, I, 961). La couture, en effet, semble leur fournir cette détente bienheureuse du corps que provoque si souvent la nourriture dans les autres œuvres de Colette. En cousant, « elles se taisent brusquement, comme apaisées par un charme » (*ibid.*, 962).

manger équivaut de manière presque systématique à trop manger ou à mal manger. Les nourritures absorbées revêtent des valeurs dépréciatives d'impureté, de corruption ou de lourdeur[1]. Ce sont « les vinasses des buffets de gare et des hôtels » (V, I, 864), « le déjeuner lourd » des brasseries enfumées (EMH, I, 952), « l'omelette à l'huile, le veau tiède et le poulet blafard » des « petits repas à un cinquante » (EMH, I, 965), « la tranche de noix de veau, pâle sur son lit d'oseille, ou le douteux navarin [...] à la brasserie du coin » (*ibid.*, 984), « la portion de bœuf tiède » et « les petits pois qui sent[ent] le chien mouillé » (*ibid.*, 1010). Souvent, la connotation dépréciative de ces nourritures se manifeste par défaut : absence de chaleur (« tiède »), absence de couleur (« pâle », « blafard ») — des propriétés qui caractérisent, comme nous l'avons vu, le « mauvais » aliment colettien. Cette dépréciation par défaut constitue l'expression d'un manque, indissociable du lieu où ces nourritures sont consommées. Hôtels, gares, brasseries sont des lieux de passage, des lieux anonymes ; les « nourritures étranges » (V, I, 864) qui y sont servies sont dépourvues de ce « supplément d'âme » qui caractérise les nourritures affectives, attachées à une personne, un foyer ou un terroir, bref à un point d'ancrage affectif. A l'instar de la nourriture des chiens savants, « la pâtée au pain qui gonfle et ne nourrit pas » (*ibid.*, 1000), les nourritures propres au music-hall ne « nourrissent » pas, au sens particulier que prend ce terme chez Colette et dont la valeur sémantique, très large, recouvre une réalité aussi bien physique que morale et

---

[1] *La Vagabonde* fournit quelques exceptions à cette règle, comme l'épisode du repas pris sur la Canebière à Marseille, mais il s'agit là d'exemples ne concernant que la narratrice, qui retrouve devant la nourriture cet apaisement passager du corps et de l'âme, cette impression de « parenthèse », qui accompagnent si souvent l'acte alimentaire chez Colette.

affective. Ainsi, le corps du music-hall mange, mais ne se nourrit pas. Même alimenté, il reste en quelque sorte sur sa faim.

Dépourvue de ses propriétés affectives, la chère alimentaire perd ses qualités bienfaisantes. Elle est bien souvent subie comme une agression pour le corps du music-hall. Sa matérialité est perçue comme récalcitrante : le petit salé aux choux de l'Olymp's-bar est une « pâtée saine, encombrante, lourde aux estomacs débilités » (*ibid.*, 863). Renée elle-même note que les viandes, « coriaces, [lui] résistent » (*ibid.*, 864). Elle se « rattrape sur le fromage et l'omelette », dont la mollesse, la malléabilité suggèrent une assimilation plus aisée et donc une nuisance moindre. La digestion de l'aliment, son assimilation par l'organisme sont souvent vécues comme contraignantes, voire contrariantes. Le personnage de Bouty fournit une illustration parfaite de cette digestion propre au corps du music-hall : atteint d'une entérite chronique, « il se nourrit de lait, de macaroni bouilli » (*ibid.*, 823). Incapable d'ingérer des nourritures solides, il « balade partout [...] sa bouteille de lait cachetée », « un lait bleuâtre comme de l'amidon » qu'il « lampe à petites gorgées » (*ibid.*, 822). A l'image de Bouty, la digestion constitue une épreuve pour le corps du music-hall, qui manifeste à nouveau par là le rapport ambigu qu'il entretient avec la nourriture. Bien souvent la digestion est synonyme de malaise : « Rien que le souvenir de son dîner » suffit à donner « la nausée » à la petite figurante du « Laissé-pour-compte » (EMH, I, 1010). Ce malaise est également partagé par la narratrice qui y fait des allusions fréquentes, aussi bien dans *La Vagabonde* que dans *L'Envers du music-hall* : elle éprouve « le dégoût d'aller, en pleine digestion, [se] maquiller, [se] déshabiller » (V, I, 933) tandis que sa chienne Fossette la regarde partir « avec le mépris d'une rentière qui prend, elle, tout le temps de digérer » (*ibid.*, 850). Le précepte colettien de l'immobilité et du repos requis par la digestion s'inscrit en porte-à-faux avec l'image du corps en mouvement perpétuel, caractéristique du music-hall. On retrouve ainsi, à travers le thème de la digestion, cette idée de corps contrarié par le travail dans son fonctionnement naturel, dans son existence propre : « Le déjeuner lourd [...] f[ait] de moi la bête la plus rechignée, qui boude au travail de l'après-midi » (EMH, I, 952). La précipitation des repas liée elle aussi à la cadence du travail représente un facteur de perturbation supplémentaire : soumis au rythme infernal de la tournée, les artistes sont « rouges d'un déjeuner hâtif » (*ibid.*, 949). Parce qu'ils renvoient à la précarité, à la vulnérabilité physiologique du corps, l'acte alimentaire et la digestion se révèlent donc en opposition avec la notion d'inaltérabilité du corps machine. On ne s'étonnera guère alors de la prédilection du corps du music-hall pour le café, aliment liquide qui n'entrave pas le corps en mouvement : « On se passe de viande, dans notre métier, pas de café... » (V, I, 864). Certes, le café lui aussi est dépourvu de toute qualité nutritive ou affective, hormis peut-être la chaleur qu'il procure : « Le café, c'est une encre d'un noir olivâtre, qui laisse au parois des tasses une teinture tenace. Mais, à ne plus boire de bon café, j'ai pris le goût de ces tisanes chaudes, amères, qui sentent la réglisse et le quinquina » (V, I, 864). Ainsi, la nécessité attachée à la consommation du café, dont les artistes ne peuvent « se passer », évoque plutôt l'idée d'un carburant, tout à fait compatible du reste avec l'image du corps machine propre au music-hall.

Toutefois, si le monde du music-hall dénie à la chère alimentaire toute vertu positive de nutrition, n'en percevant que la matérialité alourdissante et entravante, il ne la prive pas pour autant de toute valeur. Dans le monde du music-hall, en effet, la nourriture reste indissociable de sa valeur économique ; elle recouvre même en soi une réalité presque exclusivement économique. Tout d'abord, il est intéressant de noter la polysémie du verbe « manger » (ou de son équivalent « bouffer »), qui, dans la bouche des professionnels du music-hall, prend souvent le sens de « dépenser » : « Cent sous de stoppage... [...] Teinturier : 10 francs... Voilà ma nuit mangée, flûte ! » dit la petite Maud, qui gagne vingt francs par nuit en dansant dans un restaurant (EMH, I, 973). Cette acception de « manger » peut paraître, à première vue du moins, en contradiction avec le sens premier du verbe, dans la mesure où « manger » suggère une ingestion, c'est-à-dire un mouvement qui va du dehors vers soi, tandis que « dépenser » obéit au mouvement inverse. Ainsi, la chanteuse vieillissante de « Fin de route » s'exclame : « Tu crois que ça me fait plaisir de bouffer mes malheureux cachets en hôtels et en pharmacie, hein ? » (*ibid.*, 981). Les verbes « manger » ou « bouffer » quand ils prennent le sens de dépenser ne sont pas dénués d'une connotation de gaspillage. Celle-ci se perçoit d'ailleurs très clairement à travers les paroles de Brague, lorsqu'il prépare sa tournée avec Renée : « La dernière tournée, celle de septembre, on a mangé, si tu te souviens, jusqu'à dix ou onze francs d'excédent de bagages par jour » (V, I, 909). Le gaspillage suggère aussi la perte, une notion que l'on retrouve d'ailleurs dans cette autre acception de « manger », synonyme cette fois d' « oublier » : « Dis donc... Flûte ! je voulais te dire quelque chose... Je l'ai mangé en route » (EMH, I, 959). En fait, ces notions de dépense ou de perte, de déperdition en somme, que recouvre le verbe « manger » ne sont pas en contradiction avec le sens premier de ce verbe, car l'acte de manger, dans le monde du music-hall, n'est jamais considéré en terme d'ingestion de nourriture, mais en terme de dépense financière. Manger représente plus un coût en argent qu'un gain en nourriture – l'acte de se nourrir n'est jamais coupé de sa réalité économique : « On est deux à gagner, mais on est deux à nourrir aussi » (*ibid.*, 980) explique une artiste qui, à l'instar de Bastienne, doit se trouver « chère à nourrir » (*ibid.*, 985). A l'image de Gonzalez qui doit rapporter de sa tournée de quoi manger « le mois qui vient et celui d'après » (*ibid.*, 966), on travaille pour manger, c'est-à-dire qu'on gagne de l'argent pour le dépenser en nourriture.

Guerre et disette

Cette approche économique de l'alimentation se retrouve dans les œuvres de Colette qui touchent à la guerre, laquelle représente aussi un contexte propice à la faim et au manque de nourriture. Dans le texte intitulé « Bel-Gazou et la vie chère » (HL, I, 1278-1282), Colette décrit comment sa fille de quatre ans, née juste avant la première guerre mondiale, ne perçoit les denrées alimentaires qu'en fonction de leur valeur économique et « parl[e] froidement de réquisitionner la galette du Chaperon rouge ». En période de guerre, en effet, un nouveau rapport à la nourriture s'instaure chez Colette, en raison des restrictions qui frappent l'ensemble de la population. Mais, loin d'être tabous, la faim et le manque de nourriture s'expriment ouvertement, car ils relèvent cette fois d'un drame collectif, vécu par une nation tout entière. Dans des récits tels que *Les Heures longues* pour la première guerre mondiale ou *De ma fenêtre* pour la seconde, on note de fréquentes allusions aux prix excessifs des denrées, aux pratiques parfois douteuses du marché noir, ainsi bien sûr qu'au « problématique approvisionnement » (DMF, III, 192). Des aliments de consommation courante, soudain très rares, se convertissent en marchandises de luxe – et si les prix de l'époque n'évoquent plus rien pour le lecteur d'aujourd'hui, le ton des personnages ne laisse planer aucun doute sur la cherté des produits : « Il y a que c'est une honte de nous faire payer trois sous un poireau » (HL, I, 1216), « Vingt francs l'œuf... deux cents francs le lapereau... la garce... » (EV, III, 626). La correspondance de Colette durant l'Occupation regorge également d'informations sur les prix pratiqués au cours de cette période : voilà qui nous laisse supposer que les difficultés d'approvisionnement, aussi bien sur le plan pratique que financier, occupèrent à cette époque une place importante dans la vie de Colette, comme dans celle de tous les Parisiens d'ailleurs.

En période de guerre, le mangeur est donc confronté à un nouveau système de valeurs qui modifie son rapport à la nourriture : avant de satisfaire sa gourmandise, il doit assurer sa subsistance. Il se réduit à un « ventre » (JR, III, 15), à un « trou » qu'il faut « boucher » (DMF, III, 190). Rappelons que, dans ses récits de guerre, qu'il s'agisse de la première ou de la seconde guerre mondiale, Colette s'attache avant tout à décrire la vie « à l'arrière » et la lutte quotidienne pour faire face aux difficultés. Des soldats, des événements politiques et militaires, il n'est pas ou peu question ; c'est à travers les yeux des civils, et notamment ceux de Colette elle-même, que nous découvrons la réalité de cette période. Ainsi le Verdun de Colette n'est pas celui du front et des tranchées, mais celui des Verdunois qui essayent tant bien que mal d'y survivre : « [...] dans ce Verdun engorgé de troupes, ravitaillé par une seule voie ferrée, la guerre, c'est l'habitude, le cataclysme inséparable de la vie comme la foudre ou l'averse – mais le danger, le vrai, c'est de ne plus manger » (*ibid.*, 1216)[1]. Colette décrit donc le drame ordinaire de la guerre, celui qui touche tous les aspects de la vie quotidienne, et notamment l'alimentation. Pour Colette, en effet, la vie à l'arrière équivaut elle aussi à une *forme de combat*. Ainsi cette aubergiste, surnommée la « Providence », qui chaque jour « revient de la ville lointaine, lasse d'avoir bataillé, d'avoir tour à tour terrassé et séduit une épicière en gros, un sous-préfet, un commissionnaire en riz et pâtes, un éleveur de

---

[1] Colette s'est rendue clandestinement à Verdun en janvier 1915 pour y retrouver son mari Henry de Jouvenel.

lapins » (JR, III, 13-14). Car, pour les civils, la guerre est d'abord synonyme de pénurie et de restrictions. Au mois de juillet 1914, avant le « coup de tonnerre » de la mobilisation générale, c'est à travers les menus bouleversements de la vie quotidienne que la guerre s'annonce comme une réalité : « C'était la guerre, ce garçon épicier à bicyclette qui colportait, au grelot allègre de sa machine, des bruits de disette, des avertissements de cacher le sucre, l'huile, le pétrole » (HL, I, 1205).

Dans les œuvres qui se déroulent pendant la guerre, le spectre de la pénurie est donc toujours présent en toile de fond. Lorsqu'ils vont au restaurant, Mitsou et Robert doivent fournir des tickets de pain au garçon – ce qui ne les empêche pas de manger ensuite un véritable festin... Dans les œuvres concernant plus particulièrement la seconde guerre mondiale, la disette se fait plus manifeste[1]. Avec la raréfaction des denrées alimentaires, le thème du manque se développe progressivement, passant par tous les degrés de la pénurie. Dans *Journal à rebours*, publié en 1941, le manque de nourriture prend d'abord la forme d'un tarissement progressif des réserves, s'exprimant à travers des images de déclin. Tel un baromètre de la disette, le pot de graisse « baisse » inéluctablement (JR, III, 13). A l'image d'une bouche de vieillard, l'étagère de conserves s'édente : « Et la rangée des boîtes de pâté, il lui en manque des dents ! ». Progressivement, donc, le vide investit le plein. Dans ces circonstances, plus question de tergiverser entre bouteille à moitié vide et bouteille à moitié pleine. Le peu ne se mesure que par rapport au rien : « Alentour, il n'y a rien – presque rien » (*ibid.*, 12). Sur le plan syntaxique, cela se traduit par l'emploi réitéré de structures restrictives : « Plus d'essence

---

[1] Colette a vécu l'essentiel de cette période dans un Paris occupé et privé de tout.

que pour le médecin. Plus de pain, que deux cents grammes par tête » (*ibid.*, 16) ; « Point de viande, si ce n'est, deux fois par semaine le "veau blanc" » (*ibid.*, 12). La disette oscille en permanence entre ces deux pôles que sont le « rien » et le « presque rien ». Le manque de nourriture est suggéré à travers des représentations du peu, du moindre, de l'infime. Le bifteck est « en dentelle », le saucisson « taillé en monnaie-du-pape » (DMF, III, 190). Le jambon, « qu'on voit au travers » (*ibid.*, 190), tend à l'immatérialité, jusqu'à n'être plus qu'une « hypothèse de jambon » (EPC, III, 922). Dans cette logique de la parcimonie, les recettes ne sont plus qu' « économiques » (BS, III, 563), les quantités se réduisent, comme pour mieux rendre compte d'un néant tout proche : une « poignée » de farine, un « œil » ou une « goutte » d'huile, un « bout » de poisson... Ainsi le langage se fait volontiers l'écho de la pénurie ambiante. Des « magasins de sous-alimentation générale » (DMF, III, 203) à la « salle à ne pas manger » (*ibid.*, 249), le jeu de mot revêt, on le sait, une fonction d'exutoire. Mais, comme le note Colette, le réflexe d'économie a aussi des répercussions sur le plan lexical et syntaxique.

> Notre pudeur sous-alimentée use aussi, comme d'un palliatif, de vocables qu'on n'avait jamais tant vus. Le « déchet » remplace l'aloyau, les « reliefs » de lapin suppléent au lièvre à la royale. [...] Une bonne conjonction, le *si*. « Si vous avez au fond d'un plat un peu de jus... » C'est la manière précautionneuse. Tâchons d'en sourire (*ibid.*, 238).

Indissociable des restrictions, l'idée d'interdiction laisse cependant supposer que les réserves ne sont pas totalement épuisées, que le vide n'est pas encore atteint : « Défense de faire les confitures. Défense de vendre de la farine aux particuliers pour la pâtisserie... » (JR, II, 16). Du sucre et de la farine, il y en a donc encore, mais il n'est plus question de « gâcher » ces denrées précieuses pour faire de la confiture ou de la pâtisserie, mets qui symbolisent la frivolité et le superflu. Avec la « litanie » des « Défense... Défense de...

Interdiction de... » (*ibid.*, 16), ce ne sont pas seulement les denrées qui sont frappées d'interdiction, mais également la gourmandise et le plaisir. Par temps de guerre, le mangeur se doit donc d'être (comment pourrait-il faire autrement ?) un ascète.

Dans cette atmosphère de prohibition et de restriction, le fantasme de la dissimulation va bon train. Sevré de nourritures, l'imaginaire brode autour de possibles provisions cachées, de réserves secrètes : « Chacun cache, chacun dissimule... Seul le sertisseur voit tout, puisque c'est lui qui clôt les boîtes de conserves. [...] Le sertisseur sertit, et il se tait » (*ibid.*, 15). Dans les œuvres en rapport avec la guerre, on constate ainsi que se développe toute une thématique du secret, dont nous citerons ici quelques exemples ayant trait plus spécifiquement à la nourriture : restaurants clandestins, où l'on peut « par des petites rues noires, aller manger à la nuit close » (HL, I, 627), mystérieux aventuriers du « noir trafic » (EV, III, 626), petites « combines d'honnêtes gens engrenés dans le sale trafic » (*ibid.*, 654)... La « Providence » elle-même cache six morceaux de sucre « dans la poche de son tablier » (JR, III, 13). Mais Sido n'avait-elle pas également « enterré le bon vin » (*ibid.*, 9) durant la guerre de 1870 ?

Il arrive également que le « rien » l'emporte sur le « presque rien ». Le manque s'exprime alors autour des thèmes de l'absence ou de l'inaccessible : il n'y a « plus de gâteaux » (DMF, III, 213), pas plus de beurre « qu'en Poméranie » (EPC, III, 922), « pas de sucre non plus » (JR, III, 13), les fromages sont « introuvables » (*ibid.*, 22) et les œufs « ne s'achèt[ent] nulle part » (DMF, III, 191). Ainsi s'égraine la liste des aliments manquants à travers une sorte d'inventaire de l'absence : « Faute de beurre, faute de lait, nous nous languissons de la verdure et des légumes » (JR, III, 13) – une trilogie alimentaire décidément emblématique de la guerre puisqu'elle résonne comme en écho à celle du

Verdun de 1915, où « le beurre est une rareté de luxe, le lait concentré un objet de vitrine, et le légume n'existe que pour les fortunés de ce monde » (HL, I, 216). Dans cet environnement de pénurie, « entre la queue pour le lait, le rutabaga, la mayonnaise sans huile et sans œufs, la chandeleur sans crêpes et le soulier sans cuir » (DMF, III, 207), une curieuse cuisine s'élabore autour « du rôti sans viande, de la crème sans lait et de l'omelette presque sans œufs » (*ibid.*, 238). Etrange cuisine, qui, à défaut d'autres ingrédients, mêle habilement le vide et le verbe, notamment dans cette « recette d'un plat qui se fait avec "trois fois rien" » : « J'ai essayé, réplique une malicieuse, mais je ne l'ai pas réussi, parce que je n'avais mis qu'une fois rien ! » (*ibid.*, 195).

Face à cet envahissement du vide alimentaire, le mangeur a-t-il d'autres choix que de « manger le vent » (JR, III, 15) ? Les textes de Colette sont intéressants en ce qu'ils nous éclairent sur son attitude et ses ressources face à la difficulté. Le besoin de manger est vécu comme une contrainte quotidienne, dont il faut s'accommoder tant bien que mal. On aimerait pouvoir s'en passer : « Manger, manger, manger... Eh oui ! Il faut bien » (HL, I, 1217). Pourtant, la réalité crue du manque ne transparaît que rarement. Dignité, pudeur, ignorance ? Elle n'aborde jamais de front la faim endurée. Seul le sort des enfants, symboles mêmes de l'innocence, suscite véritablement sa révolte : « Trop faim... Pas assez chaud... Entre l'excès affreux et le manque haïssable, n'y a-t-il pas de place, au sein d'un climat équitable, pour les enfants ? » (DMF, III, 203). En fait, ce qui intéresse Colette, c'est bien plus la faculté d'adaptation du mangeur, sa capacité à réagir et à s'organiser face à la pénurie. Et, là aussi, elle puise ses exemples du côté des enfants. Telle petite fille, « comme beaucoup d'enfants », possède « un admirable empire sur elle-même » : elle « boucle la ceinture de son imperméable, empoche ses feuillets de tickets, laisse geindre sa mère et s'en va conquérir une lamelle de fromage, un kilo de châtaignes et des choux de Bruxelles. Le tout, convenablement cuisiné, compose d'ailleurs un plat excellent » (*ibid.*, 190). Tel « scout ardent d'une quinzaine d'années » gère son appétit en le répartissant sur la semaine selon une organisation rigoureuse : diète la semaine, bombance le week-end (« Mais alors, à la fin de la semaine, qu'on le sente passer ton rôti ou ton pot-au-feu ! » (*ibid.*, 190)). Ainsi, pour Colette, s'il ne peut se soustraire au besoin de se nourrir, le mangeur possède au moins la capacité de contrôler sa faim, d'organiser la nécessité.

Mais encore doit-il se montrer capable de changer ses habitudes, de remettre en question ses principes. A en croire Colette, le principal obstacle ne se situe pas tant dans la difficulté à se ravitailler que dans la faculté de s'adapter : « Tout manque ? Oui, jusqu'au moment où tout s'invente », écrit-elle dans *Belles Saisons* ; et d'énumérer une liste de mets « où brillent la brandade de carottes, le pain en pâte, un flan sans œufs, la brioche de pommes de terre, la gelée de sureau, la confiture de topinambours » (BS, III, 563). On comprend mieux dès lors pourquoi Colette choisit pour modèles des enfants, à ses yeux moins rigides que leurs parents qui « gei[gnent] » ou qui « protest[ent] au nom de l'hygiène et des repas réguliers » (DMF, III, 191). Comme « les Asiatiques, entêtés à se laisser mourir près d'un tas de blé s'ils n'ont pas leur poignée de riz » (*ibid.*, 238), la « famille française en appelle aux grands principes chaque fois qu'on la met en présence de ce qui lui est nouveau, partant suspect » (*ibid.*, 191). Or, selon Colette, point de salut pour le mangeur qui ne se satisfait pas de « ce qui se trouve, y compris le légume vert, dédaigné du sexe fort » (*ibid.*, 191). La disette entraîne ainsi un bouleversement des repères, une remise en question des coutumes alimentaires. Parfois jusqu'au paradoxe, comme en témoigne par exemple cette « fermière du riche pays périgourdin » : « Cette semaine, la viande est trop chère, nous mangerons du foie gras » (*ibid.*, 208). En temps de guerre donc, les vertus du mangeur colettien ne résident pas dans la sollicitation et l'expérience de la bonne chère, d'ailleurs inexistante, mais au contraire dans la capacité à surmonter sa faim, à organiser son manque, à adapter son comportement alimentaire. L'angoisse du manque n'a plus la connotation tragique qu'elle possédait avec le corps du music-hall. Colette nous laisse maintenant percevoir les ressorts profonds d'une force morale durement acquise, sa capacité à réagir dans l'adversité, à ne pas se laisser décourager et à transformer la difficulté en une énergie créatrice : « Nécessité n'est pas gourmandise » (*ibid.*, 243)...

Dans ces circonstances, une question demeure, que Colette ne manque pas de se poser : celle de l'évocation. En pleine pénurie, le mangeur doit-il ou non évoquer la nourriture qui lui fait défaut ? « Chut ! La règle entre nous est de ne pas évoquer ce qui est savoureux et hors d'atteinte », écrit Colette dans *Journal à rebours* (JR, III, 21). L'alternative est claire : taire ce qui est « hors d'atteinte » pour ne pas aviver l'épreuve du manque ou, au contraire, l'exprimer pour le savourer, ne serait-ce qu'en pensée, grâce au jeu subtil de la mémoire. Comme nous l'avons déjà vu plus haut, en étudiant les mécanismes de l'anticipation, la simple énonciation de l'aliment absent peut aller jusqu'à provoquer la même réaction du corps que l'aliment lui-même : « Quand nous avions des oranges... Les nommer, depuis qu'elles nous manquent, c'est assez pour susciter, sur nos muqueuses sevrées, la claire salive qui salue le citron frais coupé, l'oseille cru, la mordante pimprenelle » (Gi, III, 458). Seulement ici, l'énonciation ne s'inscrit pas dans le plaisir de l'anticipation, puisque, par définition, on ne peut anticiper ce qui n'est pas. Le manque n'étant pas destiné à être satisfait, l'énonciation procure alors un plaisir ambigu qui ne se savoure « que par l'oreille » (BS, III, 562) – un plaisir par défaut en quelque sorte, mais dont on se satisfait faute de mieux : « Va pour l'ouïe, à défaut du palais » (*ibid.*, 562). Cependant, la « vivacité d'évocation » (Gi, III, 458) est d'autant plus aiguë que le manque est grand. Ainsi, « le nom, la forme et les saveurs des aliments évoqués créent chez les prisonniers affamés un peu de délire » (EV, III, 633). A noter que l'évocation fonctionne aussi dans le sens inverse, provoquant le rejet ou le dégoût de ce qui est omniprésent. Le mot « rutabaga » fait ainsi figure de tabou. Colette ne l'utilise d'abord qu'avec des pincettes, assorti d'un conditionnel : « Si le mot rutabaga n'était, par tant de délicats, honni, je vous dirais bien que la tarte au rutabaga peut se faire chez soi à peu de frais... Vous n'en voulez pas ? Bon, je me tais » (DMF, III, 214). Et elle renoncera effectivement à y faire allusion, sous le poids de la menace : « Une de mes correspondantes m'a taxée : cinq francs pour ses pauvres chaque fois que j'écrirai le mot ruta... enfin, ce mot-là » (*ibid.*, 222).

Si, au début de la guerre, Colette préfère passer sous silence ce qui est « hors d'atteinte », dans les textes ultérieurs (1942-43), elle s'autorisera à manier l'évocation avec plus de liberté, prônant les vertus d'une rêverie maîtrisée :

> N'ayons pas peur de contempler ce qui nous manque. Emoussons par le regard appuyé, par une pensée approfondie, les traits dont nous blessent toutes les absences. Susciter en ce moment les tableaux de l'abondance, ce n'est pas seulement un jeu un peu mortifiant, c'est une gymnastique, une manière assez brave d'entretenir fraîches les acquisitions de notre mémoire (*ibid.*, 240).

Il est vrai que, pour Colette, qui n'a cessé de publier durant la guerre, cette question de l'évocation peut correspondre à une interrogation légitime : parler ou ne pas parler à ses lecteurs de cette nourriture qui leur fait cruellement défaut ? Dans « Flore et Pomone », elle se justifie : « On me reprochera d'abord, non sans sadisme, un sujet pénible ?... Je proteste que nous sommes entraînés, depuis un bout de temps, à regarder en face et fermement les biens dont la guerre nous prive. C'est d'une bonne gymnastique mentale » (Gi, III, 459). Toutefois, les vertus de la « gymnastique » ont des limites, que Colette sait ne pas dépasser. C'est pourquoi, quand elle évoque la nourriture dans ses écrits de guerre, elle ne se contente pas d'énumérer ce qui fait défaut. Elle tente également de tirer parti du peu qui reste.

C'est ainsi qu'un récit comme *De ma fenêtre* est émaillé de conseils pratiques pour se nourrir, mais aussi se chauffer ou s'habiller dans un Paris occupé et privé de tout[1]. Colette n'hésite pas à faire voisiner des recettes de cuisine avec des anecdotes, des réflexions, des souvenirs. Il en résulte une forme narrative originale, qui alterne l'emploi du « je » avec celui du « nous » et du « vous » pour souligner cet esprit de dialogue et de connivence qui unit Colette à ses lectrices. Ces dernières apprendront ainsi comment réaliser les galettes de châtaigne, l'ail fondant ou la tarte au fenouil à la manière de Colette ! Comme la « Providence » du *Journal à Rebours*, de « rien » Colette tente de faire « beaucoup ». De ce point de vue, la recette de la flognarde est éloquente, qui « n'exige pas de lait, se contente de deux œufs pour quatre et même six personnes, de trois ou quatre cuillerées de sucre en poudre ou de sucre vanillé, et de l'indispensable pincée de sel » (DMF, III, 221). Mise au four, la modeste flognarde se transforme en « une énorme boursouflure qui emplit le four, se dore, brunit, crève ici, gonfle là » (*ibid.*, 214). Et Colette ne manque pas d'insister sur ce gonflement, cette augmentation de volume presque magique : « Dans le four, [la flognarde] se fait enflée tellement qu'elle en crève » (*ibid.*, 214). On ne saurait porter plus loin les limites du gonflement... Dans *La Terre et les rêveries de la volonté*, Gaston Bachelard compare la pâte qui gonfle à un ventre dont la peau se tendrait sous l'action du levain : « Parfois la fermentation travaille ce ventre comme un borborygme : une bulle d'air vient crever à

---

[1] N'oublions pas que *De ma fenêtre* a d'abord été publié sous forme de chroniques dans les journaux, ce qui explique les apostrophes fréquentes faites aux lecteurs, ainsi que les nombreuses références aux lettres que Colette a reçues de ces derniers.

l'extérieur »[1]. Effectivement, la flognarde destinée à remplir les ventres ne nous évoque-t-elle pas elle-même un ventre plein et rond qui digère ? La tentation est grande de voir ici l'expression d'un irrépressible désir de bombance et de goinfrerie, qui n'ose se dire ouvertement en cette époque de restriction...

Par ailleurs, dans cette même œuvre, le thème de la cueillette réapparaît sous la plume de Colette, et se fait l'objet d'un nouvel enjeu. Le drame collectif de la guerre favorise le désir d'innocence, l'expression d'une pureté originelle, d'avant la civilisation. Le mythe pastoral, qui se manifeste sous diverses formes dans les récits de Colette publiés durant la guerre, suggère de manière implicite le désir de paix, le refus de la violence et du conflit. Plus que jamais, la nature est investie d'une valeur positive. Dans *De ma fenêtre*, Colette affirme à plusieurs reprises devoir à son origine campagnarde sa capacité à faire face aux vicissitudes de la vie quotidienne : « Une enfance, une jeunesse villageoises m'ont préservée d'une des exigences citadines, celle de la viande, la viande révérée, inéluctable » (*ibid.*, 191). Elle vante à plusieurs reprises les qualités de la châtaigne, « complément providentiel des repas réduits » (*ibid.*, 191), et recommande également « l'ail », la « noix », la « lentille » et le « fruit de saison ». Cette inclination végétarienne renvoie elle aussi aux notions de pureté, d'innocence et de paix. Colette invite ses lectrices à pratiquer elles-mêmes la cueillette. Pense-t-elle vraiment que celles-ci s'en iront récolter, comme elle le suggère, les « sommités tendres de la luzerne », « le séneçon des oiseaux », la « raiponce », l' « ulve marine » et la « noix de terre » (*ibid.*, 238) ? On est en droit d'en douter. Comme on est en droit de s'interroger d'ailleurs sur l'utilité réelle de tous les autres « conseils pratiques » de Colette : aidèrent-ils

---

[1] G. BACHELARD, *op. cit.*, p. 87.

vraiment les Parisiennes aux prises avec les difficultés du quotidien ? La question reste ouverte[1]... Pour Françoise Burgaud, la motivation de Colette est ailleurs : « [Colette] a compris que si l'on attend des conseils pratiques pour résoudre ces problèmes, on a besoin de rêves pour les oublier, de poésie pour les ennoblir, de rire pour leur ôter leur pouvoir de destruction »[2] – bref, ce dont ont besoin les lectrices, mais aussi les lecteurs, auxquels Colette s'adresse, c'est de littérature... On comprend mieux dès lors pourquoi le premier chapitre de *De ma fenêtre* s'ouvre sur cette image des lecteurs qui, à l'heure du déjeuner, envahissent les jardins du Palais-Royal :

> Comme mouches sur miel, ils s'empressent, s'agglutinent, se nourrissent... La comparaison n'est pas neuve, mais elle est inévitable. Tout me la suggère : l'heure de midi, la splendeur des journées d'automne, et la hâte, l'assiduité des lecteurs de plein air (*ibid.*, 185).

---

[1] En revanche, il est incontestable que de tels « conseils » eurent une grande influence sur son statut d'écrivain – sur son image, dirait-on aujourd'hui. N'écrit-elle pas elle-même, non sans une certaine ironie d'ailleurs, « qu'aucun succès de [s]a carrière d'écrivain n'égala celui que [lui] valut la recette, publiée dans un quotidien, de la flognarde » (DMF, III, 237) ? Dans *De ma fenêtre*, Colette s'attribue un nouveau rôle. Elle a 69 ans. Son enfance campagnarde, son héritage de Sido, son expérience de la vie sont autant de cautions sur lesquelles repose son autorité. C'est à ce titre qu'elle peut enseigner comment entretenir le feu, apprêter le légume, vêtir les enfants... Les aspects « scandaleux » de son existence appartiennent à une époque révolue. Colette incarne désormais la sagesse. Régnant sur le Palais-Royal, dont elle ne bouge presque plus pour cause d'arthrite, elle est devenue une sorte de « grand-mère » de la nation.
[2] F. BURGAUD, *Notice* à *De ma fenêtre* (DMF, III, 182)

La comparaison alimentaire n'est pas ici le fruit du hasard. Elle situe d'abord la lecture au rang des besoins vitaux de l'être humain, qui « ne se nourrit pas que de pain ». Par son rôle d'écrivain, Colette fournit aux lecteurs le « miel d'appât » qu'est le « livre » (*ibid.*, 185), c'est-à-dire au sens large le texte littéraire. Du même coup, elle replace tout le récit qui suit dans le contexte de la littérature. Peu importe alors que les conseils pratiques qui figurent dans *De ma fenêtre* soient utiles ou non : leur légitimité est avant tout littéraire[1]. Métaphoriquement, le récit de *De ma fenêtre*, avec ses évocations alimentaires et ses recettes de cuisine, est en soi nourriture. A cette foule de lecteurs soumise aux restrictions alimentaires, Colette fournit donc de quoi se sustenter et même se régaler : le miel, aliment sucré et délectable, est nourriture de plaisir. Texte et nourriture sont ainsi mis en parallèle et font l'objet de métaphores réciproques : là où l'un se fait « miel » ou encore « pâture » (*ibid.*, 186), l'autre, sous la forme d'un sandwich, est « déguisé[e] en rouleau de paperasses » (*ibid.*, 186). Comme Colette l'écrit déjà dans *Journal à rebours*, « la vraie disette, c'est l'absence de livres » (JR, III, 26). A ceux qui lui reprocheraient le contenu ou

---

[1] Certains avanceront qu'il s'agit là d'un type inférieur de littérature, d'une sous-littérature, entachée par l'origine journalistique des textes et leur vocation pratique. Mais, en dépeignant cette foule de lecteurs qui lit « n'importe quoi » (l'expression est entre guillemets dans le texte), Colette paraît anticiper sur de telles critiques en affirmant sa conception très large et très ouverte de la littérature, où le lecteur est créateur à part entière : « Livres défendus, livres trop graves, livres trop légers aussi, livres assez ennuyeux, livres éblouissants qui au hasard s'illuminent [...]. Le désordre de la lecture lui-même est noble. Chaque livre, mal annexé d'abord, est une conquête. Sa jungle d'idées et de mots s'ouvrira, quelque jour, sur un calme paysage ami » (DMF, III, 187).

l'existence même de ses publications sous l'Occupation, elle ne peut opposer de meilleure justification...

Il n'y a donc pas à proprement parler un « corps de la guerre » chez Colette, comme il y a un « corps du music-hall ». Tout au plus note-t-on ici et là « certaines pâleurs, certaines minceurs que l'orgueil cambre » (HL, I, 1225), certains « flancs battants et creux de lévriers » (DMF, III, 220), qui disent eux aussi l'insuffisance de nourriture... Mais nul besoin de scruter les corps ; en période de guerre, le manque et la faim s'expriment ouvertement. A une seule occasion, Colette préférera laisser parler l'image et choisira de s'effacer derrière la description brève et précise d'un corps, beaucoup plus expressive que tous les commentaires. A son retour de captivité, Maurice Goudeket se déshabille sur le palier « pour y abandonner le plus gros des souvenirs qu'il rapportait pullulants de Compiègne » : « Outre la maigreur, je n'avais pas encore vu sur un homme des couleurs extrahumaines, le blanc-vert des joues et du front, l'orangé du bord des paupières, le gris des lèvres » (EV, III, 597). Dans cette image saisissante, qui n'est pas sans évoquer un tableau expressionniste, réside peut-être le véritable tribut de Colette à la guerre, la seule vraie souffrance que lui ait infligée cette période de l'histoire[1]. Le visage de Maurice Goudeket, aux teintes si étranges, suggère mieux que tous les discours le supplice vécu de la faim et du manque de nourriture. Les rares passages qui se rapportent à cet épisode présentent la faim comme la principale épreuve subie par Maurice Goudeket pendant sa détention (*ibid.*, 623). Dans la correspondance de Colette, il est avant tout question, au retour de Maurice Goudeket, de son amaigrissement et de

---

[1] L'arrestation de Maurice Goudeket, qui était juif, eut lieu le 12 décembre 1941. Mais, pour Colette, le « cauchemar de l'absence » (EV, III, 596) eut, comme on le sait, un dénouement heureux puisque Colette réussit à faire libérer son mari deux mois plus tard.

son désir de manger – comme si c'était d'abord autour de la faim que se cristallisait toute l'horreur de la captivité[1]. Peut-être, en effet, Maurice Goudeket n'eut-il pas le temps, du fait de sa détention relativement brève, de connaître de pires tourments que la faim ? Quoi qu'il en soit, même à peine esquissée, l'image du corps nu et amaigri de Maurice Goudeket, avec ses couleurs hors nature, représente peut-être bien chez Colette le corps affamé à son degré paroxystique.

---

[1] Cf. LPF, 79-81, LHP, 205-207.

Végétarisme et anorexie

Un autre corps dans l'œuvre de Colette, bien que lui aussi maigre et affamé, n'atteint pourtant pas la vision effrayante du corps de Maurice Goudeket, alors que dans son cas, pourtant, mort s'ensuivra : c'est le corps de Renée Vivien. Colette évoque à deux reprises, dans *Aventures quotidiennes* et *Le Pur et l'Impur*, la poétesse anorexique et alcoolique Renée Vivien, qu'elle fréquenta entre 1906 et 1909. Pourquoi choisir de traiter à travers elle la question de l'anorexie, qui plus est, en l'associant à celle du végétarisme ? Il n'est nullement dans nos intentions de vouloir placer sur un même plan le végétarisme, qui relève essentiellement d'un choix alimentaire individuel, et l'anorexie, qui est une maladie psychique, dont il ne nous appartient pas ici d'éclairer les mécanismes complexes. En évoquant le personnage de Renée Vivien, Colette n'emploie d'ailleurs à aucun moment le mot « anorexie ». Si elle voit dans la privation volontaire de nourriture un comportement certes anormal, elle ne semble pas pour autant l'envisager tout à fait comme une manifestation pathologique. Il s'agirait plutôt à ses yeux d'une attitude d'ordre esthétique ou même artistique. C'est en cela, selon nous, que chez Colette la question de l'anorexie rejoint celle du végétarisme. Le thème du végétarisme et du renoncement à la viande apparaît plus fréquemment sous la plume de Colette, mais s'il est un personnage qui l'incarne, c'est bien l'écrivain Hélène Picard, tombée dans l'oubli aujourd'hui, mais qui fut, jusqu'à sa mort, l'amie de Colette.

À nos yeux, il n'est pas fortuit que, pour incarner le végétarisme et l'anorexie, deux postures a priori on ne peut plus « anti-colettiennes », Colette ait choisi deux écrivains, femmes comme elle, poètes de surcroît. Dans la curiosité teintée de fascination que Colette éprouve à leur égard, on devine une interrogation, un questionnement, celui du rapport de l'écrivain au corps, et plus précisément de la femme écrivain à son propre corps. Sur ce point, Hélène Picard et Renée Vivien représentent des positions à la fois proches et opposées. Opposées, parce que, aussi bien dans leurs vies d'écrivains que de femmes, Hélène Picard et Renée Vivien font souvent figure de contraires[1]. Proches, parce que le renoncement à la chair animale peut se lire comme le premier stade du renoncement à toute chère. Et parce que toutes deux, enlisées dans leurs contradictions, confrontent Colette à ses propres paradoxes.

Hélène Picard, ou la tentation végétarienne

Mieux que tout autre, le personnage d'Hélène Picard cristallise ce que Jacques Dupont appelle la « tentation végétarienne »[2] de Colette. Cette « ascète gourmande » réussit en effet à marier la rigueur du renoncement à une sensualité bienheureuse. Le végétarisme d'Hélène Picard ne correspond pas pour Colette à une étrange lubie alimentaire, comme dans le cas de cette famille qui, sacrifiant à un « culte végétarien », nourrissait ses cinq enfants de « tranches de pommes crues trempées dans de la bière » (PrP, II, 1013). Comme le note Jacques Dupont, le végétarisme peut revêtir chez Colette « une marque de monstruosité ou de déficience

---

[1] Il va sans dire que nous parlons ici des « personnages » que sont Hélène Picard et Renée Vivien vues à travers les yeux de Colette. Qui elles furent réellement nous importe peu ici.
[2] J. DUPONT, *Les Nourritures de Colette, op. cit.*, p. 87.

vitale, les deux étant associées dans le cas de Hitler »[1], ainsi qu'en témoignent les paroles de Colette rapportées par Renée Hamon dans son *Journal* : « Un monsieur végétarien qui ne mange que des flocons d'avoine à midi et parfois un œuf le soir… Un monsieur qui ne fait pas l'amour, même pas avec des hommes… » (LPC, 56). La végétarienne Hélène Picard, elle, offre le visage d'une gourmande à la fois enjouée et raffinée, qui « chant[e] les saveurs fraîches et les vertus du champignon cru, du radis rose, du poireau en vinaigrette ; vant[e] les frairies de salades, de fruits, le cresson au citron » (EV, III, 640). Toutes les vertus positives du végétal, le cru, le frais, l'acide, se retrouvent dans ce menu que Colette ne refuserait pas pour elle-même… Pour elle, le végétarisme d'Hélène Picard présente tous les attraits d'un hédonisme innocent et joyeux, dans lequel résonne l'écho lointain des cueillettes de l'enfance. Et pourtant, c'est à l'absence de viande que Colette attribue l'affaiblissement physique d'Hélène Picard, qui, associé à la maladie, « ruina son équilibre, hâta sa fin » (*ibid.*, 640) – la viande, rappelons-le, est par excellence l'aliment symbole de force et d'énergie. Dans les *Lettres à Hélène Picard*, on peut d'ailleurs constater ce sentiment ambivalent que Colette porte au régime végétarien de son amie. D'un côté, elle lui en fait le reproche avec véhémence, faisant même référence à une « grande querelle de la viande » (LHP, 69) qui les aurait opposées. De l'autre, elle lui raconte qu'elle-même se passe de viande, comme si le régime végétarien constituait pour elle à son tour un objectif à atteindre, un aboutissement : « Hélène, je deviens très méridionale. Mesure tout ce qui change en moi à ce détail : je n'ai mangé de la viande qu'une fois depuis mon départ. Tu triomphes ? » (*ibid.*, 74) ou encore « Le manque de viande ne me déprime pas autant que je l'aurais cru » (*ibid.*, 202). Faire

---

[1] *Ibid.*, p. 88.

un tel aveu à Hélène Picard, n'est-ce pas en effet une manière de lui donner raison ?

Cette ambivalence de Colette à l'égard du végétarisme illustre bien le rapport complexe qu'elle entretient avec la chair animale. Il faut dire que la consommation de viande ne représente pas un acte anodin. Son statut de carnivore confronte le mangeur à des questions fondamentales telles que la violence, la sexualité, la mort... Sido, déjà, « se désole de ne pouvoir être végétarienne » (Gi, III, 465) sous prétexte qu'elle n'aime pas assez les légumes. Le meurtre de l'animal destiné à être mangé est source chez elle d'un malaise sans cesse renouvelé[1]. Dans *La Maison de Claudine*, Colette décrit également l'impression ambiguë qu'elle-même ressentait à la boucherie du village :

> Le son affreux de la peau qu'on arrache à la chair fraîche, la rondeur des rognons, fruits bruns dans leur capitonnage immaculé de « panne » rosée, m'émeuvent d'une répugnance compliquée, que je recherche et que je dissimule. Mais la graisse fine qui demeure au creux du petit sabot fourchu, lorsque le feu fait éclater les pieds de cochon mort, je la mange comme une friandise saine... (MCl, II, 213)

Ce que l'on peut surtout retenir de ce passage, c'est ce mélange « compliqué » d'attraction et de répulsion éprouvé par la narratrice devant les différentes parties identifiables de l'animal tué. Ainsi que le constate Isabelle Joudrain, elle se trouve en effet « au centre d'une série de positions possibles et simultanément ressenties »[2] : à la fois dévorée et dévorante. De cette observation, Isabelle Joudrain tire des conséquences avant tout en termes de sexualité : la narratrice se place en même temps en situation de femme dévorée et d'homme dévoreur, mais ce désir masculin de dévoration a

---

[1] Cf. MCl, II, 212 ; Gi, III, 465 ; NJ, II, 611.
[2] I. JOUDRAIN, « Les mets et les mots dans *La Maison de Claudine* », revue « Littérature » n°47, octobre 1982, p. 79.

pour objet à la fois la femme et l'homme, ce qui pourrait expliquer « les tendances à l'homosexualité lisibles dans tout le texte »[1]. Mais il nous apparaît que ce double positionnement de la narratrice pose aussi de manière plus globale la question de la violence et du meurtre. La psychanalyste Gisèle Harrus-Révidi résume très clairement cette problématique qui renvoie « l'enfant à une culpabilité profonde lorsqu'il découvre que la viande qu'il mange provient d'un animal tué afin de le nourrir. Commence alors pour lui le long cheminement inconscient qui aboutira à l'établissement d'un lien entre l'animal mort et le père rival à tuer, et qui transitera nécessairement par l'idée que, potentiellement, tout être vivant peut être tué et mangé. Mythe ou fantasme, cette vision cannibalique d'un monde comestible n'est-elle pas présente à toute psyché ? »[2]. Au-delà de l'approche freudienne, dans laquelle entre en jeu le rapport entre le meurtre de l'animal totémique et celui du Père, nous pouvons dire simplement que la consommation de chair animale confronte le mangeur à sa propre violence. Les sentiments contradictoires ressentis par Minet-Chéri à la boucherie laissent ainsi percevoir le difficile équilibre entre violence assumée et violence refoulée, entre plaisir et culpabilité. De fait, Colette ne cherchera-t-elle pas sans cesse à concilier, voire à réconcilier, ces deux forces antagonistes qui s'expriment en elle ? D'un côté, la violence inhérente, viscérale de la nature humaine, et, de l'autre, le désir d'innocence, l'aspiration à une forme de pureté... Ainsi Colette est à la fois fascinée par Oum-el-Hassem, la meurtrière sanguinaire, et par Hélène Picard, la poétesse végétarienne... Le thème de la nature lui offre également

---

[1] *Ibid.*, p. 79. On notera d'ailleurs au passage que, dans le texte de Colette, le boucher chez qui se déroule la scène est en réalité une bouchère, Léonore.
[2] G. HARRUS-REVIDI, *Psychanalyse de la gourmandise, op. cit.*, p. 143.

l'opportunité de mettre en scène ces deux élans opposés. Nous avons déjà eu l'occasion de mentionner les différentes représentations colettiennes du mythe de l'âge d'or : la nature comme espace idyllique, symbole d'une pureté originelle, immuable et... végétarienne. Mais la nature peut aussi s'avérer synonyme de violence et de destruction. Toute végétarienne qu'elle soit, la chenille de *La Maison de Claudine* fait preuve d'une rare sauvagerie :

> Son ravage, autour d'elle, attestait sa force. Il n'y avait que lambeaux de feuilles, pédoncules rongés, surgeons dénudés.[...]
> – Maman, elle a tout dévoré ! [...]
> – Eh ! qu'est-ce que je peux y faire ? D'ailleurs le lyciet qu'elle mange, tu sais, c'est lui qui étouffe le chèvrefeuille...
> – Mais la chenille mangera aussi le chèvrefeuille... (MCl, II, 233-234)

Non seulement la violence destructrice existe dans la nature, mais en plus elle n'a pas de limite : où s'arrêtera l'appétit dévorateur de la chenille ? A un degré supérieur sur l'échelle de la violence, le meurtre et le cannibalisme sont eux aussi présents dans la nature : chez les mésanges par exemple, « capables de dévorer, par la ronde brèche de l'œil, la substance cérébrale de leur semblable » (AQ, II, 465). Le monde animal peut ainsi se révéler le théâtre de violences inouïes, dont le spectacle suscite une fascination sans cesse renouvelée – et constitue peut-être une certaine forme d'exutoire ? « Féroce ? Qu'elle est jolie quand elle tue ! », s'exclame Colette en observant une mésange qui assomme le ver « à coups répétés, et le détaille avec une équité de tortionnaire » (*ibid.*, 464). Mais, ailleurs, la vue de la férocité animale suscite aussi répugnance et dégoût. C'est notamment le cas avec Poum, qui est le « diable » fait chat :

> Les premiers jours, je vous faisais rire. Vous riez encore, mais déjà je vous inquiète. Vous riez, quand j'apporte auprès de vous, à l'heure du repas, un gros hanneton des dunes, jaspé comme un œuf de vanneau. Mais je le

mange – croc, croc – avec une telle férocité, je vide son ventre gras avec tant d'immonde gourmandise que vous éloignez l'assiette où refroidit votre potage... (PB, I, 1146)

Notons que, dans cet exemple, à la différence de celui des mésanges, c'est l'animal qui est narrateur et donc « anthropomorphisé ». Dans une réflexion plus générale sur l'animalité, Jacques Dupont constate que « tantôt Colette se plaira à reconnaître en l'animal un proche parent, animé des mêmes instincts ou pulsions, tantôt au contraire elle choisira d'y voir la possibilité vertigineuse d'une violence innocente et débridée de l'instinct, [...] un monde en deçà des lois morales, de la conscience répressive ou castratrice, un monde où l'on va "jusqu'au bout" »[1]. Dans sa forme la plus radicale et la plus absolue, la violence procède donc de l'innocence de l'instinct : une violence « pure » en somme, qui s'inscrit dans l'ordre de la nature. C'est cette conception de la violence qui rend possible la jouissance carnassière présente chez Colette – la culpabilité venant cependant s'interposer sans cesse et, avec elle, l'éventualité du végétarisme. Dès lors que le mangeur se place du côté de l'animal, qu'il se considère lui-même comme faisant partie du règne animal, la consommation de viande s'impose à lui comme évidente, comme relevant de l'ordre naturel – chez Colette, le rapport entre mangeur et mangé ne se fonde donc pas sur une distanciation entre l'humain et l'animal, mais au contraire sur une « animalisation » de l'être humain. Mais, pour peu que le mangeur modifie sa position, qu'il retrouve une conception anthropomorphique de l'animal, la culpabilité resurgit et le régime carnivore redevient le lieu de tous les crimes possibles. Dans *La Naissance du jour*, Colette fait griller des petits poulets « fendus par moitié » :

---

[1] J. DUPONT, *Les Nourritures de Colette*, op. cit., p. 219-220.

> Un peu de sang rose demeurait aux jointures rompues des poussins mutilés, plumés, et on voyait la forme des ailes, la jeune écaille qui bottait les petites pattes, heureuses ce matin encore de courir, de gratter... Pourquoi ne pas faire cuire un enfant, aussi ? [...] Je soupirais en battant ma sauce acidulée, onctueuse, et tout à l'heure pourtant l'odeur de la viande délicate, pleurant sur la braise, m'ouvrirait tout grand l'estomac. Ce n'est pas aujourd'hui, mais c'est bientôt, je pense, que je renoncerai à la chair des bêtes... (NJ, II, 595)

Dans ce cas de figure, manger la chair animale s'énonce clairement comme la métaphore d'un infanticide. Le renoncement à la viande se présente alors comme le seul moyen, la seule issue possible pour sortir de la contradiction intenable que représentent la monstruosité et le plaisir mêlés. Mais, sans cesse ajourné, remis à plus tard, le choix du végétarisme reste un vœu pieux. Le plaisir primant toujours sur la culpabilité, Colette ne passe jamais à l'acte : « Cette sauce-là sur les petits poulets tendres... N'empêche que... – pas cette année, j'ai trop faim – n'empêche que je serai végétarienne » (*ibid.*, 595). En demeurant au stade de projet, l'option végétarienne a donc pour fonction d'atténuer la cruauté de l'acte carnivore et de désamorcer la culpabilité qui l'accompagne. Le refus de la viande saignante, plusieurs fois exprimé par Colette, participe d'ailleurs de la même fonction. La présence du sang évoque directement le meurtre, l'animal mis à mort, tandis que les cuissons longues, telles que Colette les affectionne, « blanchissent »[1] la viande et rendent moins visible son origine animale. « Je ne peux pas manger la viande saignante », déclare-t-elle dans *La Dame du photographe* (Gi, III, 491). L'aveu de cette *incapacité*, qui a la forme viscérale du dégoût, montre bien la position incertaine, jamais totalement acquise, dans laquelle se trouve le mangeur de viande colettien. Cependant, comme toujours chez Colette, le corps

---

[1] Cf. C. MECHIN, « La symbolique de la viande », *Le Mangeur et l'Animal*, revue *Autrement*, n°172, juin 1997, p. 124.

est là, au premier plan – « aujourd'hui, j'ai trop faim » – et, dans sa réalité physique, matérielle, il s'impose comme l'ultime instance. Le plaisir finit donc toujours par l'emporter et Colette, on le sait, ne franchira jamais le pas, ne renoncera jamais « à la chair des bêtes »...

Il en va tout autrement pour Hélène Picard, qui elle justement a franchi le pas. Comment en est-elle arrivée là ? C'est bien cette question que semble se poser Colette en évoquant leurs « entretiens dans la chambre d'azur » :

> [Elle] filtrait le café comme personne, cuisait comme personne un petit cassoulet de couennes qui nous servait de plat de résistance. J'apportais les mille-feuilles qu'elle aimait, et les crémeux éclairs de chez Flammang (EV, 634-635).

Ces petites agapes entre amies montrent bien que Colette situe sans hésiter Hélène Picard du côté des gourmands, des sensuels, des (bons) vivants : sur le terrain alimentaire, elle la compte parmi ses semblables – c'est tout le contraire, nous le verrons, dans le cas de Renée Vivien. Et pourtant, un jour, la gourmandise d'Hélène Picard cède la place à la répulsion :

> Un jour que je réclamais d'Hélène le succulent cassoulet de couennes, délaissé, elle eut un geste de rétraction : « Excusez-moi, Colette, mais *je ne peux plus* toucher le lard... » (*ibid.*, 640).

Voilà qui n'est pas sans rappeler, dans sa formulation, le dégoût exprimé par Colette à l'égard de la viande saignante : une incapacité viscérale, épidermique même, puisqu'il n'est même plus question de toucher la viande. Chez Hélène Picard, « obsédée d'aversion pour le sang que versent les bêtes » (*ibid.*, 640), l'équilibre précaire sur lequel repose l'appétit carnivore est rompu : la culpabilité est devenue plus forte que le plaisir, le dégoût plus impérieux que l'envie.

Ce passage à l'acte qu'elle-même n'a jamais accompli, Colette l'attribue à une « répugnance d'ordre mystique » (*ibid.*, 640). Toute l'existence d'Hélène Picard, telle que Colette la décrit, nous montre en effet un être tiraillé entre le haut et le bas. Cet impossible combat entre deux forces contraires, elle le subit jusque dans son corps, rongé par une maladie qui « la courba appuyée sur deux bâtons, rabattit vers la terre le regard brun et doré épris de tout ce qui était haut, ailé, céleste » (*ibid.*, 642). Il apparaît donc que le végétarisme d'Hélène Picard s'inscrit dans un désir d'élévation, dans une démarche presque mystique, qu'annonçaient déjà de multiples signes précurseurs : « ses renoncements accomplis avec une allégresse de nonne » (*ibid.*, 634), « le sacrifice de sa chevelure », son « insociabilité foncière » (*ibid.*, 636). Comme le rappelle Colette Méchin, la tradition catholique interdit à ses fidèles la consommation de viande « provisoirement pour les gens ordinaires en temps de carême, continûment pour certains ordres monastiques, dans le but de maîtriser ses pulsions sensuelles et sexuelles »[1]. Bien qu'il n'y ait nulle trace de religion ou de religiosité chez Hélène Picard, on retrouve ce refus, ce reniement du corps et de la sexualité, notamment dans le « mépris » qu'elle éprouve à l'égard des habituées de la volupté, celles qu'elle nomme les « Madame combien-de-fois » (*ibid.*, 638). Certes, selon Colette, la volupté n'est pas étrangère à Hélène Picard et imprègne d'ailleurs tout son recueil *Pour un mauvais garçon*. Mais, s'interroge Colette, « quel mystique ne s'appliquerait pas à y discerner les caractères d'un phénomène de possession ? » (*ibid.*, 637). La tentation charnelle est partie intégrante de toute démarche mystique ; c'est un passage obligé pour qui fait vœu de chasteté... D'ailleurs, Colette n'a de cesse d'insister sur la chasteté du poète : « Les forges d'un enfer personnel rougeoient dans

---

[1] C. MECHIN, *op. cit.*, p. 122.

Pour un mauvais garçon », mais la « vérité n'a jamais détourné Hélène de s'endormir tous les soirs dans son petit lit aux couleurs de la Vierge » (*ibid.*, 638). Sous ses dehors joyeux et anodins, le végétarisme d'Hélène Picard présente donc bien des caractéristiques d'une épreuve sanctificatrice. Le renoncement à la viande participe en effet d'une fuite de ce qui est terrestre et bas vers ce qui élevé et immatériel – une « évasion par le haut »[1] à la manière des disciples d'Orphée dans l'Antiquité grecque. Colette souligne d'ailleurs ce processus de désincarnation qui se manifeste chez Hélène Picard à la fin de sa vie, cette « évasion progressive et concertée » (*ibid.*, 641), « cette présence vive [qui] perd son épaisseur » (*ibid.*, 642). Finalement, si la végétarienne Hélène Picard possède aux yeux de Colette les attraits d'une forme de pureté à laquelle elle-même pourrait aspirer, son éloignement irrévocable de la réalité vibrante et matérielle lui cause un certain malaise : pour Colette, le végétarisme d'Hélène Picard a le charme un peu inquiétant de la sainteté.

Renée Vivien, ou les vertiges de l'immatérialité

Fuite du corps, haine du corps : c'est un processus analogue de désincarnation, cependant beaucoup plus accentué, que l'on retrouve chez la poétesse anorexique Renée Vivien. Jean-Paul Goujon, qui s'est appliqué à éclaircir l'étrange amitié unissant Colette à Renée Vivien, confirme la haine que cette dernière portait à son corps qu'elle appelait « la stupide partie corporelle de [s]on être »[2]. Aussi, l'image que Colette nous donne de Renée Vivien est déjà celle d'un être qui s'est départi, autant que faire se peut, de sa substance

---

[1] M. DETIENNE et J.-P. VERNANT, *La Cuisine du sacrifice en pays grec*, Paris, Gallimard, 1979, p. 16.
[2] Cf. J-P. GOUJON, « Renée Vivien et Colette », *Cahiers Colette*, n° 15, 1993, p. 27.

charnelle : un « long corps sans épaisseur » (Pur, II, 913), un « corps ployant [qui] refusait tout relief de chair » (*ibid.*, 913), un « buste fin et creux » (*ibid.*, 915). Sa peur obsessionnelle de prendre du poids et du volume se traduit par le refus de toute nourriture : « Elle le voulait, ce long corps mince, plus frêle encore, plus maigre toujours, et se privait follement de manger » (AV, II, 478). Dans *Le Pur et l'Impur*, Colette décrit avec plus de précision encore cette hantise morbide de grossir dont la dimension pathologique, aujourd'hui, ne fait plus aucun doute. Dans une lettre retranscrite par Colette, Renée Vivien écrit ainsi : « [...] il m'arrive le plus grand malheur qui pouvait m'atteindre ; j'ai engraissé, par inadvertance, de dix livres. Mais j'ai encore dix jours, avant notre bal, pour les perdre, c'est suffisant, il faut que ce soit suffisant, car je ne dois, à aucun prix, dépasser le poids de cinquante-deux kilos » (Pur, II, 916). Suivront dix jours de régime forcené, où Renée Vivien se dépensera avec frénésie dans des activités physiques épuisantes – une hyperactivité, qui est un autre signe clinique bien connu de l'anorexie mentale : « Le matin, elle buvait un verre de thé, et marchait dans la forêt jusqu'à ce que ses forces l'abandonnassent. Alors, elle buvait encore du thé corsé d'alcool, se couchait presque évanouie, et recommençait le lendemain, avec la force inépuisée des extravagants » (*ibid.*, 917). Nous avons déjà souligné combien chez Colette la perte de poids, qui équivaut à une perte de substance de l'être « qui se résorbe » (K, III, 309), peut être le signe d'un mal-être profond. Dans les troubles de comportement de la jeune femme (refus de nourriture, alcoolisme, syncopes), Colette pressentira donc un dérèglement psychique, sans pour autant l'identifier clairement. A sa décharge, il faut préciser que l'anorexie mentale était une maladie encore méconnue à cette époque.

Vu à travers les yeux de Colette, le corps éthéré de Renée Vivien, « déjà détaché » (*ibid.*, 915), « désagrégé déjà » (*ibid.*, 920), confine à l'immatérialité et semble avoir quitté ce bas monde. Cet « ange filiforme qui vouait, aux bouddhas, des offrandes de pommes d'api » (*ibid.*, 914), n'est pas sans évoquer l'image de « l'anorexie sacrée » qui, des saintes jeûneuses du XVème siècle aux *fasting girls* anglo-saxonnes des XVIIIème et XIXème siècles, marqua l'histoire religieuse en Europe[1]. Renée Vivien, comme le rappelle Colette, se convertit d'ailleurs au catholicisme à la fin de sa vie, croyant voir « les flammes de l'enfer catholique » dans les « éblouissements ocellés, les lumières boréales de la faim » (*ibid.*, 921). Chez Renée Vivien, on retrouve donc, jusqu'à un certain degré, ce rapport abstinence-sainteté qui caractérisait Hélène Picard. Mais, pour Colette, Renée Vivien n'incarne pas la « pureté » de cette dernière. Si Renée Vivien est comparée à un ange, il s'agit plutôt d'un ange déchu : le mal dont elle souffre l'incline « dans le sens de sa chute » (*ibid.*, 920). Tout le dernier paragraphe consacré à Renée Vivien se construit d'ailleurs autour du thème de la chute, à travers une interrogation sur « les forces qui halèrent vers le bas l'éphémère, la fondante créature » (*ibid.*, 921). Pour tenter d'expliquer la fin tragique de Renée Vivien, Colette évoquera « l'habitude de la volupté », ayant vu poindre, derrière la pâleur éthérée de Renée Vivien, « l'ombre tatillonne, jalouse et libertine de "Madame Combien-de-Fois" » (*ibid.*, 919). Tout au plus suggère-t-elle que « l'abîme » de Renée Vivien ne fut peut-être qu'« imaginé » (*ibid.*, 921). Jean-Paul Goujon, précisons-le, n'accorde pas grand crédit à ces présomptions de Colette. On peut se demander s'il était en effet nécessaire de chercher d'autres maux à la déchéance de Renée Vivien, qui en comptait déjà bien assez pour passer de vie à trépas... Cependant, ces images de « gouffre » et d'« abîme »

---

[1] Cf. C. FISCHLER, *L'Homnivore, op. cit.*, p. 378-382. Claude Fischler rappelle à ce sujet que l'anorexie mentale ne fut reconnue comme maladie que récemment : elle fut décrite pour la première fois comme pathologie spécifique à la fin du XIXème siècle.

convoquées par Colette ne suggèrent-elles pas également ce vertige du vide, cette « volupté de l'en-creux »[1] caractéristiques de l'anorexie ? La psychanalyse moderne a décrit l'anorexie comme « l'orgasme de la faim »[2]. Mais, comme l'explique Gisèle Harrus-Révidi, « au besoin vital d'un vide structurant et contenant, l'anorexique ajoute l'en-plus mortel, comme le gourmand qui ne sait où arrêter sa goinfrerie : cet en-plus, dans les deux cas, différencie le désir du besoin et signe le plaisir dégénéré de la perte de sensation du plaisir »[3]. En assimilant Renée Vivien à ces « consumés des sens » victimes de « la routine du gouffre », en comparant « l'habitude de la volupté » à « l'habitude du tabac », Colette ne saisit-elle pas confusément l'importance de cette « dégénérescence » du plaisir constitutive de la perte de contrôle, qui est justement l'un des symptômes de l'anorexique ? Quoi qu'il en soit, c'est dans ce rapport troublé au plaisir que se trouve, au moins en partie, la raison du rejet de Colette vis-à-vis de la démarche ascétique de Renée Vivien. Colette ne peut concevoir le plaisir comme malheureux ou douloureux. Pour elle, le cas d'Hélène Picard l'illustre bien, même l'ascèse peut être heureuse.

La réticence et l'incompréhension de Colette s'expliquent en outre par le fait qu'elle ne peut s'empêcher de considérer le comportement de Renée Vivien comme relevant d'une attitude esthétique. Faut-il rappeler l'aversion qu'elle éprouve à l'égard de l'univers dans lequel vit Renée Vivien ? Elle insiste sur « le malaise, la défiance physique » (*ibid.*, 914) qu'elle ressent chaque fois qu'elle se rend chez celle-ci, dans le sombre appartement au décor oriental, où elle affrontait « l'air qui, comme une eau épaisse, retardait

---

[1] G. HARRUS-REVIDI, *op. cit.*, p. 64.
[2] E. KESTEMBERG, J. KESTEMBERG et S. DECOBERT, *La Faim et le corps*, cité par G. HARRUS-REVIDI, *op. cit.*, p. 64.
[3] G. HARRUS-REVIDI, *op. cit.*, p. 64.

[s]es pas, l'odeur de l'encens, des fleurs, des pommes bletties » (*ibid.*, 914). Tout en Renée Vivien lui paraît manquer de naturel. Jean-Paul Goujon a bien montré cette différence radicale de sensibilité qui l'oppose à Renée Vivien, la sensibilité de cette dernière étant symbolisée, pour Colette, par son appartement aux volets cloués – tel un corps fermé à toute sollicitation du monde sensible ? Vis-à-vis du poète également, Colette se montre plutôt circonspecte, puisqu'elle lui reproche son « baudelairisme » tardif. Comme le souligne Jean-Paul Goujon, « le fond même de sa poésie avait de quoi rebuter une femme comme Colette, non pas certes à cause des évocations saphiques, mais parce que cette poésie est tout entière une poésie de l'artifice, une sorte de cérémonial du non-vécu, où le monde est, en fin de compte, mis entre parenthèses »[1]. On comprend mieux dès lors que Colette perçoive toutes les attitudes de Renée Vivien comme artificielles – tout en supposant néanmoins que cette artificialité cache une profondeur plus complexe : « L'alcool... la maigreur... la poésie... le Bouddha quotidien... Ce n'est pas là tout. Où est le fond sombre de ces enfantillages ? » (*ibid.*, 918). Colette situe donc la poésie et les déviances alimentaires de Renée Vivien sur un même plan. Elle englobe le corps et l'art du poète dans une même démarche d'ordre esthétique – une démarche sur laquelle elle ne manque pas d'ironiser, notamment à travers cette remarque, plutôt cruelle, qu'elle faisait à Renée Vivien : « Renée, vous n'avez que le corps de littéraire » (AV, II, 478).

Ce lien établi entre l'anorexie et la poésie de Renée Vivien n'est, de la part de Colette, certainement pas anodin. Il pose, sur le mode du jeûne et du manque, la question du rapport entre l'écriture et le corps, un rapport dans lequel Colette revendique une position diamétralement opposée à

---

[1] J-P. GOUJON, « Renée Vivien et Colette », *op. cit.*, p. 24.

celle de Renée Vivien. Dans le texte « Mausolées », devant la tombe de Renée Vivien, Annie de Pène, « la plus vivante des vivantes », demande à Colette :

> Vit-on en mangeant si peu, en se nourrissant de poisson cru et de raisin, en fuyant la lumière du jour à la lueur de trois cierges en cire marron ? Renée Vivien aurait eu besoin de manger mon poulet farci et mon haddock à la crème. Mais un poète mange-t-il du poulet farci sans risquer de n'être plus un poète ? (*ibid.*, 477).

Voilà qui vient éclairer d'une lumière nouvelle l'anorexie de Renée Vivien : manger du poulet farci, c'est prendre le risque de s'enfermer dans la matérialité de son corps, de se couper des hautes sphères de la création poétique. Pour Colette, l'immatérialité à laquelle tend la jeune femme participerait donc d'une attitude esthétique, puisque le poète ne vit pas dans le même monde que le commun des mortels, mais dans un monde élevé où la sensualité même reste de l'ordre du spirituel. Colette ne peut que se démarquer d'une telle attitude, elle qui n'a jamais cessé de puiser son inspiration dans le monde sensible et de placer le corps au centre de sa démarche littéraire. Ce thème déjà éprouvé du rapport de l'écrivain à son corps, de l'opposition entre évasion et présence au monde, le commentateur peut se contenter de le replacer dans son contexte historique : il fut au centre du débat poétique à la fin du XIXème et au début du XXème siècle, notamment par rapport au symbolisme et, bien sûr, avec la publication des *Nourritures terrestres* de Gide[1]. Mais il nous paraît intéressant de l'envisager ici sous l'angle de la nourriture, car Colette n'aurait peut-être pas tant insisté sur

---

[1] On peut supposer que Colette ait voulu se distancer ici des fameuses « Bacchantes » (dont Renée Vivien faisait partie) auxquelles elle fut souvent comparée, mais dont on mesure mieux aujourd'hui combien elle était éloignée (Cf. M. DECAUDIN, « Colette et les Bacchantes de 1900 », *Cahiers Colette*, nos 3-4, 1981, p. 136-140).

les comportements alimentaires d'une Hélène Picard ou d'une Renée Vivien si elle n'y avait pas vu une différente manière d'être, et surtout d'être écrivain.

On notera par exemple l'attention que porte Colette à la place qu'occupe, dans la vie de ces deux femmes, l'écriture, et notamment le travail concret, physique d'écrire – une curiosité somme toute assez naturelle de la part d'un écrivain. A propos de Renée Vivien, elle s'interroge ainsi : « Où travaillait-elle ? A quelles heures ? Le spacieux, sombre, fastueux et changeant logis de l'avenue du Bois ne parlait point de travail » (Pur, II, 913). Colette semble avoir du mal à imaginer Renée Vivien en train d'écrire, comme si ce corps gracile, éthéré, ne pouvait se poser, s'installer, tel un artisan à son établi, pour s'adonner au travail matériel de l'écriture. Et, en effet, au yeux de Colette, Renée Vivien travaillait comme par omission, avec un air de ne pas y toucher : « Trois ou quatre fois, je la surpris accotée dans un coin de divan et crayonnant sur ses genoux. Elle se levait d'un air coupable et s'excusait : "Ce n'est rien... J'ai fini thout de suithe..." » (*ibid.*, 913). La position de Renée Vivien, l'emploi du verbe « crayonner », suggèrent la nonchalance, le détachement, peut-être un certain dilettantisme, et excluent toute idée d'effort ou de peine. Quant à la réaction de la poétesse, prise en « flagrant délit » d'écriture, elle évoque clairement l'idée de honte, comme si écrire était un acte indécent, un acte que l'on cache. Mais, pour l'anorexique, manger est aussi un acte indécent et Colette décrit comment Renée Vivien l'alcoolique se cachait également pour boire. Ainsi la poétesse semblait vouloir échapper, jusque dans le travail d'écriture, à la pesanteur de son corps. Telle que Colette nous la montre travaillant, elle paraît s'être affranchie, autant que possible, de la composante physique inhérente au labeur de l'écrivain. Son travail lui-même paraît donc s'inscrire dans cette forme d'absence, dans cette immatérialité qui la caractérise.

Pareille immatérialité se retrouve chez Hélène Picard au travail. L'Hélène Picard de Colette en effet n'écrit pas, elle danse, elle vole, en créant des vers : « Autour d'elle, les traces de la poétique abondance voltigeaient. Une de ses matinées suffisait, souvent, à ensemencer la chambre bleue » (EV, III, 635). Là encore, nulle trace de l'écrivain attablé à sa tâche, figé dans une posture de travail, engagé tout entier dans un corps à corps immobile avec l'écriture : « Elle se levait au jour, "passait" le café, empoignait le balai, abandonnait l'essuie-meubles pour la strophe, et son écriture aventureuse posait impatiente, sur d'infimes bouts de papier, au verso de la quittance du gaz et de la note du crémier, ses antennes aiguës. De quelles arabesques, de quelles rimes n'illustra-t-elle pas un catalogue d'appareils électriques, qui s'est trouvé sous la main du poète à l'heure tumultueuse où le poème exige d'éclore... » (*ibid.*, 635). Tel un insecte merveilleux, l'écriture semble s'échapper toute seule de la main de la poétesse pour aller se poser sur le premier papier venu. L'acte de création littéraire se réduit au seul mouvement rapide, aérien, de la plume qui court sur la feuille, laquelle ne paraît être là que pour recueillir le poème tout écrit : « La prose lui était facile et négligeable ; sa véloce écriture inclinée couvrait en quelques minutes des pages et des pages. L'alexandrin envahissant enfantait des rejets, s'élançait en pattes d'insectes, en mandibules aiguës » (*ibid.*, 640). Ce n'est pas l'angoisse de la page blanche, mais la pénurie de papier qui menace Hélène Picard, laquelle d'ailleurs appelle souvent Colette à son secours : « A l'aide, ma Colette ! Voilà qu'encore une fois je n'ai plus de papier bleu ! » (*ibid.*, 641).

Une telle facilité, une telle prolixité, surtout lorsqu'elles se doublent « d'un don de tranchante et loyale critique » (*ibid.*, 635), ne peuvent que susciter l'admiration et même l'envie de Colette. Hélène Picard offrait ses poèmes sans les recopier, elle les égarait, mais n'en éprouvait pas de regret :

« J'admirais cette désordonnée, cette riche, avec un émerveillement de prosatrice économe » (*ibid.*, 635). Cette phrase dit bien l'éblouissement que Colette pouvait ressentir devant un écrivain si dénué de pesanteur, qui semble ignorer l'épreuve physique, la charge matérielle de la création littéraire. D'autant que, aux yeux de Colette, contrairement à la poésie de Renée Vivien qui se contente de chanter « la pâleur des amantes, les sanglots et les aubes désolées » (Pur, II, 919), les poèmes d'Hélène Picard, eux, possèdent une intensité charnelle, une densité palpable : « Cette élégante écriture acérée, son immatérialité me troublait lorsque le poète la mettait au service de son vers le plus pulpeux, vers ailé et massif tout ensemble, chargé comme d'un poids de chair » (EV, III, 641)... Cependant, en se qualifiant elle-même de « prosatrice », Colette situe clairement la poésie d'Hélène Picard sur un autre plan, celui d'une démarche poétique, à laquelle elle-même ne s'identifie pas. Colette, en effet, semble établir une distinction très nette entre les « poètes » que sont Hélène Picard et Renée Vivien, et la « prosatrice » qu'elle est elle-même ; et cette distinction s'exprime à travers l'immatérialité physique, mais aussi créatrice, qui caractérise les deux jeunes femmes qu'elle décrit. Tout se passe en effet comme si, dans les portraits des deux femmes poètes, se dessinait une sorte de continuité logique entre leur comportement alimentaire et leur démarche créatrice, selon le principe *végétarisme (ou anorexie)-désincarnation-immatérialité-poésie*. Par opposition, l'écriture colettienne fonctionnerait selon les modalités *nourriture-corps-matérialité-prose*. En associant ainsi la démarche ascétique à la seule création poétique, Colette se ménage une autre voie possible dans l'art d'écrire : celle d'une prosaïque prosatrice, pourrait-on dire, qui reste à ras de terre, à ras de corps, et qui ne cherche pas à « créer par le langage un monde des essences, un monde pur, lavé du malheur d'exister parmi les choses grossières »[1]. Le corps, nous l'avons maintes fois répété, fait partie intégrante de sa démarche littéraire. N'entretient-elle pas aussi un rapport physique avec la langue et les mots ? Comme un aliment, le mot fait l'objet d'une gustation. Sur la langue, la sonorité du mot possède une matérialité, une densité propre, dans laquelle image et sensation orale s'entremêlent et s'influencent mutuellement : « Rêches : voilà un bon mot plastique, façonné comme une râpe. Il donne soif. Rêche – je boirais bien quelque chose de glacé » (JR, III, 29)[2]. Sur le signifiant se projette toute la sensualité que le sens du mot éveille chez l'écrivain, au point parfois que l'on ne sait plus très bien, du sens ou de la sensation, lequel induit l'autre : « De givre, tu entends ? de givre !... Quand je répète ce mot scintillant, il me semble que je mords dans une pelote de neige crissante, une belle pomme d'hiver façonnée par mes mains... » (VE, II, 143).

Cette appréhension ou compréhension orale du mot chez Colette ne vient que confirmer ce que nous n'avons cessé d'observer tout au long de notre réflexion, à savoir que c'est dans son corps, dans sa propre chair, que se situent les racines mêmes de son art. Elle éprouve « le besoin, vif comme la soif en été, de noter, de peindre » (V, I, 820). Pour elle, la lente élaboration de l'écriture s'apparente à une démarche gustative : « Un esprit fatigué continue au fond de moi sa recherche de gourmet, veut un mot meilleur, et

---

[1] H. BOUILLIER, « Colette et la poésie », *Cahiers Colette,* n°15, 1993, p. 169.
[2] Dans l'exemple présent, on peut sans trop prendre de risques détailler la valeur sémantique de chacun des phonèmes qui composent le mot « rêche » : rugosité du R, élasticité du Ê, et enfin chaleur et sécheresse du CH, lesquelles suscitent justement la sensation de soif.

meilleur que meilleur » (EV, III, 684). Cette quête perfectionniste « au fond de soi » nous révèle une dimension essentielle de l'écriture colettienne, qui est une écriture à la lettre *incarnée*. Mais, comme le suggère la « fatigue » de l'auteur, cette approche physique de l'écriture n'exclut ni l'effort, ni la peine. Contrairement à ce que l'on pourrait croire, le choix du corps n'est pas celui de la facilité. Ecrire constitue une lutte exténuante, celle du « pauvre corps victorieux, fourbu de sa victoire » (JR, III, 35). Colette n'a d'ailleurs jamais caché la difficulté, la « répugnance que [lui] inspirait le geste d'écrire », un geste presque contre nature ou, plutôt, qui allait contre sa nature « car [elle] étai[t] justement faite pour ne *pas* écrire » (*ibid.*, 61).

Tout au long de son œuvre, les images de Colette écrivant entretiennent une impression de dur labeur, synonyme de solitude et de frustration. On la voit souvent travailler la nuit, pendant ses heures d'insomnie, en dépit de la maladie ou de la douleur, parfois sous la pression d'un journal ou d'un éditeur – sa correspondance est d'ailleurs encore plus explicite à ce sujet. Si Colette raconte qu'à ses débuts Willy l'enfermait à clé pour écrire (cf. MA, II, 1238), elle a ensuite elle-même perpétué cette nécessité de l'enfermement, en se cloîtrant pour travailler : à la « Treille Muscate », elle choisit pour écrire la pièce la plus petite, « un peu sombre, pas très commode, détournée des féeries marines : c'est une mesure de rigoureuse prudence » (PrP, II, 983)...

La voie choisie par Colette est donc marquée elle aussi, à sa manière, par les privations ou le sacrifice. Bien que tournée entièrement vers le monde sensible, la démarche créatrice colettienne n'exclut pas l'abstention. Ces vertus de l'ascèse trouvent peut-être leur concrétisation la plus significative dans le jugement, dur et sévère, que l'écrivain se doit de porter sur ce qu'il écrit, car « on devient un grand écrivain [...] autant par ce que l'on refuse à sa plume que par ce qu'on lui accorde » (PP, 429). Pour Colette, « l'honneur de l'écrivain, c'est le renoncement » (*ibid.*, 429).

En définitive, les portraits d'Hélène Picard et de Renée Vivien, en s'interrogeant sur la question de l'abstention par rapport au corps et à l'écriture, offrent à Colette l'opportunité de se situer elle-même dans une démarche très différente de celles des deux poétesses. Chez elle, la faculté de renoncement reste tout entière vouée à l'écriture. Dans *La Jumelle noire*, elle écrira ainsi : « Le vrai poète est incontinent. [...] Bon pour nous autres ouvriers de la prose, la silencieuse mortification, les grands coups de plume en croix qui relèguent une page derrière des barreaux infrangibles... C'est magnifique un vrai poète. J'en connais un – c'est Hélène Picard – à qui il arriva de chanter en écrivant des vers... » (JN, III, 1063). Suggérée ici non plus par la danse mais par le chant, cette logorrhée créatrice se paie cependant très cher. Hélène Picard, tout comme Renée Vivien, sombra dans la folie avant de mourir. Pour Colette, cette issue fatale représente probablement le danger de l'évasion du corps, de la perte de soi, qui guette tout écrivain emporté par le vertige de la création. « J'ai peur des poètes » déclare Annie de Pène dans *Aventures Quotidiennes* ; et de comparer, un peu plus loin, le « don poétique » de Renée Vivien à une « maladie » (AV, II, 478). Colette s'est toujours refusée à considérer l'écriture comme une maladie, comme la voie d'accès à une folie possible. Elle n'a jamais cédé, pourrait-on dire, à la tentation de l'immatérialité. Au contraire, elle n'a cessé « goutte à goutte, d'exsuder » (MA, III, 1245) ses œuvres de son propre corps et de sa propre vie, si intensément vécue. Chez Colette, corps mangeant et corps écrivant sont les deux facettes d'un même corps unifié, lequel constitue la substance même d'une écriture incarnée. Et c'est dans cette unité du corps, transposée dans l'écriture, que réside peut-être la profonde originalité de celle que Le Clézio a nommée « l'unique écrivain matériel »[1]...

---

[1] J.-M. G. LE CLEZIO, « Voici que nous nous sentons pris comme dans un piège », *Cahiers Colette*, n°1, 1978, p. 76.

Conclusion

En choisissant de nous intéresser à la gourmandise de Colette, notre pari était d'accéder à l'œuvre colettienne tout entière par cette petite porte que constitue le rapport à la nourriture. Dans l'aliment colettien, sa façon d'être convoité, consommé, dégusté ou rejeté, nous avons observé, parfois même traqué, toutes les nuances de la sensibilité de l'auteur. Nous avons pu constater que chaque tonalité de l'œuvre s'exprimait dans le rapport à l'aliment, les plaisirs bien sûr, mais aussi les souffrances, les ambiguïtés, les extrêmes : des blessures tues de l'enfance à l'impossible entente avec l'homme, en passant par la composante impure de la sexualité, l'angoisse du manque, les difficultés, les renoncements. A l'image de la personnalité de l'écrivain, la mangeuse colettienne n'est pas tournée vers la seule expérience bienheureuse des nourritures, mais dévoile son vrai visage à travers une réalité plus contrastée et plus complexe, où s'expriment ses aspirations puissantes et parfois contradictoires. N'étant pas insensible aux souffrances et aux troubles liés à l'oralité, sa remarquable gourmandise se révèle et s'affirme avec d'autant plus de force et de profondeur. Pour le lecteur de Colette, elle n'en devient que plus passionnante et plus admirable.

« Moi, c'est mon corps qui pense. Il est plus intelligent que mon cerveau. Il ressent plus finement, plus complètement que mon cerveau » (RS, I, 566). De façon résolument extrême, ces quelques phrases prononcées par Annie formulent l'un des principaux fondements de la sensibilité colettienne. Elles suggèrent que, chez Colette, l'expérience d'être se joue en grande partie au niveau du corps et que, sans aucun doute, ce vécu du corps représente l'un des aspects les plus riches et les plus fascinants de l'existence en général. Colette a toujours maintenu le contact avec la « brute vivace » qui était en elle, et, surtout, elle a su la mettre au service de son art. Elle n'a cessé d'utiliser sa sensualité comme un moyen d'approfondir le monde sensible, développant avec persévérance une maîtrise très affinée de chacun de ses sens. Son écriture s'appuie ainsi en permanence sur des données concrètes, sur des instants de pure sensation, qui confèrent à ses œuvres une dynamique particulière, une sorte d'énergie de l'immédiateté. Pour le lecteur, la charge sensuelle qui jaillit de chacun de ses mots a le pouvoir de « présentifier l'absent »[1], de rendre plus aiguë et plus palpable la réalité vibrante qui se cache derrière les pages. Colette n'a jamais cessé de puiser dans cette matière première et primitive issue des sens, pressentant que c'était aussi là, dans les profondeurs tumultueuses de son être, que se déployait l'ardente et féconde énergie indispensable à toute démarche créatrice. Dans *Le Fanal bleu*, elle écrit : « Il me reste l'avidité. C'est la seule force qui ne se fasse pas humble avec le temps » (FB, III, 776). L'extraordinaire talent de Colette est surtout d'avoir su transformer ce désir vorace et infatigable en une composante essentielle de son pouvoir créateur.

---

[1] B. CYRULNIK, *Les Nourritures affectives*, Paris, Odile Jacob, 1993, p. 23.

Abréviations usuelles

AB	*Autres Bêtes*
AQ	*Aventures quotidiennes*
BH	*Le Blé en herbe*
BS	*Belles saisons*
BV	*Bella-Vista*
C	*Chéri*
CE	*La Chambre éclairée*
Cha	*La Chatte*
CH	*Chambre d'hôtel*
ClE	*Claudine à l'école*
ClM	*Claudine en ménage*
ClP	*Claudine à Paris*
ClV	*Claudine s'en va*
CMM	*Contes des mille et un matins*
DB	*Douze dialogues de bêtes*
DLF	*Dans la foule*
DMF	*De ma fenêtre*
DR	*Discours de réception*
Duo	*Duo*
EMH	*L'Envers du music-hall*
Ens	*L'Entrave*
EPC	*En pays connu*
ES	*L'Enfant et les sortilèges*
EV	*L'Etoile Verper*
FB	*Le Fanal bleu*
FC	*La Femme cachée*
FinC	*La Fin de Chéri*
Gi	*Gigi*
HL	*Les Heures longues*

IL	*L'Ingénue libertine*
JC	*Julie de Carneilhan*
JN	*La Jumelle noire*
JR	*Journal à rebours*
K	*Le Képi*
LAP	*Lettres à Annie de Pène et Germaine Beaumont*
LHP	*Lettres à Hélène Picard*
LMM	*Lettres à Marguerite Moreno*
LPairs	*Lettres à ses pairs*
LPC	*Lettres au petit Corsaire*
LPF	*Lettres aux petites fermières*
LV	*Lettres de la Vagabonde*
MA	*Mes apprentissages*
MCl	*La Maison de Claudine*
Mi	*Mitsou*
NJ	*La Naissance du jour*
NT	*Notes de tournées*
PB	*La Paix chez les bêtes*
PH	*Pour un herbier*
PP	*Paysages et Portraits*
PrP	*Prisons et Paradis*
Pur	*Le Pur et l'impur*
RS	*La Retraite sentimentale*
Sec	*La Seconde*
S	*Sido*
Tou	*Le Toutounier*
TSN	*Trois, Six, Neuf*
V	*La Vagabonde*
VE	*Le Voyage égoïste*
VrV	*Les Vrilles de la vigne*

Bibliographie

ŒUVRES DE COLETTE

Œuvres

COLETTE, *Romans, Récits, Souvenirs* en 3 volumes, Paris, Laffont, coll. « Bouquins », 1989, éd. établie par F. Burgaud.
COLETTE, *Œuvres complètes*, édition du Fleuron, Paris, Flammarion, 1950, tome XV, pour la version théâtrale de *Chéri*.
COLETTE, *Œuvres complète*, édition du Centenaire, Paris, Flammarion 1973, tome XIII, pour *Paysages et Portraits* et *Contes des mille et un matins*.
COLETTE, *Œuvres*, Bibliothèque de la Pléiade, Paris, Gallimard, 1986, tome II, pour *Notes de tournées*.

Correspondance et entretiens

COLETTE, *Lettres à Hélène Picard*, texte établi et annoté par Claude Pichois, Paris, Flammarion, 1988.
COLETTE, *Lettres à Marguerite Moreno*, texte établi et annoté par Claude Pichois, Paris, Flammarion, 1959.
COLETTE, *Lettres à la Vagabonde*, texte établi et annoté par Claude Pichois et Roberte Forbin, Paris, Flammarion, 1961.
COLETTE, *Lettres au Petit Corsaire*, texte établi et annoté par Claude Pichois et Roberte Forbin, préface de Maurice Goudeket, Paris, Flammarion, 1988.
COLETTE, *Lettres à ses pairs*, texte établi et annoté par Claude Pichois et Roberte Forbin, Paris, Flammarion, 1973.
COLETTE, *Lettres à Annie de Pène et Germaine Beaumont*, présentées par Francine Dugast, Paris, Flammarion, 1995.

COLETTE, *Lettres à Moune et au Toutounet* (Hélène Jourdan-Morhange et Luc-Albert Moreau), texte établi et préfacé par Bernard Villaret, Paris, Des Femmes, 1985.
COLETTE, *Lettres aux petites fermières*, édition établie et présentée par Marie-Thérèse Colléaux-Chaurang, Bordeaux, Le Castor Astral, 1992.
SIDO, *Lettres à sa fille*, précédée de *Lettres inédites de Colette*, préface de Bertrand de Jouvenel, Jeannie Malige et Michèle Sarde, Paris, Des Femmes, 1984.
COLETTE, *Mes Vérités*, Entretiens avec André Parinaud, Ecriture, 1996.

ARTICLES, ETUDES ET OUVRAGES
SUR COLETTE

BEAUMONT Germaine et PARINAUD André, *Colette par elle-même*, Paris, Le Seuil, coll. « Ecrivains de toujours », 1951.
BERTHU-COURTIVRON Marie-Françoise, *Espace, demeure, écriture : la maison natale dans l'œuvre de Colette*, Paris, Nizet, 1992 ;
– *Mère et fille : l'enjeu du pouvoir. Essai sur les écrits autobiographiques de Colette*, Genève, Droz, 1993 ;
BIOLLEY-GODINO Marcelle, *L'Homme-objet chez Colette*, Paris, Klincksieck, 1972.
BONAL Gérard, *Besoin de province*, Paris, Seuil, 2002.
BRASSEUR WIBAUT Tania, « La mangeuse de Colette », revue *Papilles*, n°13, novembre 1997, p. 43-48.
CHAUVIERE Claude, *Colette*, Paris, Firmin-Didot, 1931.
CLEMENT Marie-Christine et Didier, *Colette gourmande*, Paris, Albin Michel, 1990.
DETAMBEL Régine, *Colette, Comme une flore, comme un zoo*, Paris, Stock, 1997.
DORMANN Geneviève, *Amoureuse Colette*, Paris, Herscher, 1984.

DUPONT Jacques, *Les Nourritures de Colette*, thèse de troisième cycle, dirigée par Jean-Pierre RICHARD, Université Paris IV-Sorbonne, 1983 ;
– *Colette*, Paris, Hachette Supérieur, 1995 ;
FERRIER-CAVERIVIERE Nicole, *Colette l'authentique*, Paris, PUF, coll. « Ecrivains », 1997.
GAUTHIER Michel, *La Poïétique de Colette*, Paris, Klincksieck, 1989.
GOUDEKET Michel, *Près de Colette*, Paris, Flammarion, 1956.
HOUSSA Nicole, *Le Souci de l'expression chez Colette*, Bruxelles, Palais des Académies, 1958.
JOUDRAIN Isabelle, « Les mets et les mots dans *La Maison de Claudine* », revue *Littérature* n°47, octobre 1982, p. 68-82.
MAULNIER Thierry, *Introduction à Colette*, Paris, La Palme, 1954.
MILNER Christiane, « Colette et la dégustation verbale », *L'Imaginaire des nourritures*, textes présentés par Simone Vierne, Presses Universitaires de Grenoble, 1989, p. 115-123.
MUGNIER Abbé, *Journal (1979-1939)*, Paris, Mercure de France, 1985.
PICHOIS Claude et BRUNET Alain, *Colette*, Paris, Fallois, 1999 ;
RAAPHORST-ROUSSEAU Madeleine, *Colette, sa vie et son art*, Paris, Nizet, 1964.
RESCH Yannick, *Corps féminin, corps textuel, Essai sur le personnage féminin dans l'œuvre de Colette*, Paris, Nizet, 1964.
REYMOND Evelyne, *Le Rire de Colette*, Paris, Nizet, 1988.
SARDE Michèle, *Colette, libre et entravée,* Paris, Stock, 1978.
TOURNIER Michel, « Colette ou le premier couvert », *Le Vol du vampire, Notes de lecture*, Paris, Mercure de France, coll.. « Folio/Essais », 1981.

Cahiers Colette, n°s 1 à 18, Société des Amis de Colette, 1978-1996.

Colette, nouvelles approches critiques, Actes du colloques de Sarrebruck, juin 1984, Paris, Nizet, 1986.
Europe, « Colette », n°⁵ 631-632, novembre-décembre 1981.
Magazine littéraire, « Colette », n°266, juin 1989.
Roman 20/50, « Colette : Claudine à l'Ecole et Gigi », n°23, juin 1997.

OUVRAGES, PUBLICATIONS ET ARTICLES DE REFERENCE

ARON Jean-Paul, *Le Mangeur du XIXe siècle,* Paris, Payot, 1989.
Revue *Autrement,* série « Mutations/Mangeurs »,
– *Nourritures d'enfances,* n°129, avril 1992 ;
– *Le Mangeur,* n°138, juin 1993 ;
– *La Gourmandise,* n° 140, novembre 1993 ;
– *Mémoires lactées,* n°143, mars 1994 ;
– *Manger magique,* n°149, novembre 1994 ;
– *Le Mangeur et l'Animal,* n°172, juin 1997.
BACHELARD Gaston, *La Terre et les rêveries de la volonté,* Paris, Corti, 1947.
– *La Terre et les rêveries du repos,* Paris, Corti, 1948.
BARTHES Roland, « Lecture de Brillat-Savarin », *in* BRILLAT-SAVARIN, *Physiologie du goût,* Paris, Hermann, 1975, p. 7-33.
BONNAIN Rolande, « La femme, l'amour et le sucre », revue *Papilles* n°8, avril 1995.
BRILLAT-SAVARIN, *Physiologie du goût,* Paris, Flammarion, coll. « Champs », 1982.
BRUNEL Pierre (dir.), *Dictionnaire des mythes littéraires,* Editions du Rocher, 1988.
CAMPORESI Piero, *L'Officine des sens, Une anthropologie baroque,* trad. M. Bouzaher, Paris, Hachette, 1989.
CHATELET Noëlle, *Le Corps à corps culinaire,* Paris, Le Seuil, 1977.

CYRULNIK Boris, *Les Nourritures affectives*, Paris, Odile Jacob, 1993.
DURAND Gilbert, *Les Structures anthropologiques de l'imaginaire*, Publications de la Faculté des lettres de l'Université de Grenoble, 1960.
FISCHLER Claude, *L'Homnivore*, Nouvelle édition corrigée, Paris, Odile Jacob, coll. « Points », avril 1993.
FREUD Sigmund, *Trois essais sur la théorie sexuelle*, Paris, Folio, 1987.
GARINE Igor de, « Les Modes alimentaires : Histoire de l'alimentation et des manières de table », *Histoire des moeurs*, sous la direction de Jean Poirier, Encyclopédie de la Pléiade, Paris, Gallimard, 1990.
HARRUS-REVIDI Gisèle, *Psychanalyse de la gourmandise*, Paris, Payot, 1994.
LANGE Frédéric, *Manger, ou les jeux et les creux du plat*, Paris, Le Seuil, 1975.
LEVI-STRAUSS Claude, *La Pensée sauvage*, Paris, Plon, 1962.
ONFRAY Michel, *L'Art de jouir, Pour un matérialisme hédoniste*, Paris, Grasset, 1991 ;
– *La Raison gourmande, Philosophie du goût*, Paris, Grasset, 1995.
TOUSSAINT-SAMAT Maguelonne, *Histoire naturelle et morale de la nourriture*, Paris, Bordas, 1987.
VERDIER Yvonne, « Repas bas-normands », revue *L'Homme*, VI, 3, 1966.

Table des matières

Introduction 7

Au commencement était la cueillette 11
Vagabondages gustatifs 11
Saveur et savoir : nourritures insolites 30

La mère nourricière 45
Le domaine nourricier de Sido 45
Le couple mère-fille 60
Les noces campagnardes, ou la figure maternelle détrônée ... 71

Le goûter des amants 83
Rendez-vous galants, rendez-vous gourmands 84
Friandise et libertinage 92

La table et l'amour.. 99
L'intimité de la table 99
La table, miroir de la solitude amoureuse 114
Nourrir l'être aimé : offrande ou sacrifice ? 120

Délices de chair 131
Appétits 131
De la femme-aliment à la femme-proie 141
« La voilà, la goule... » 152

L'art de la dégustation 163
Le plaisir de l'anticipation 163
Ingestion : le goût de l'harmonie 173

La cuisine du corps	191
Digestion et excrétion	191
Aliment intime et nourritures affectives	207
Nécessité n'est pas gourmandise	227
Les « mal nourris » du music-hall	229
Guerre et disette	245
Végétarisme et anorexie	261
Hélène Picard, ou la tentation végétarienne	262
Renée Vivien, ou les vertiges de l'immatérialité	271
Conclusion	285
Abréviations usuelles	287
Bibliographie	289
Table des matières	295